IDEAS

McGraw-Hill, Inc.

New York
St. Louis
San Francisco
Auckland
Bogotá
Caracas
Lisbon
London
Madrid
Mexico
Milan
Montreal
New Delhi
Paris
San Juan
Singapore
Sydney
Tokyo
Toronto

Estrategias, lecturas, actividades y composiciones

James F. Lee
University of Illinois,
Urbana-Champaign

Alex Binkowski
Kansas State University
Manhattan, Kansas

Bill VanPatten
University of Illinois,
Urbana-Champaign

This is an ⨍Ⓑ| book.

Ideas:
Estrategias, lecturas, actividades y composiciones

2 3 4 5 6 7 8 9 0   SEM SEM 9 0 9 8 7 6 5 4

ISBN 0-07-067213-X

This book was set by Monotype Composition Company, Inc.
The editors were Thalia Dorwick, Sharla Volkersz, Stacey Sawyer, and Danielle Havens.
The production supervisor was Diane Renda;
the text designer was Brad Thomas;
the cover designer was Brad Thomas.
Cover and interior illustrator was Matthew Wawiorka.
Quêbecor Printing/Semline, Inc. was printer and binder.

Library of Congress Cataloging-in-Publication Data

Lee, James F.
  Ideas : estrategias, lecturas, actividades y composiciones / James F. Lee,
Bill VanPatten, Alex Binkowski.
    p. cm.
  Includes index.
  ISBN 0-07-067213-X
  1. Spanish language—Readers.   2. Spanish language—Composition and exercises.
3. Spanish language—Textbooks for foreign speakers—English.   I. Binkowski, Alex.
II. VanPatten, Bill.   III. Title.
PC4117.L414   1994
468.6´421—dc20
                                                          93-41506
                                                             CIP

Credits

Page *3* (article A) *Natura*, Gruner + Jahr España; *4* (photo) © John Lei/Stock, Boston; *4* (article C) *Muy Interesante*; *4* (article D) from «El Perro que deseaba ser un ser humano,» by Augusto Monterroso. Published in *La Oveja negra y demas fabulas* (Mexico City: Ediciones Era, 1990); *4* (photo) © John Lei/Stock, Boston; *5* (Lectura) *Geomundo*; (photos) Jaime Budge/Gamma Liaison; *7* (article A) *Tú*, Editorial América, S.A.; *7* (article B) *Tú*, Editorial América, S.A.; *9* (article C) *Muy Interesante*; *11* (article D) «En el lugar que corresponde,» edited by Evangelina Vigil-Pinon, is reprinted with permission of the publisher of *Women of Her Word: Hispanic Women Write* (Houston: Arte Publico Press—University of Houston, 1983); *11* (Lectura) *Tú*, Editorial América, S.A.; *14* (photo) © Hugh Rogers/Monkmeyer Press Photo Service; *14* (article C) *Vanidades*, Editorial América, S.A.; *15* (article D) from *Historia de una escalera* by Antonio Buero Vallejo, published in *Selecciones Austral* (Madrid: Espasa-Calpe, 1984); *15* (Lectura) *Hombre de Mundo*, Editorial América, S.A.; *21* (article A) *Hombre de Mundo*, Editorial América, S.A.; *21* (article B) *El País*; *24* (article C) *Muy Interesante*; *25* (article D) from *Ciudades desiertas* by José Agustín (Mexico City: Editorial Grijalbo, 1983); *26* (Lectura) *Hombre de Mundo*, Editorial América, S.A.; *29* (article A) *Hombre de Mundo*, Editorial América, S.A.; *29* (article B) *Muy Interesante*; *31* (article C) *Geomundo*; *33* (article D) from *Las caras y mascaras* by Eduardo Galeano (Mexico City: Siglo Veintiuno Editores, 1984); *33* (Lectura) *Hombre de Mundo*, Editorial América, S.A.; *37* (article A) from *El árbol de la ciencia* by Pío Baroja (Madrid: Ediciones Cátedra, 1992, 8th edition).

contenido

| PARTE I | PARTE II |
| LECTURAS | EJERCICIOS, ACTIVIDADES Y COMPOSICIONES |

contenido

preface

Ideas is a unique book for many reasons other than the length of its subtitle (which tells you exactly what there is to know about the contents). Did you notice that the symbols that spell out the word **Ideas** on the cover represent each of the lessons in the book? If you didn't notice them, take a look at them now.

Ideas is truly an appropriate name for this book because it is a book about ideas. Here are some of the topics you and your students will read about:

- the more than 20 million pets in Spain
- what "father" means to a group of Mexican students
- the opinions of young Hispanic women about a series of *male* fashion trends
- a town in Ecuador where people live to be in their hundreds
- a country that imports irradiated foods . . . but won't allow irradiation

We hope we've captured your attention. This book explores these ideas and others in special ways. Here are some highlights. (The rest of this preface explains the features of the book in greater detail.)

- The magazine layout of the readings provides a contemporary look.
- Exercises and activities are unobtrusively placed at the back of the book.
- An answer key for reading strategy exercises is provided.
- There is a combination of journalistic and literary readings.
- Almost half the readings have to do with Hispanic cultures and peoples.
- There are many communicative and interactive activities about the content of the readings.
- The approach to composition writing is process-oriented.
- The materials were extensively classroom tested at the University of Illinois at Urbana/Champaign and at Kansas State University.

Ideas was written to supplement other books. If you are using a grammar book as the core of your second-year program, you can supplement it with *Ideas* since it offers communicative activities as well as compositions. In that way *Ideas* will let you balance the language skills students practice. You can use *Ideas* over two terms, or you can use it for one term. If you teach a second- or third-year conversation or composition and conversation course, why not use *Ideas,* since it gives you both something to talk about as well as something to write about?

Thank you for looking through *Ideas.* To see the elements that make up the book, read on.

Reading for Various Purposes

Why do we read? The answer to this question varies. We read to pass the time in the dentist's waiting room and to focus our attention on something other than the sound of the drilling in someone else's tooth. We read to keep abreast of the latest world events. We read to fall asleep at night. But what about reading in an academic setting? Why do we do that? Reading in an academic setting is the same as reading to learn, which means that the content of what we read is important. We read to get information and do something with it. Sometimes all we do with the information is give it back to the professor on a test; sometimes we discuss it; at other times we write papers about it. *Ideas* tries to bring all these various purposes together in a language textbook; at the same time it tries to teach language learners to be better readers!

You will find two types of readings in *Ideas:*

- readings with which students practice a particular reading strategy, including strategies for reading literary pieces
- readings in which students are directed to pay close attention to content

You should also note the following about the readings and other support materials in the text.

- a variety of literary readings, such as poems, excerpts from novels and plays, fables, and so on
- communicative and interactive activities that relate the content of the readings to students' lives and experiences
- process-oriented compositions based on what the students have read and what they have discussed in the activities

Building Toward a Goal

Very often reading is isolated from speaking and writing. Not so in *Ideas,* which provides opportunities for speaking based on the information in the readings. In other words, reading and speaking are linked. *Ideas* also provides students with the opportunity to express themselves in writing, guiding them through the composition process. Students write about what they have read and what they have talked about. Ultimately, reading, speaking, and writing are linked in such a way that one builds on the other.

Organization

Why does *Ideas* put all the readings up front and all the exercises in the back? Most books present a reading and its exercises followed by another reading and its exercises, and so on. *Ideas* is different. We placed the readings together in *Ideas* because we wanted to approximate the same visual experience as thumbing through a magazine. In other words, we wanted classroom instructional materials to look like something students might find in the "real" world. In this way, the readings are more visually stimulating and engaging.

Do students have to flip back and forth between the exercises and the readings? By placing all the readings together, we naturally had to place all the exercises together. But since the pages are perforated, students can simply tear out the worksheets, then open the text to the corresponding readings, and, since there's always a **Para entregar** step at the end of each exercise, the students can simply hand in their completed worksheets.

Different Readings Have a Different Pedagogy

As you know, there are two types of reading passages in *Ideas*: strategy readings (including the literary pieces) and content readings. Each of the first five lessons contains four strategy readings. The strategy is presented in the form of a question which will help students see the reason for practicing that strategy. Students are led through the reading via a series of **pasos**; answers for these **pasos** are provided. The last **paso** is called **Para entregar**; to do what is asked, students must have comprehended the reading. Thus, the **Para entregar pasos** help focus students not just on practicing the reading strategy but also on the information or content of the reading.

The content readings (**lecturas**) are accompanied by a three-stage set of exercises called **Anticipación, Exploración**, and **Síntesis**. The **pasos** of **Anticipación** activate and build students' background knowledge, helping them get ready to read. The **pasos** of **Exploración** guide students through the readings and allow them to check their comprehension along the way. Most reading instruction stops with **Exploración**, but there is an additional set of **pasos**, called **Síntesis**, in which students must put all the pieces together. The **Síntesis** section also ends with a **Para entregar** task in which students can demonstrate their understanding of the passage. Note that answers are not provided for any **pasos** associated with the **lecturas**. Why not? First, our intent is for you to do the **lecturas** in class. Second, if you assign them as homework, you will be able to gauge how independent the students are becoming as readers.

Literature

Ideas includes literary pieces in two ways. First, there are literary selections among the strategy readings. Students are taught a variety of strategies for reading each work. For example, when they read a scene from Buero Vallejo's *Historia de una escalera*, they are taught to keep track of who is speaking, to distinguish stage directions from speech, and so on.

Lección 6, titled **El futuro**, is different from the other five lessons in that it contains only literary readings. Each reading has the same sets of exercises as the content readings in lessons 1–5—that is, **Anticipación, Exploración**, and **Síntesis**. Each reading is followed by three **Actividades** and a writing assignment. For example, after reading Santos Chocano's poem «**Nostalgia**», students are encouraged to relate his feelings to their own lives in the activities. Have they lived only a little while but become very tired? With information collected in the activities, they write their own poem, expressing their personal view of the ideas Santos Chocano expresses in his. After reading the final scene of the final act of Buero

Vallejo's *Historia de una escalera*, students carry out activities on parent-child relations, on how history repeats itself, and on classical love stories. They then write the final scene of a hypothetical fourth act of the play. Will Fernando and Carmina follow the path of their parents, or will they overcome their circumstances and form a loving relationship?

Activities

Reading for content is only one of the instructional goals of *Ideas.* Another goal is to have students relate the content of what they read to their own lives and experiences and to the world around them. It is not enough just to gather information; we believe that student readers must apply that information, explore it and come to terms with it. For example, after reading an article about treating food with radiation as a means of preserving it, we ask students to react to the idea of actually eating different foods that have been treated with radiation. Would they eat an irradiated chicken that had been stored for eight years?!?!? Would you?!?!?

Compositions

Introductory and intermediate language courses tend to assign composition topics similar to the ones we all had in grade school, such as "What I Did Last Summer." With *Ideas,* however, language courses can offer students an approach to writing that is in keeping with the tenets of the Writing Across the Curriculum movement.

First, students are given something concrete to write about based on what they have read in the strategy and content readings and on what they did and discussed in the activities. Second, students are asked to make a series of decisions regarding the organization, content, and focus of the composition. Third, students are given an outline that will help them edit and revise each composition. For example, in **Lección 5,** titled **La salud,** students read about heart attacks, states of mind as they affect health, research on cancer and AIDS, the health-related results of European and Indian contact, and the longevity of the inhabitants of a region in Ecuador. They then carry out activities comparing civilization and longevity, health differences between males and females, and the health-related issues that concern them the most. Based on the readings and on the activities, students must then evaluate in writing the factors they believe contribute the most to longevity. Do they think that returning to a simpler way of life would increase life expectancy? Do they even want to live to be 120 years old? Do you?

Additional Suggestions for Using *Ideas*

What did we have in mind when we wrote *Ideas?* Here is the way to use *Ideas* that fits our teaching styles the best.

We recommend that the **estrategia** readings be assigned as homework and that the **lectura** readings be done in class. You will see that distinction in the text's direction lines; that is, the **pasos** of the **estrategia** readings do not refer to working in pairs or groups; these **pasos** address only the individual student. To help make the strategy exercises doable by students working on their own, we have included an Answer Key in the back so students can check their work. Also, as you know, the final **paso** of every **estrategia** reading is labeled **Para entregar,** thus giving you a way to check students' comprehension. We do recommend that you do at least one strategy reading in class with students at the beginning of the term so they are sure of how to use the materials. That is, they should do the **pasos** and not just skip to the **Para entregar** task! You will be able to check this when they turn in the worksheets.

We subscribe to the idea that reading can be a social act, not just a private one. For this reason, the **pasos** called **Anticipación** and **Exploracíon** that accompany a **lectura** always direct students to work in pairs or groups. The **Síntesis** portion of the **lectura** is individualized so that you can be sure each student comprehended the passage. We designed **Síntesis** so that you can assign it either as homework or as an in-class activity. We recommend, however, that you assign it as homework. That way, individual students will have the opportunity to reread the **lectura.** As with the **estrategia** readings, the final **paso** of the **Síntesis** section is labeled **Para entregar,** so that you have a means of checking each student's comprehension.

The communicative and interactive activities include group and pair work, so they must be done in class. The composition directions speak directly to the individual student, so compositions can be done at home. Evaluation criteria for the compositions are provided at the back of the book. Whether or not you use our model, we strongly recommend that you go over the evaluation criteria with students. People tend to write better when they know what is expected of them.

What other ways can you use *Ideas*? We can suggest several ways for you to use the book that center on what you want students to do at home and what you want them to do in class.

- Do the **estrategia** and **lectura** readings in class, assigning the **Para entregar pasos** as homework.
- Assign **estrategia** readings as homework, as recommended, but go over the **Para entregar pasos** in class in order to check comprehension.
- Do the **Anticipación** and **Exploracíon** sections of the **lectura** readings in class and assign **Síntesis** as homework.
- Assign **Anticipación** and **Exploracíon** as homework, explicitly directing the students to do the pair and group work individually. If you choose this option, we strongly recommend that you do the **Síntesis** activity with the whole class; doing so will avoid making all the reading exercises private acts.
- Choose among the three communicative activities. When making choices, you should first consider the composition topic.
- Go over with the class the composition **pasos** that have students consider the content and organization of their composition. You can easily adapt these to be done as pair or group activities.
- Assign the composition on the day you finish the **Actividades** but give students a week to work on it.
- Allow class time for students to peer edit the drafts of their compositions.

- Be sure students are editing and revising their compositions. One possibility is to collect the drafts of the compositions along with the final versions. Direct students to edit in a different color ink.

Acknowledgments

When we first approached our publisher, Thalia Dorwick, about the project, we thought we would have to give her a hard sell about it, but we were wrong. She displayed enthusiasm for this text from the moment we started talking to the moment it came off the presses. We appreciate not only her enthusiasm but her editorial work and general insights into classroom materials.

Books are the result not only of authors' and editors' work but also the result of the work of a production team. We are grateful to the many people at McGraw-Hill who took our vision of this book and made it a reality. For seeing that our concepts of the cover, the icons, the organization and layout of the text became reality, we extend our thanks to Sharla Volkersz and Francis Owens. We especially thank Stacey Sawyer, who took the book through its final production phases.

We must also extend our thanks to the faculty, teaching assistants, and students at the University of Illinois at Urbana/Champaign and at Kansas State University for using drafts of these materials in their classrooms. We received valuable feedback from all of them but we would especially like to thank Donna Deans Binkowski, Doug Benson, Maureen Ihrie, Tony Houston, Holly Nibert, Suzy Blum, and Sue Grace. A very special thanks goes to Marisol Fernández for her work on a very early version of the book and to David Paulson for the composition grading criteria.

We would also like to thank the following individuals who reviewed earlier drafts of these materials. The listing of their names does not constitute an endorsement of this text or of its methodology.

Florense S. Ariessohn *University of Washington*	Carmen Coracides *Scottsdale Community College*	Joseph Kinkaid *University of Mississippi*
Paul Chandler *University of Hawaii*	Antonio Gil *University of Florida*	Edward H. Mayer *University of Utah*
José Colmeiro *Dartmouth College*	Gene M. Hammitt *Allegheny College*	María Sandoval *Mills College*

No book that begins with a lesson on pets would be complete without acknowledging our own "children," Lucy and Ginger Lee-VanPatten and Zach Binkowski, for what they add to our lives. Our "kids" inspired the **Actividades** in **Lección 1**. And, by the way, Enrique, of **Enrique y sus lagartos** fame, sounds like a perfectly normal human being to us. Perhaps we should add "people who acknowledge their pets in prefaces" to the list of behaviors to classify as typical or strange. What do you think?

J.F.L.	A.B.	B.VP.
Champaign, IL	Manhattan, KS	Champaign, IL

to the student

How to Use *Ideas*

If you want to know what's in *Ideas,* all you have to do is read the subtitle; it tells you almost everything. Did you notice that on the cover the symbols that spell out the word *Ideas* represent each of the lessons in the book? If you didn't notice, take a look at them now.

Ideas is truly an appropriate name for this book because it is a book about ideas. Here's a small sample of the things you can learn by reading it.

- Did you know that there are more than twenty million pets in Spain? Do you have a pet? Do you want one?
- What does your father mean to you? You'll find out what fathers mean to a group of Mexican students.
- Do you think men should wear earrings, get perms, or use a moisturizing lotion? You'll find out what young Hispanic women from the Caribbean, the U.S., and Latin America have to say about that question.
- Did you know that there's a town in Ecuador where people live to be in their hundreds? Would you want to live to be that old?
- Did you know that Spain allows the importation of irradiated potatoes and garlic but . . . doesn't allow irradiation to take place in Spain? Would you eat an irradiated chicken that had been stored for eight years?!?!?

We recommend that you read the first preface in this text so that you fully understand the features of this text. But, in case you don't, there are some things we would like you to know about *Ideas* based on our experiences with these materials with many students.

- **Organization**
  All the readings in *Ideas* are placed together at the front of the book so that they look like a magazine, like something you'd see outside the classroom. We think it makes the readings more visually engaging. Since all the readings were put in the front, all the exercises, activities, and compositions had to go together in the second part of the book.
- **Flipping back and forth**
  You don't have to flip back and forth from the readings to the exercises. The pages of the book are perforated so that you can tear out the exercises and move them to where the readings are located. Don't tear out the readings and move them to where the exercises are or you might start losing readings! Besides, it's the exercises you'll have to hand in, not the readings.

- **Two types of reading**
  You'll find readings under two headings, **Estrategia** and **Lectura**. The
  estrategia readings are generally shorter than the **lectura** readings but, more
  importantly, each type has a different purpose. In the **estrategia** readings,
  you will find tools to use when reading; we explain a strategy and ask you to
  practice it with a particular reading. The information in the **estrategia** readings is also important because you'll refer to it in the **Actividades** and
  Composiciones sections. The **lectura** readings are not strategy practices; they
  are content readings. You will focus on what these articles say, then use that
  information in **Actividades** and **Composiciones**.

- **Pasos**
  You're probably accustomed to being told to read a passage and then answer
  questions about what you read. Not so in *Ideas*. The organizing structure to
  all the activities and exercises in *Ideas* is the **paso** (step), which might be a
  new concept for you. *Ideas* guides your reading, your interactions with the
  passages and with other students as well as your work on compositions in a
  step-by-step fashion. If you do just the **pasos**, you will easily complete what
  you have to hand in (designated as **Para entregar**). If you just read the piece
  and jump to the **Para entregar paso**, you will certainly experience difficulties.

- **Answers**
  The **estrategia** readings were designed so that you could do them by yourself
  as homework. To help you check whether or not you've understood the readings, we have provided answers for the **pasos**, except, of course, for the **pasos**
  you have to hand in.

- **Actividades**
  We didn't want you to read without giving you a chance to talk about what
  you read. In *Ideas*, **Actividades** are not discussions (which in language classes
  often become a conversation between the instructor and the two students who
  read and do everything). **Actividades** give everyone a chance to talk, asking
  them to relate their life and experiences to the content of the readings.

- **Composiciones**
  We have linked reading with speaking, then linked reading and speaking with
  writing. Each set of exercises and activities leads up to the composition;
  expressing yourself in writing is the ultimate goal of each lesson. Composition
  topics are not about "What I Did Last Summer" but about the ideas you've
  read and talked about. You'll find that the compositions are also organized
  around **pasos**. Again, don't just try to write on the topic without going through
  the **pasos**. Follow the steps and you'll end up producing some of your best
  work. Before you write your first composition, find out what evaluation criteria your instructor will use. (We recommend using the one in the back of the
  book.) Knowing how you'll be evaluated will help you write to the level of your
  instructor's expectations.

Finally, and most of all, we hope that you will enjoy the readings in
Ideas. We chose them with that goal in mind, since we think that enjoyment is a very important part of the reading process. Of course, what one
person enjoys reading isn't exactly suited to the taste of another. We hope
to have selected at least a few of the topics you enjoy reading about in
your native language and that the experience with readings in this book
will encourage you to go on to other reading courses in Spanish.

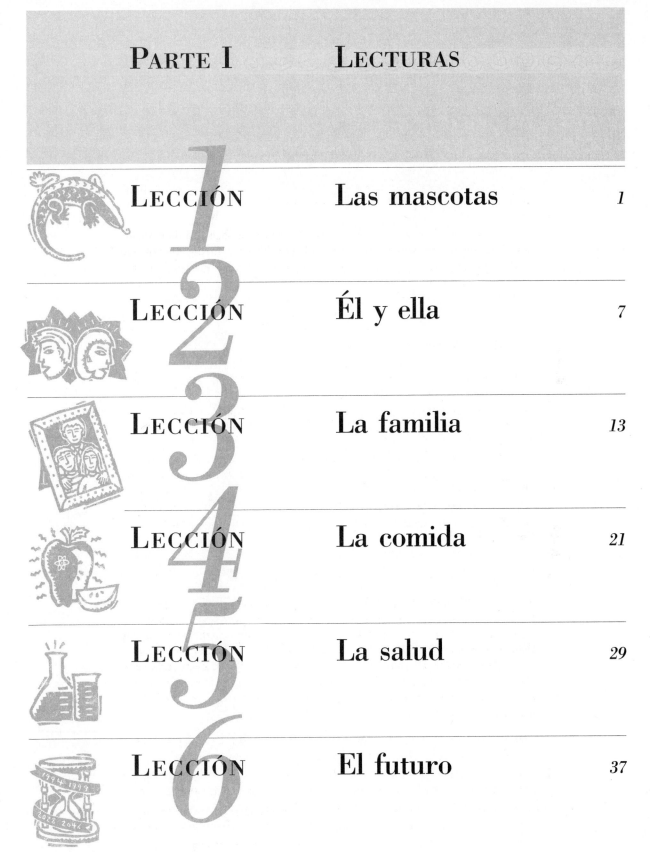

	PARTE I	LECTURAS	

Las mascotas

A

Animales de compañía

Natura, Madrid

Más de 20 millones de animales de compañía están en las casas de los españoles. Si la población española asciende en la actualidad a 38 millones de personas, significa que la proporción aproximada es que uno de cada dos españoles posee un animal de compañía, bien sean perros, gatos, canarios o peces de acuario. Estos datos han sido facilitados a la revista *Natura* por la Fundación Purina que encargó a la empresa Metra Seis un informe sobre el número de animales de compañía en nuestro país. Cada vez nos acercamos más a la media europea. ◉

B

Necesitamos muchos amigos, ¡apúntate!

Natura, Madrid

Amigo aficionado al periquito: Hemos decidido crear esta asociación para ti, para todos nosotros. **El periquito standard inglés** tiene un gran porvenir en este país, todo queda por hacer.

Sabemos que existe una gran afición a este precioso pájaro en España. Nuestros amigos ingleses, mejor preparados y organizados, nos llevan más de un siglo de ventaja, el único camino es actuar como ellos: crear un stock bueno de reproductores, formar y educar a los criadores principiantes y expertos, recopilar informaciones, formar

◉➔ *(página 4)*

B Necesitamos muchos amigos, ¡apúntate!

jueces, organizar concursos, salir a competir con los demás países, crear un gran club nacional para unificar nuestras fuerzas, formar clubes o delegaciones provinciales y locales, los aficionados al canario lo han conseguido ¿por qué no nosotros?

El Secretario interino
Fco. Picamoles Laval

ASOCIACIÓN ESPAÑOLA DE LOS CRIADORES DE PERIQUITOS ONDULADOS AUSTRALIANOS STANDARD INGLÉS (MELOPSITTACUS UNDULATUS)

ASEP — APARTADO 8
LA GARRIGA (BARCELONA)
Teléfonos: (3) 871 43 08/12

C

¿Por qué los perros dan vueltas antes de acostarse?

Muy interesante, México, D.F.

El instinto, heredado generación tras generación, puede ofrecer la explicación más lógica. Seguramente, cuando los perros aún vivían en estado salvaje, preparaban el lugar para acostarse caminando en círculo hasta conseguir hacer un «nido» confortable entre las piedras o las hierbas. Hoy, ya domésticos, todavía se «acuerdan» de aquella costumbre antes de echarse en la cucha o sobre un felpudo aunque en realidad no sean necesarios tantos cuidadosos preparativos.

Algunos zoólogos exponen otra teoría más cercana a la etología, la ciencia que estudia el comportamiento de los animales. Según ésta, dar vueltas sobre sí mismos sería la forma que tienen los perros de señalizar como propiedad particular el mini-territorio donde pretenden echarse a dormir, dando a entender a otros animales que ese lugar tiene dueño.

D

«El Perro que deseaba ser un ser humano»

una fábula por
Augusto Monterroso

En la casa de un rico mercader[1] de la ciudad de México, rodeado de comodidades y de toda clase de máquinas, vivía no hace mucho tiempo[2] un Perro al que se le había metido en la cabeza[3] convertirse en un ser humano, y trabajaba con ahínco[4] en esto.

Al cabo de varios años, y después de persistentes esfuerzos[5] sobre sí mismo, caminaba con facilidad en dos patas y a veces sentía que estaba ya a punto de[6] ser un hombre, excepto por el hecho de que no mordía,[7] movía la cola cuando encontraba a algún conocido,[8] daba tres vueltas antes de acostarse, salivaba cuando oía las campanas[9] de la iglesia, y por las noches se subía a una barda a gemir viendo largamente a la luna.

tocmy

---

[1] comerciante; hombre de negocios
[2] no... recientemente
[3] se... se le había ocurrido la idea de
[4] con... con gran entusiasmo
[5] intentos energéticos (el Perro hizo mucho trabajo para convertirse en un ser humano)
[6] estaba... faltaba poco para
[7] morder: clavar los dientes en una cosa; coger con la boca
[8] amigo, persona conocida
[9] instrumento musical en forma de copa invertida, que tiene en su interior un badajo que la golpea y la hace sonar

LECTURA

Enrique y sus lagartos

Geomundo, México, D.F.

Desde los 10 años, Enrique Schiff ha estado cazando lagartos. Hoy, a los 32, tiene en total 22. Y no sólo lagartos, sino también valiosas y exóticas iguanas y dragones de agua. Los considera como miembros de su familia y los deja libres en su casa, que ha decorado con ramas, matorrales, luces que semejan el cielo y todo tipo de plantas selváticas, así como decorados que hagan a sus lagartos sentirse a gusto.

En 1980, Enrique empezó a llevar consigo a sus lagartos cuando salía, y encontró, para su asombro, que no sólo el público respondía con positiva curiosidad, sino que los nuevos fanáticos de los lagartos eran desde niños hasta muchachas hermosas, o reclusos que parecían necesitar algo interesante que poseer, como lagartos, para tener tema de conversación.

«Hay un lado humano en mis iguanas», dice Enrique, «Cuando la gente las mira fijamente, las iguanas devuelven una mirada igual. La gente no se da cuenta de cuánta confianza y sociabilidad le toma eso a las iguanas, considerando que en algunas culturas con gusto se las cenarían. ¡Se dice que saben a pollo!»

Y estos no son lagartos nerviosos, listos para huir y esconderse en la maleza, sino iguanas calmadas y tranquilas, con la calidad de cualquier animal de raza. *Hasboro*, una de las favoritas de Enrique, se sienta como si estuviera en un trono, y aguanta pacientemente a las personas que desean conocerla en los eventos públicos. También se sienta tranquila en los hombros de los extraños, y deja que se le acaricie como a un perro o gato. *Lester*, una iguana pequeña, parece saludar a la gente mientras permanece quieta como un poste. *Max*, otra iguana, se la pasa divirtiendo a los niños subiéndoseles al sombrero.

«Yo no las entreno», dice Enrique, «Pero viviendo con ellas, me convierto en uno de sus amigos. Y con un poco de práctica, pueden hacer lo que les pido».

¿A dónde puede llevar uno a una iguana en público?, te puedes preguntar. «Las llamo "los amigos primitivos", son lo más parecido a como debieron haber sido los dinosaurios».

Siempre parece haber demanda por los dinosaurios en miniatura, y los «amigos primitivos» son populares adondequiera que vayan. Excepto la ocasión en que Enrique fue multado por no llevar a sus mascotas con una correa. «El policía no se dio cuenta que mis iguanas nunca se me bajarían de los hombros sin previa invitación», dijo Enrique, «Son demasiado educadas como para hacer eso».

Pensando en el futuro, Enrique está construyendo una nueva casa para él y sus amigos. «Ahí podré tener 55 iguanas. La casa será diseñada especialmente para acomodar a mis lagartos, con un tragaluz gigantesco, una fuente y una exótica atmósfera de selva».

«Obtengo una enorme sensación de paz y armonía viviendo con mis lagartos», concluye, «Son mis amores, mis tesoros». ◉

Enrique, californiano de 32 años, tiene 22 lagartos libres en su casa que está decorada con luces especiales y plantas selváticas para que sus mascotas se sientan a gusto. Inció su colección a los 10 años.

Él y ella

A. Tu veredicto: **Ahora ellos se embellecen**

B. Comer mucho, *cazar poco*

C. ¿Cómo piensan los hombres?

D. «En el lugar que corresponde», un poema por Eliana Rivero

Lectura: 5 mitos masculinos (que ellos detestan)

A

Tu veredicto: Ahora ellos se embellecen

Tú, Virginia Gardens, FL

En la edición de Tú del mes de septiembre, presentamos el siguiente tema en la sección Las lectoras opinan: *¿Te parece bien que los hombres se apliquen cremas, se hagan permanentes, se maquillen, se pinten el pelo, usen aretes y adopten otras tendencias de la moda femenina? Un argumento*

(página 8)

B

Comer mucho, cazar poco

Tú, Virginia Gardens, FL

Aquí les va el resultado de una investigación hecha en Pennsylvania (EE.UU.). ¿Están preparadas? Las chicas que *comen como pajaritos*, es decir, muy poco, atraen más a los chicos que las que muestran ante ellos un apetito digamos... *saludable.* Cien chicos fueron entrevistados. Primero, se proyectó un video donde una misma actriz comía cuatro platos distintos. El primer plato era una ensalada y agua mineral; el segundo traía una ración más grande de ensalada con un refresco de dieta; el tercero, unos huevos fritos, y el cuarto un plato enorme de co-

mida con un pastel de chocolate como postre. La pregunta que seguía a este video era: ¿Cuándo te pareció la chica más femenina? ¡Triunfó cuando comía menos! «Los hombres comen para satisfacer su apetito. Las mujeres, con la preocupación—sobre todo en público—de mantenerse delgadas, pues comen mucho menos», concluyeron los profesores. Claro, todos sabemos que *en la vida real* las chicas comemos muchas tortas de chocolate. ¿Qué le tenemos que decir a los chicos que nos consideran poco *femeninas*? Pues que inviten a cenar a un canario. Ése sí come como un *pajarito.* ◉

A — Tu veredicto: Ahora ellos se embellecen

defendía el derecho del sexo fuerte de liberarse al igual que lo hemos hecho nosotras, mientras que el otro sostenía que el hombre NO debe asimilar estos atributos femeninos, pues diluiría su esencia. Pedimos tu opinión, y aquí está el resultado.

«Si un hombre decide cambiar el color de su pelo o usar un arete, esto no quiere decir que no puede actuar como todo un hombre... »
Anónima, E.E.U.U.

«Encuentro bien que el hombre se preocupe por su apariencia física, pero no me parece adecuado que empiece a pintarse el pelo y a usar aretes, pues... ¿dónde estará la diferencia entre los sexos? Se perdería el encanto.»
Belkys B., Puerto Rico.

«El hombre es el sexo opuesto, y así debe ser. No me gustaría salir con un hombre que se maquillara como yo, pues entonces no habría diferencia entre nosotros. Si ellos desean embellecerse, pueden hacerlo... pero como hasta ahora, sacándole partido a sus atributos masculinos, no "robándonos" truquitos femeninos.»
María de los Ángeles, México.

«A ninguna mujer le gustaría que su novio se hiciera los mismos tratamientos que ella. ¡Por Dios! A mí me parecería que estoy con mi *doble*. Yo creo que la diferencia entre los sexos debe acentuarse, y no disminuirse.»
Adriana Alvira, Colombia.

«A mí me parece que los hombres tienen derecho a invadir nuestro terreno, ya que nosotras invadimos el de ellos al liberarnos y estudiar carreras "masculinas". Eso sí: odio que el hombre se maquille.»
Catherine D., E.E.U.U.

«La liberación es algo muy personal y depende de cada cual. En lo que a mí respecta, todo es aceptable, mientras no se caiga en la exageración. El hombre debe mantener su masculinidad, pues a ninguna mujer le gustaría que su novio se viera maquillado, con un aspecto totalmente femenino.»
Susana López, Venezuela.

«El hombre tiene derecho —como toda persona libre— a adoptar el estilo que desee, pero las mujeres también tenemos la libertad de decidir si queremos estar con un hombre maquillado.»
Clara L. Pérez, Perú.

«Considero que el hombre puede hacer lo que desee, al igual que las mujeres. Los seres humanos somos libres, gracias a Dios. Lo que es innegable es que a todos nos costará tiempo y trabajo acostumbrarnos a esta nueva tendencia de la moda. Pero, como dice el refrán: "Tiempo al tiempo". Hace muchos años, una mujer en pantalones era ¡un escándalo!»
Laura Hidalgo, México.

«Los sexos son diferentes y en esa diferencia está el encanto. Creo que debemos —hoy más que nunca— acentuar las diferencias no sólo físicas, sino mentales.»
Julissa P., Venezuela.

«En mi opinión, los hombres deben hacer ejercicios para mantenerse en forma, y pueden usar cremas humectantes si su cutis está reseco, pero ¡hasta allí! No soportaría a uno que se maquillara. ¡El hombre debe ser masculino!»
Estrella Martínez P., Ecuador.

«Es una realidad que Dios nos hizo diferentes y cualquiera puede ver que el hombre tiene una figura y la mujer otra. La lógica nos dice que lo que le sienta bien a una, le queda pésimo a la otra. Para mí, los chicos maquillados o con ropa femenina se ven realmente ¡ridículos!»
Zoila Saco, Colombia.

«El mayor atractivo del hombre radica en su virilidad. ¿Para qué, entonces, va a imitarnos?»
Lucía Montes, Panamá.

Resultados Finales:

En el 50% de los casos, las lectoras están en contra de que el hombre se maquille o use aretes. Ellas insisten en que él debe mantenerse en su papel masculino, sin invadir el terreno de las mujeres. El 45% cree que los hombres tienen derecho a lucir más atractivos, y acepta que puedan usar cremas humectantes o anti-arrugas, mascarillas, y hasta hacerse manicura, si su trabajo requiere una mejor apariencia física, o una permanente para el pelo... ¡pero jamás que ellos se maquillen! El 5% restante se mostró a favor de que el hombre tenga libertad para embellecerse como él quiera. ❧

C

¿Cómo piensan los hombres?

Activa, México, D.F.

1 El lugar común nos diría que son unos machos sexo-maníacos, con una visión del mundo materialista en la
5 que no cabe el interés por la estabilidad emocional y familiar. Sin embargo, la mentalidad de los hombres de la generación *baby-boom*—
10 los que tienen entre 35 y 45 años—está muy lejos de responder a este arquetipo. Al menos así lo sugieren las respuestas dadas por 2.000
15 varones a un cuestionario aplicado por el *New York Times* para descubrir cómo piensan, qué les gusta, qué les hace felices, qué les dis-
20 gusta y qué consideran más importante en la vida. Los resultados son sorprendentes, y nos muestran la imagen de unos hombres mucho más
25 sensibles de lo que imaginamos comúnmente.

Hogareños, cariñosos comprensivos y... ¿fieles?

Una de las mayores
30 sorpresas que ofrece la encuesta es el gran valor que se le otorga a la familia. A la pregunta ¿qué es lo más importante en su vida?, un
35 abrumador 62% respondió que el matrimonio, relegando opciones como el dinero y el desarrollo profesional. Si le cuesta trabajo
40 creerlo, le sorprenderá aún más saber que, de contar con

días de 25 horas, el 59% le dedicaría la hora extra... ¡a sus seres queridos! (refirién-
45 dose a la esposa e hijos, o a la novia, en el caso de los solteros). Incluso un 52% renunciaría a un ascenso laboral si eso implicara
50 disminuir el tiempo que le dedica a su familia. ¿Incrédula aún? ¡Asómbrese!: El 89% de los casados volvería a contraer nupcias con su
55 actual esposa, y el 90% considera a su cónyuge como su mejor amigo.

Por si fuera poco, en el terreno de la igualdad labo-
60 ral cuatro de cada cinco hombres aseguraron que no les afectaría personalmente el que sus parejas ganaran más dinero que ellos; sólo la
65 mitad consideró que su carrera es más importante que la de ella, e incluso un buen número se mostró dispuesto

➋➜ *(página 10)*

¿De cuáles temas hablan frecuentemente con otros hombres?

De mujeres:	23%
De deportes:	20%
De trabajo:	19%
De *hobbies*:	17%
Sobre los hijos:	10%
Sobre política:	6%

¿En cuáles de estas áreas le gustaría mejorar?

Ganar más dinero:	30%
Ser mejor padre:	22%
Ser mejor esposo:	18%
Ser mejor amigo:	13%
Ser mejor empleado:	9%
Ser mejor amante:	4%

¿Cuál es la principal causa de sus peleas conyugales?

Dinero:	53%
Sexo:	36%
Amigos:	11%

¿Qué tan importante es la fidelidad en el matrimonio?

	HOMBRE	MUJER
Importante:	79%	82%
No tan importante:	17%	14%

¿Qué es más importante para usted?

Sexo	3%
Fama	4%
No está seguro	6%
Carrera	12%
Dinero	13%
El Matrimonio	62%

C	¿Cómo piensan los hombres?

Si es soltero, ¿cómo se siente cuando una mujer...

	A GUSTO	DISGUSTADO
Lo invita a salir:	77%	22%
Paga su propia cuenta en una cita:	46%	52%
Carga condones en la cartera:	42%	53%
Hace el amor en la primera cita:	29%	67%
No quiere tener niños:	28%	64%

¿Cómo emplearía, si tuviera, una hora extra durante el día?

Con la esposa o novia:	33%
En un *hobby*:	21%
Con los hijos:	19%
Con los amigos:	6%
Trabajando:	4%

¿Qué le preocupa más acerca de envejecer?

La aparición de las arrugas:	3%
La aparición de las canas:	4%
Quedarse calvo:	8%
Perder potencia sexual:	13%
Perder tono muscular:	17%
Engordar:	35%

¿Se casaría con su esposa otra vez?

No se casaría 2%
9% con otra
Con la actual 89%

a mudarse de ciudad si a su
70 esposa le ofrecieran un mejor
puesto que implicara el traslado.

Pero no todo es color
de rosa. Aunque el 79%
75 aceptó que era importante la
fidelidad del hombre, la mitad de los entrevistados
admitió haber sido infiel al
menos una vez en la vida,
80 uno de cada cuatro aceptó
tener periódicamente aventuras de una noche y el 13%
confesó estar enredado en
una relación extramarital seria.
85 Todos son iguales:
trabajo, dinero, mujeres,
deportes y mucha vanidad.

Un aspecto en el que
la encuesta no ofrece tantas
90 sorpresas es en lo relativo a los
temas que acaparan la atención de los caballeros. Entre
amigos, las mujeres, los deportes y el trabajo (en ese
95 orden) siguen siendo los
asuntos recurrentes en las
charlas. En privado lo que
más preocupa al hombre son
sus ingresos: el 30% declaró
100 que esa es el área de su vida
en la que le gustaría mejorar
y el 53% consideró que los
problemas monetarios eran
la principal causa de sus con-
105 flictos conyugales.

Resulta interesante el
hecho de que buena parte de
los entrevistados acepte que
le interesa su apariencia per-

110 sonal, al grado de que para
el 52% lo más preocupante
del envejecimiento sea el engordar y perder la tensión
muscular. Una preocupación
115 muy comprensible, si toma-
mos en cuenta que dos
tercios de los hombres
considera que su *sex-appeal*
se encuentra por encima del
120 promedio. La gran sorpresa en
este apartado es el hecho de
que el sexo haya sido despla-
zado de los primeros lugares
del interés varonil, y aunque
125 esto pudiera reflejar una mayor madurez, no deja de
provocar una sonrisa el que
un 55% de los entrevistados
acepte que miente un poco
130 cuando habla sobre este aspecto de su vida con los
amigos.

¿Mujeres? Modernas,
pero no liberadas.
135 Quizá en el rubro en el
que los hombres se muestren
más chapados a la antigua
sea de la actitud deseada en
las mujeres, pues aunque el
140 77% se sienta halagado si
una dama los invita a salir,
todo parece indicar que una
actitud más agresiva en lo sexual, e incluso en lo social,
145 sigue siendo mal vista: poco
más de la mitad prefiere
pagar la cuenta en el restaurante, el 53% piensa que una
mujer no debería cargar un
150 condón en su cartera ¡y dos
terceras partes de los solteros admiten que no les gusta
que las mujeres lo entreguen
todo en la primera cita!
155 En síntesis, los varones
están en camino de convertirse en seres mucho más
amables, caballerosos y sensibles. ¿Estará sucediendo lo
160 mismo en México? ◉

D

En el lugar que corresponde

un poema por Eliana Rivero

Para Margarita

1 Rosario, nuestra hermana mayor, nos decía:
«Cumplí mi deuda,[1] mis deberes sociales,
seguí el obligado estreno de vestidos.[2]
Lucí la más encantadora sonrisa
5 que nunca se adaptara a una cadena.
He permutado[3] mi conciencia igualitaria
por una aprobación de manos del amigo,
del compañero, del colega que entiende mucho menos que yo»
(y cosas por el estilo que no recuerdo ahora).

10 Yo encuentro que filosofías de esa clase
conducen a tristes resultados, hermanita.
La libertad se llama rebeldía,
se llama ser extraña, ser sola y además estarlo;
se llama no llorar
15 cuando después de una brillante discusión académica,
en la que empleas todo el claro sentido[4]
con que naciste,
la lógica irrefutable que aprendiste en la ciencia,
viene un hombre (con las mejores intenciones
20 de ser cortés) y te dice:
«qué linda que te ves
cuando hablas en público».

Y sabes
que no escuchó ni una palabra,
25 porque al fin son ideas de mujer
que no hay por qué tomar en serio;
porque sólo nos definen para el mundo,
hermanita, dos pestañas oscuras,
una boca entreabierta[5] con gracia
30 y unos pechos que desmienten[6] (incluso hacen innecesaria)
toda capacidad intelectual.

---

[1] obligación
[2] estreno... desfile de modas
[3] transformado (transformar)
[4] claro... inteligencia
[5] un poco abierta
[6] niegan (negar)

LECTURA

mitos masculinos (que ellos detestan)

Tú, Virginia Gardens, FL

*No somos seres **super-dotados**, sólo seres humanos. Sentimos, soñamos y tenemos nuestras preferencias... ¿Por qué tenemos que **arrastrar** una imagen prefabricada? Desengáñense, chicas... no somos así. Aquí les destruyo cinco mitos.*

MITO 1: Los chicos lo saben todo acerca de autos. Cuando mi amiga (y enamorada) Mary me interceptó a la salida de la universidad para que le revisara el auto porque éste no funcionaba... quería morirme. Yo no sé absolutamente nada acerca de autos, después de todo, no soy mecánico. Pero casi todas las chicas

➲➜ (*página 12*)

LECTURA · 5 mitos masculinos (que ellos detestan)

dan por seguro que nosotros *nacemos* con ese conocimiento, y es falso. ¿Cómo explicarle a ella que yo no podía arreglarle el auto? Que lo único que he aprendido—a duras penas—es a llenar el tanque de gasolina y ponerle aceite. Después de una hora completa de *arduo trabajo...* todo sudado y con las manos llenas de grasa, el auto de Mary seguía *muerto.* Me apenó muchísimo que ella pensara que yo era un idiota por *carecer* de esos *conocimientos innatos* que todo *hombre* debe tener, pero tuvimos que terminar buscando a un mecánico que pudiera poner su auto en marcha.

MITO 2: Todos los chicos tienen cuerpos de deportistas. ¿Saben Uds. cuáles son las medidas de un atleta? Casi todos ellos miden 1.83 m. (6 pies) y pesan unos 90 Kg. (200 libras). No hay duda que para *ellas* éste es el prototipo del muchacho ideal. Pero esos *Arnold Schwarzenegger* no abundan... Un chico promedio (como yo) tiene medidas *más humanas*; mide más o menos 1.70 m. (5 pies, 7 plgs.) y pesa alrededor de 68 kilos (150 libras)... ¡y esto es todo un galanazo! Muchos tienen que ir a la playa con shorts más bien anchos y camisetas sueltas (para disimular un poco su falta de entrenamiento). Con mucha fuerza de voluntad, puede que un 20% de los

chicos se consideren *atletas*, y se inscriban en un equipo de fútbol o empiecen a *levantar* pesas para *levantar* chicas. Pero el 80% restante, los que no tenemos una constitución física *privilegiada* para los deportes o éstos simplemente no nos llaman la atención, ¿dónde nos metemos?

MITO 3: Los hombres se fijan en todo. Este es el mito que más martiriza a las chicas: Ellas *creen* que  nosotros estamos pendientes sólo de ellas. Cuidan su maquillaje y lo retocan cada tres minutos. No repiten la misma falda dos veces seguidas en la semana porque dan por seguro que nos daremos cuenta. Y puede que nosotros las veamos más lindas un día que otro, pero pocas veces notamos esas *pequeñeces* que para ellas son *vitales*.

MITO 4: Ellos se cuentan "todo" unos a otros. En este mito puede que haya alguna excepción. Hay chicos (lo mismo que **chicas**) a quienes les encanta hacer gala de sus aventuras y sus conquistas. Pero esto no es regla general. Durante los años que llevo de estudiante, solamente he conocido dos o tres *excepciones.* Por suerte para todos (y todas) la mayoría de nosotros no somos así. La relación entre una pareja tiene muchos as-

pectos que se deben mantener en privado, y esto no lo digo por aparentar ser más *hombre* que nadie. Sencillamente, no comparto la idea de contar mis cosas. ¿Qué tal si ese chico con quien comento lo fenomenal que es mi novia... empieza a soñar con ella? No somos tontos, esto es un mito.

MITO 5: Los muchachos no son románticos. La mayoría de nosotros sí lo somos; lo que sucede es que *demostrarlo* se puede convertir en un problema. Las propias mujeres nos crean una coraza de hierro que, de destruirla, parecería un signo de debilidad para muchas. Si una chica escribe una poesía, es  considerada muy apasionada. La enseña a todas sus amigas y se la celebran como si hubiese construido un edificio. Pero si la poesía la escribe un chico y cae en manos de la persona errónea... es mejor que recoja sus cosas y se mude a Nueva Zelandia... Se supone que nosotros debemos ser fríos, no llorar y mucho menos dejar suelto a nuestro poeta interno. Si tu "adorado tormento" no se muestra muy romántico delante de los demás, probablemente esté actuando bajo presión. Dale una oportunidad. Sé tú romántica con él. Tal vez una noche te sorprenda con un ramo de flores, un paseo en limosina o una cena para dos con velas... Aunque no lo crean, a la mayoría de nosotros nos encantaría ser así todo el año... 🔊

La familia

A — Varios

• **1.** Unos investigadores de la Universidad Nova en Fort Lauderdale, en la Florida, acaban de demostrar que la forma en que los padres tratan a sus hijos influye en la forma en que los niños se tratan entre sí, tanto si son hermanos como si son amiguitos.

• **2.** Para muchas mujeres, sobre todo si tienen hijos pequeños y trabajan fuera de la casa, el amanecer se transforma en una locura que cada día parece complicarse más. ¡Con lo agradable que sería quedarse en cama otro ratito! ¡Si fuera domingo! Pero, no, decididamente no es domingo. Es martes, y hay que poner la maquinaria en marcha, no dentro de un rato, sino ya, ahora mismo, sin perder un segundo, para tratar de que el tiempo alcance para todo, si es que tal deseo imposible puede cumplirse.

• **3.** «Confieso que sólo la idea me altera... y yo no soy un tipo nervioso; me considero más bien *sólido* y muy normal. Pero... ¡no me hablen de visitar a los padres de mi chica, porque me convierto en un nervio ambulante! Ustedes saben a qué clase de visita me refiero: una cena para «conocernos mejor»; una reunión familiar para

(*página 14*)

B — De padres a hijos: Pasión por los toros

En la ciudad de Nimes, Francia, Miguel Báez «Litri» y Paco Camino, ya entrados en carnes y no tan ágiles como cuando eran jóvenes, lograron meterse en el estrechísimo traje de luces para salir al ruedo y dar la alternativa a sus respectivos hijos, ambos de 19 años de edad, Mike Litri y Rafi Camino.

Figuras internacionales del toreo en su época, don Miguel

(*página 14*)

13

A   Varios

break the ice

«romper el hielo» o una invitación que se me extiende por compromiso, por ser «el novio de la niña de la casa».

4. Dicen que algunas personas, por su naturaleza, son más vulnerables que otras a los efectos del alcohol. No sé si ha sido éste el caso de mi madre o si, en definitiva, cada alcohólico cuenta en su historia con un motivo distinto que acaba conduciendo siempre al mismo lugar. Ahora tengo 17 años pero conservo fresco en mi memoria todo lo que estuvo pasando en mi casa desde que cumplí los tres, quizás antes. Ya entonces sentía que las cosas no eran normales. Hoy lo llamaría una sensación de zozobra, de inseguridad; con tres años, lo que notaba es que estaba pasando algo raro. ◉

B   De padres a hijos: Pasión por los toros

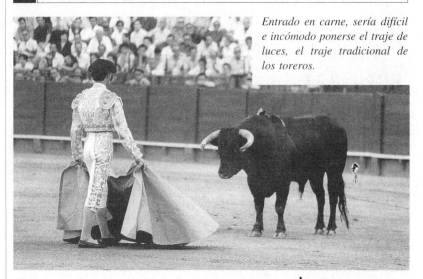

Entrado en carne, sería difícil e incómodo ponerse el traje de luces, el traje tradicional de los toreros.

nació en la década de los 30, y don Paco, en los años 40.

Aún vive en la memoria de los aficionados el estilo *tremendista* de «Litri», quien por la forma en que se enfrentaba con el toro, arrancaba el alarido del público que temía que en un mal instante, el animal lo ensar-

confront

hurt

tara con los cuernos. El estilo de Camino era lo opuesto: muy clásico, purista. El público admiraba su elegancia.

Los jóvenes matadores, Rafi y Mike, que ya toreaban a los 15 años, ambicionan alcanzar tanta o más fama que sus padres. ◉

horn

C

Las mentiras y los niños

de Clara Baum

Vanidades, Panamá

Muchos padres, cuando comprueban que sus hijos dicen mentiras, se horrorizan. Piensan sin duda que ese niño les dará grandes dolores de cabeza en el futuro. Nada más incierto. Antes de cumplir los 4 años, y

a veces hasta un poco después, los niños no distinguen la realidad de la fantasía. Sencillamente, dan por hecho lo que imaginan. Eso es todo.

Ahora bien, los niños mayorcitos que ya pueden hacer esa distinción, pueden y deben ser enseñados a no mentir. ¿Cómo? En primer lugar, trate de descubrir y solucionar el problema por el cual mintió el

niño, y entonces, al presentarle la solución, añada suavemente que la mentira forma parte de las conductas que usted no aprueba. Al mismo tiempo, afirme el valor y la belleza de la verdad... practicándola. Esto es: conteste las preguntas del niño con la misma veracidad y sinceridad con que a usted le gustaría que el niño contestara las suyas. Y nada más. ◉

D

Fragmento de *Historia de una escalera*

un drama por Antonio Buero Vallejo

(I)

(FERNANDO, *el padre, abre la puerta.*)

MANOLÍN: ¡Papá, Fernando estaba besándose con Carmina en la escalera!

FERNANDO, HIJO: ¡Embustero![1]

MANOLÍN: Sí, papá. Yo no los veía porque estaba en el «casinillo»; pero...

FERNANDO, HIJO: (*A* MANOLÍN.) Pasa para dentro.

MANOLÍN: Papá, te aseguro que es verdad.

FERNANDO: Adentro. (*Con un gesto de burla a su hermano,* MANOLÍN *entra.*) Y tú, sube.

FERNANDO, HIJO: Papá, no es cierto que me estuviera besando con Carmina. (*Empieza a subir.*)

FERNANDO: ¿Estabas con ella?

FERNANDO, HIJO: Sí.

FERNANDO: ¿Recuerdas que te hemos dicho[2] muchas veces que no tontearas[3] con ella?

FERNANDO, HIJO: (*Que ha llegado al rellano.*) Sí.

FERNANDO: Y has desobedecido.[4]

FERNANDO, HIJO: Papá... Yo ...

FERNANDO: Entra. (*Pausa.*) ¿Has oído?[5]

FERNANDO, HIJO: (*Rebelándose.*[6]) ¡No quiero! ¡Se acabó!

FERNANDO: ¿Qué dices?

FERNANDO, HIJO: ¡No quiero entrar! ¡Ya estoy harto[7] de vuestras[8] estúpidas prohibiciones!

FERNANDO: (*Conteniéndose.*[9]) Supongo que no querrás escandalizar para los vecinos...

FERNANDO, HIJO: ¡No me importa! ¡También estoy harto de esos miedos! (ELVIRA, *avisada sin duda por* MANOLÍN, *sale a la puerta.*) ¿Por qué no puedo hablar con Carmina, vamos a ver? ¡Ya soy un hombre!

ELVIRA: (*Que interviene con acritud.*[10]) ¡No para Carmina!

(II)

FERNANDO: (*A* ELVIRA.) ¡Calla! (*A su hijo.*) Y tú, entra. Aquí no podemos dar voces.

FERNANDO, HIJO: ¿Qué tengo yo que ver con vuestros rencores[11] y vuestros viejos prejuicios? ¿Por qué no vamos a poder querernos Carmina y yo?

ELVIRA: ¡Nunca!

FERNANDO: No puede ser, hijo.

FERNANDO, HIJO: Pero ¿por qué?

↻→ (*página 16*)

[1] ¡Mentiroso!
[2] *past participle of* decir
[3] tontear = coquetear
[4] *past participle of* desobedecer
[5] *past participle of* oír

[6] *v.* rebelarse, *adj.* rebelde
[7] cansado
[8] *second person plural possessive adjective* (*refers here to* Fernando, padre *and* Elvira)
[9] Controlándose
[10] acrimonia
[11] resentimientos

LECTURA

¿Qué significa, para ti, tu padre?

Mesa redonda con jóvenes adolescentes

por Alma de Lira, *Hombre de mundo,* Virginia Gardens, FL

¿Cuántas veces tiene el padre la oportunidad de saber lo que piensan de él, realmente, sus hijos? Como la respuesta podría ser: ¡ninguna!, decidimos reunir a un grupo de jovencitos adolescentes—y, por tanto, con una capacidad crítica ya desarrollada—y los animamos a que hablaran, sin cortapisa, de ese gran personaje que les dio la mitad de la vida. Sus opiniones trazan un retrato bastante exacto de muchos padres actuales. ¿Se reconoce usted en él?

(*Los jóvenes entrevistados fueron: Rocío Reina, Maité Pérez, Ángeles Moya, César Miranda, Melanie Meurehg, Gerardo Medina, de los colegios Moderno Americano y Francés del Pedregal.*)

↻→ (*página 16*)

¿Qué significa para ti tu padre?

GERARDO: Alguien a quien se debe respetar; es una persona que nos enseña a lo largo de la vida. También representa el apoyo económico, el papá da todo lo material. A veces, aunque uno no esté de acuerdo con él y cueste mucho trabajo, por ser su hijo debe hacer el intento de respetarlo.

MELANIE: Para mí es algo diferente que para los demás, porque yo vivo con él desde hace dos años (mi mamá vive fuera de México); entonces, la única, la figura más importante que tengo es la de mi padre. En este tiempo, él se ha convertido sobre todo, en mi amigo, y siento que así debe ser un padre. Este también es la figura económica; debiera ser un apoyo (emocional) para los hijos, pero muchas veces aunque comprenda, no sabe cómo expresar, cómo transmitir lo que está sintiendo; por eso con frecuencia uno se siente distanciado de él.

CÉSAR: El padre es quien nos dio la vida, la persona que más respeto y al que más cariño se le debe tener pase lo que pase. Mis papás están separados, yo vivo con mi mamá, pero los quiero igual a los dos. Aunque mi padre no esté cerca, sigue siendo un respaldo. ¡Así debería ser un padre! No creo que haya motivos tan grandes que justifiquen perderle el cariño y el respeto.

ÁNGELES: Pienso que tengo mucha suerte porque como mi papá hay pocos. Es un buenísimo amigo y cuando lo necesito siempre me ayuda; haya hecho algo bien o mal, él está para ayudarme, no para reprocharme. Me ha enseñado muchísimas cosas ¡y qué bueno! porque no va a estar todo el tiempo conmigo y es importante que me deje su sabiduría. Él es una de las dos personas a las que quiero mucho; la otra es mi mamá. Por ningún motivo pienso enojarme con él. Además, si uno se lleva siempre bien con su papá, creo que aunque haya algún problema se llega a un arreglo.

MAITÉ: Mi papá es un amigo, siento total apoyo de él, económico y moral.

ROCÍO: Mi papá es un gran apoyo, aunque no haya una comunicación muy importante entre nosotros; él es hombre y yo mujer y tal vez por eso mis problemas los ve desde otro punto de vista y no los siente como yo. Pero en un momento dado si necesitara

---

D   Fragmento de *Historia de una escalera*

FERNANDO: Tú no lo entiendes. Pero entre esa familia y nosotros no puede haber noviazgos.[12]
FERNANDO, HIJO: Pues os tratáis.[13]
FERNANDO: Nos saludamos, nada más. (*Pausa.*) A mí, realmente, no me importaría demasiado. Es tu madre...
ELVIRA: Claro que no. ¡Ni hablar de la cosa!
FERNANDO: Los padres de ella tampoco lo consentirían.[14] Puedes estar seguro.
ELVIRA: Y tú debías ser el primero en prohibírselo, en vez de halagarle con esas blanduras improcedentes.[15]

FERNANDO: ¡Elvira!
ELVIRA: ¡Improcedentes! (*A su hijo.*) Entra, hijo.
FERNANDO, HIJO: Pero, mamá... Papá... ¡Cada vez lo entiendo menos! Os empeñáis[16] en no comprender que yo..., ¡no puedo vivir sin Carmina!
FERNANDO: Eres tú el que no nos comprendes. Yo te lo explicaré todo, hijo.
ELVIRA: ¡No tienes que explicar nada! (*A su hijo.*) Entra.
FERNANDO: Hay que explicarle, mujer... (*A su hijo.*) Entra, hijo.
FERNANDO, HIJO: (*Entrando, vencido.*) No os[17] comprendo... No os comprendo... 🕭

---

[12] relaciones entre novios
[13] os... tenéis relaciones cordiales
[14] estarán de acuerdo
[15] inapropiados

[16] Insistís
[17] *object pronoun referring to Fernando's parents*

🕭→ (*página 17*)

su ayuda, sé que no me dejaría sola. Al padre uno lo tiene en un altar, se le tiene cariño.

¿Cuáles serían los tres defectos que ustedes ven en el padre?

GERARDO: La incomprensión. Por ejemplo, padre e hijo quieren exponer sus ideas, pero hay un muro de desinterés entre ellos, uno siente que al otro no le van a importar. En ocasiones quizá realmente sea así, pero no siempre. Sin embargo, esa incomprensión del padre se origina porque es él quien sostiene el hogar y por eso no puede estar con uno todo el tiempo como la mamá; por eso a ella le contamos más nuestras cosas, pasamos más tiempo con ella. Yo creo que la incomprensión está relacionada con la falta de tiempo del papá para estar con uno, pero eso es porque está trabajando para sostenernos.

MELANIE: El padre siente que cumple con todas sus obligaciones, nada más desde el punto de vista económico. No es que no dé cariño, lo da, pero a su manera, muy parcialmente. Cree que con comprar cosas para nosotros o para el hogar demuestra su cariño y muchas veces uno no necesita que le compren unos zapatos sino que le den un beso. Otro defecto es que siempre creen tener la razón; no se dan cuenta que uno también puede tenerla, aunque sea en parte, pero esto no quie-

ren aceptarlo, por lo menos abiertamente. En la actualidad, hay más padres que se abren a la crítica de los hijos, pero lo hacen para sentir que son condescendientes con ellos; sin embargo, no reflexionan sobre las críticas que aquéllos les hacen, o bien, no tratan de cambiar su actitud.

CÉSAR: El creer que ellos son los únicos que pueden resolver los problemas económicos. Todo el mundo piensa en los recursos del padre, pero no en los de la madre o en los de otra persona de la familia.

ÁNGELES: Una gran falla es que llegan a casa con todos los problemas que tuvieron ese día y se enojan con todo el mundo. Entonces, dices «bueno, ¡pobre! tuvo dificultades, no voy a decir nada, voy a llevar la fiesta en paz»; pero uno también llega a cansarse de que se desquiten en la casa con todos, a veces no hablando con nadie, ignorando a todo mundo. Yo pienso que los

problemas se deben dejar atrás de la puerta y convivir con quienes no tuvieron nada que ver con ellos.

Otro defecto es que a veces se entercan y no aceptan que puedas dar una opinión, quizá porque eres muy joven y no sabes nada de la vida, o de ese problema. Pero siquiera lo deberían oír a uno, tomarlo en consideración, y no decirnos: «Yo dije esto, y esto se va a hacer.»

MAITÉ: Se obsesionan mucho con lo económico, piensan que si llegan tarde al trabajo, perderán todos sus bienes y tú vas a vivir pobre; se preocupan demasiado; está bien preocuparse, pero no enajenarse. Además, si tienen problemas en el trabajo se desquitan en la casa, pero si ellos no te los dicen, tú no los vas a saber. Tú llegas feliz a platicarle a tu papá «fíjate que… » y te regaña o no te contesta. Entonces, tú dices ¿qué pasa? Es la falta de comunicación, causada por los problemas que tienen.

ROCÍO: Ellos piensan que con comprarte unos zapatos, un disco, cumplen contigo, y lo que en realidad necesitas es un beso, platicar con ellos, que te consientan, que no lleguen y digan: «te compré un disco», cuando lo que uno necesita es comprensión. Los papás como que no conviven contigo, no saben lo que te sucede; si te ven inquieta, piensan: «le fue mal en la escuela, con un regalo se soluciona», pero no es así, sería mejor un beso, un abrazo, un cariño, que me diga «ven, te invito

↪ *(página 18)*

a cenar, quiero estar contigo, convivir». Esto lo necesitas más que un regalo. La falta de comunicación es muchas veces por la diferencia de sexo y de edad, él no me entiende; por ser hombre, toma las cosas como tal...

¿Si pudieras cambiar algo en tu papá qué cambiarías?

GERARDO: El hecho de que se desespera rapidísimo. A veces los papás están cansados, de malas, o simplemente no tienen ganas de hablar, esto a todos nos pasa, pero cuando tú llegas cansado de la escuela, a ti te gustaría que todo mundo estuviera de buen humor, y resulta que tu papá no lo está y te arruina todo el día y te desesperas. Padre e hijo necesitan ser más pacientes para entenderse, pues algún día que él no nos quiera oír porque siente que uno está diciendo tonterías, podría hablar de otra cosa para no cortarnos completamente.

MELANIE: Es más fácil que nosotros cambiemos a que ellos lo hagan. Pero yo cambiaría algo de él para que no fuera tan cerrado; me gustaría que fuera más comunicativo, pues cuando llega a casa y se enoja con todo mundo, no habla, no hay comunicación; puede estar enfermo y no lo dice, si está triste o enojado, si le fue mal en su trabajo, nada; entonces, uno tampoco se puede acercar a él y todo esto provoca mucha tensión en la familia.

CÉSAR: Su actitud pesimista. Mi familia, mi mamá, mis hermanos y yo hemos llegado a la conclusión de que mi papá es superpesimista y eso nos afecta mucho. Eso es algo supernegativo que no sólo lo afecta a él, sino a nosotros y a todo lo que lo rodea. Me gustaría que fuera más optimista, que pensara en las cosas buenas que pueden suceder, aunque todo se viera muy mal.

ÁNGELES: De mi papá, me gustaría cambiar algo muy chistoso. En general, llevo muy buena relación con él, pero me repite mucho sus indicaciones. Por ejemplo, me dice: «Siempre que te subas a un coche, ponte el cinturón de seguridad», pero de tanto que me lo repite me cansa y entonces hago lo contrario.

MAITÉ: Que no se encerrara tanto en su trabajo, que al llegar olvidara todos los problemas y dijera «estoy en casa, no me importa lo que pasó fuera», que

nos disfrutara, porque a veces se mete a su cuarto y no habla; le empiezas a contar algo y no te contesta; entonces dices ¿qué pasa?

ROCÍO: Yo cambiaría el hecho de que sea tan cerrado, porque llega, se mete en su cuarto y no habla, o habla de cosas que no vienen al caso. Pienso que deberíamos platicar, él de su oficina y yo de mis amigos.

¿Cómo podría ser el papá ideal?

GERARDO: El que se diera tiempo para mí—aunque con esto no quiero decir que mi papá no se lo dé—, que quisiera platicar conmigo de sus cosas, de lo que le pasa, que mostrara interés en lo que yo le dijera. Pero como él no te hace caso, siento que éste es uno de los motivos por los cuales uno le dice todo a su mamá y no a su papá. También me gustaría que aprendiera a aceptar la opinión de los demás.

MELANIE: Como sólo vivo con él, yo quisiera que el tiempo que pasa conmigo realmente estuviera conmigo, porque a veces estamos sentados juntos, pero cada quien en lo suyo; me gustaría que tomara más en cuenta las cosas que me suceden, como también que tratara de hacerme entender lo que le pasa a él.

🔊→ (página 19)

LECTURA   ¿Qué significa, para ti, tu padre?

Que procuráramos tener más comunicación.

CÉSAR: El que siempre está de acuerdo con su familia, que pasa el mayor tiempo con ella, que trata de evitar problemas de todo tipo, que procura compartir sus dificultades para que haya un mejor entendimiento en la familia.

ÁNGELES: Paciente, comprensivo, pero que al mismo tiempo muestre autoridad, que no sea como una marioneta a la que tú puedes manejar como quieras; que no sea débil, y aunque lo sea, que no lo demuestre. Que sea feliz—la mayor parte del

tiempo posible—, que gaste tiempo en uno, que piense en uno.

MAITÉ: Que sea un papá cariñoso, comprensivo, que se trate de poner a tu altura; que cuando platiques con él, procure entenderte, que pase mucho tiempo contigo, que sepa lo que tú quieres y lo que él quiere.

ROCÍO: El que te diera un gran apoyo, que siempre pudieras contar con él, en cualquier momento; que fuera comunicativo, eso es lo más importante; y que llegara feliz y contento, que platicara cosas buenas. ◑

La comida

A

Algas marinas: Un nuevo alimento gourmet se cultiva en granjas especiales...

Hombre de mundo,
Virginia Gardens, FL

Las algas marinas están ~~invadiendo~~ *invade* Europa... pero esta vez no en playas ni acuarios, ¡sino en los restaurantes! «Este gran alimento ha provocado una verdadera revolución en Inglaterra», expresa el Doctor Terry Holt, quien conjuntamente con su colega, el Doctor Chris Dawes, ha desarrollado la primera granja comercial para la explotación de las

algas marinas. Ambos científicos han dedicado a estos vegetales marinos más de ocho años de investigación y estudio constante en la *Estación de Biología Marina* de la Universidad de Liverpool (en Port Erin, en la Isla de Man). El esfuerzo que han realizado en su campo es tan intenso que se considera que en estos momentos le llevan cuatro años de ventaja al resto de

→ (*página 22*)

B

Alimentos *biológicos*
Ya se encuentran delicias sin trampa ni química

Por Nines Arenilles
El país, Madrid

Cada mañana nos sacude la noticia de una catástrofe atentatoria contra el medio ambiente, producida casi siempre por la mano del hombre. No tiene nada de extraño que los movimientos naturistas tan románticos del siglo pasado hayan derivado hacia acciones más dinámicas.

→ (*página 23*)

A Algas marinas

El Doctor Chris Dawes inspecciona las sogas que traen adheridas una preciosa carga: la nueva cosecha de algas marinas. Ésta, la Honey Wakame (Alaria esculenta), *es la que se vende en el mercado para usar en las ensaladas, en las sopas y en los estofados; es una de las preferidas por los consumidores de los países donde ya las algas son un producto gourmet.*

los científicos occidentales que están trabajando en proyectos similares.

La granja de algas marinas se encuentra en Escocia. «Hemos construido un sistema submarino formado por cordones que se extienden longitudinalmente. En estas sogas se adhieren las algas, las cuales entonces crecen y se desarrollan normalmente», expresa el Dr. Holt. «El sistema completo, visto desde el aire, parece algo así como un crucigrama o un rompecabezas. Cada sección está unida por pivotes sumergidos al lecho del mar.»

El proceso del cultivo de las algas marinas comienza cuando se recogen las algas que se encuentran en la costa y se llevan a los laboratorios especiales. En ellos se colocan bajo lámparas de luz artificial, las cuales no poseen el color azul, para de esta manera impedir que maduren sexualmente; así se puede controlar mejor la formación de las semillas.

Después de un año, se trasladan las semillas a tanques de cultivo en los

---

Los consumidores británicos usan las algas marinas en las ensaladas, sopas, asados y platos con verduras. También son aficionados a un plato (típico de las meriendas) que está siendo muy solicitado; se prepara con algas secas.

---

que las condiciones de luz, temperatura y alimentación son reguladas constantemente por científicos expertos. Es el momento más crítico porque a partir de ese momento comienzan a desarrollar los filamentos que permiten su trasplante definitivo al mar y a las sogas, donde permanecerán durante siete meses, aproximadamente.

«La cosecha de las algas produce varias toneladas de algas al año», comentan los investigadores-granjeros. «Hay algas que crecen hasta tres y cuatro metros. Las llevamos a la costa, se secan y entonces se procesan. La primera cosecha que obtuvimos de esta manera la enviamos a diferentes supermercados británicos, y la acogida fue sensacional.»

En efecto, las algas marinas constituyen un recurso alimenticio con un potencial enorme en el mundo del futuro. Poseen un alto contenido nutritivo y, además, saben muy bien. «Hasta el presente, las algas marinas para la cocina gourmet se han estado importando de Japón y otros países asiáticos, donde se comen tradicionalmente», continúa explicando Holt. «Para tener una idea del formidable valor económico que representa este mercado, solamente mencionaremos que el año pasado Japón produjo algas marinas por valor de 10 mil millones de dólares… y China cultivó más de 2,5 millones de toneladas.»

Uno de los atractivos principales de las algas marinas es su alto contenido alimenticio. En efecto, las algas marinas se encuentran entre los vegetales más ricos del mundo en elementos nutritivos. Poseen un gran contenido de calcio, hierro, potasio, magnesio, yodo y vitaminas A, B, C, D3, E y K, así como la B12 tan difícil de obtener en las dietas vegetarianas. Las algas, además, constituyen un excelente sustituto del *glutamato monosódico* y sus derivados, los cuales se emplean como elementos constitutivos de otros alimentos. «Nuestros análisis de laboratorio demuestran que las algas secas poseen un 25% de proteínas y menos de un 0,5% de grasa», continúa el Dr. Dawes. «Por otra parte, hay experimentos que revelan cómo

➔ *(página 23)*

A | Algas marinas

A la derecha, una vista espectacular de una cosecha de algas después de seis meses de crecimiento. Arriba de estas líneas, una muestra de la variedad de platos que se preparan con algas marinas.

las algas marinas reducen la absorción de las radiaciones peligrosas en el cuerpo y cómo eliminan las toxinas que se producen en el metabolismo.»

En estos momentos, la nueva granja británica produce tres tipos comerciales de algas marinas comestibles:

- La llamada *Sugar kombu* (nombre científico *Laminaria saccharina*), que posee un sabor delicado y es la más adecuada para usar en platos vegetarianos que se fríen con aceite o mantequilla.
- La *Wakame* (*Alaria esculenta*), la que tradicionalmente se ha empleado en ensaladas, sopas y estofados.
- La *Grockle* (*Sachorhyza polyschides*), de gusto similar a la de los cacahuetes asados; es la más adecuada para preparar puré y platos con pescado y mariscos.

«Esperamos surtir los restaurantes y supermercados europeos con nuestras algas marinas. Estamos seguros que estas plantas van a cambiar la imagen del mercado alimenticio europeo y se convertirán en el verdadero alimento del futuro», concluye el optimista Dr. Holt. ☺

B | Alimentos *biológicos*

La agricultura *biológica* está adquiriendo, por estos motivos y en los países más desarrollados un auge notable, y sus productos se venden como rosquillas en las más importantes ciudades de Europa y Estados Unidos.

La boga de estos alimentos llegó—aún tímidamente—a España, entre otras, de la mano de la asociación Vida Sana (Clot, 39, 08020 Barcelona). Se preguntarán ustedes qué es un cultivo biológico. En principio, es un cultivo para el que se rechaza cualquier método que no sea absolutamente natural (fertilizantes químicos y demás), y en el procesamiento y transformación no permite ningún conservante ni aditivo. Toda esta andadura justificaría por sí misma su existencia. Alcanzar una mejor calidad de vida es empresa meritoria. Pero hay algo mas.

Para los *gourmets* proponen diversos productos *biológicos*: por ejemplo, aceite virgen de oliva (Les Garrigues, Lérida) elaborado con aceitunas arbequinas lavadas y molidas en el día, extrayendo el zumo sólo por escurrido. También ofrecen arroz de Calasparra integral, con la piel raspada parcialmente y sus elementos nutritivos casi intactos.

Y para que nuestro disfrute gastronómico sea total, llega la cosecha de este año del *vino ecológico* Mantel Nuevo. Es un vino blanco, ligerísimo, joven, obtenido de uva verdejo, de aroma peculiar y afrutado, que ha crecido en la margen izquierda del río Duero en la provincia de Valladolid (Bodegas Álvarez y Diez, Rueda). Un vino delicioso que ha seguido sus pasos naturales, sin intervención de *medicamentos* (léase sulfitados…). ☺

Alimentos irradiados: Frescos por muchos años

Unos dicen que podría acabar con el hambre en el mundo; otros, que dañaría nuestra salud. La comida irradiada es un sofisticado método para conservar los alimentos hasta diez años. Pero las críticas arrecian contra ellos.

Muy interesante, México, D.F.

Tengo calor, y pienso en una jugosa ciruela, quizá mejor una pera. Abro mi nevera y lo que veo no me convence demasiado. Las ciruelas están muy blandas; las peras, muy amarillas. Tendría que ir a la compra más a menudo pero no tengo tiempo. Mi problema se solucionaría si consumiera comida irradiada, el último grito en alimentación.

Con este método, los comestibles, tanto en materias primas o precocinados, se someten a una radiación ionizante que permite limpiar la comida de microorganismos, evitando, por ejemplo, la salmonella y el botulismo. Así, una de sus ventajas principales es que ayuda a conservar por más tiempo los alimentos, al eliminar las sustancias que los deterioran, y evita también su germinación, especialmente en las patatas y cebollas. El resultado es que mi fruta se conservaría durante semanas, incluso meses.

Esta técnica, aplicable a una gran cantidad de productos alimenticios (frutas, verduras, especias, carnes, mariscos y cereales), se está promocionando en todo el mundo como una alternativa a los también polémicos pesticidas y conservantes alimentarios. «Ofrece mucha más seguridad para la salud humana que algunos de los pesticidas químicos utilizados actualmente y que, además, contaminan el medio ambiente», asegura George Giddings, director del centro de radiación más importante de EE.UU., el Isomedix, especializado en esta tecnología de alimentos.

Los defensores de este método, aceptado (aunque con restricciones) por la Administración de Alimentos y Medicinas de EE.UU.—FDA—, aseguran que la técnica puede extender la propia vida de los alimentos. «Llegará un día en que podamos ir al supermercado y comprar pollo cocinado en barbacoa, empaquetado al vacío y convenientemente radiado. Lo guardaremos durante casi ocho años, y todo lo que tendremos que hacer es calentarlo», explica el físico Martin Welt, de la compañía estadounidense, Tecnología de la Radiación.

Cerca de veinte países permiten en la actualidad radiar unos treinta alimentos distintos, especialmente patatas, trigo, harina de trigo, cebollas, algunas carnes, especias y condimentos. En España, por ejemplo, se puede emplear en las patatas y cebollas, aunque no hay todavía ninguna empresa de irradiación para alimentos. Se ha permitido también irradiar ciertas frutas, y así una tienda de Miami ofreció recientemente, por primera vez en EE.UU., mangos irradiados. Otros países que la utilizan son la Unión Soviética, Sudáfrica, Bélgica, Dinamarca, Japón (uno de los principales consumidores), etcétera. Ahora se intenta conseguir una mayor variedad de frutas, así como de pescados, aves y verduras.

D

Fragmento de *Ciudades desiertas*

una novela por José Agustín

1 Ya les habían servido una nueva ronda de bacardí puertorriqueño y todos se hallaban visiblemente ebrios, salvo Susana, quien no bebía casi pero no parecía hallarse
5 a disgusto, recargada en Eligio. El polaco no miraba a nadie y Altagracia parecía un tanto desubicada: ese grupo la intimidaba un poco y no sabía bien cómo reaccionar ante las explosiones de Eligio; además, gran
10 parte del tiempo se la pasaban hablando en español, sin que les importaran los demás. Cole decía a Eligio que de niño vivió relativamente cerca de Brownsville,[1] o sea, de Matamoros, y que muchas veces había via-
15 jado al sur de la frontera, pero ahora le daba miedo porque sabía que en todos los caminos mexicanos, que por cierto eran muy *estrechos*, los asaltos eran frecuentes, o los policías pedían sobornos incalificables,
20 ¿cómo le llaman? ¿la mordida?, o a los visitantes les daba la venganza de Moctezuma, porque la comida era muy insalubre[2] y el agua, peligrosa. Insalubres mis huevos, declaró, enfático, Eligio, en inglés. Unos
25 cuantos bichillos[3] nunca están de más, son como vacuna, ¿no? Pues a mí Matamoros me pareció un lugar muy sórdido, todo lleno de basura. Matamoros, explicó Eligio a pesar de que nunca había estado allí, no
30 es una ciudad sucia, es una ciudad *asquerosa*,[4] pero no me vas a negar que todos ustedes los gringos exageran con la cuestión de la limpieza; cuando llegué a esta ciudad[5] me *alarmó* verla tan limpia y sólo entendí lo
35 que pasaba cuando Susana me explicó que, desde que llegan a Arcadia, los participan-

tes del Programa están obligados a trapear[6] las calles en la madrugada.[7] Todos soltaron a reír, menos Cole, quien sonrió nerviosa-
40 mente; la Gringuez, en cambio, parecía muy contento. Es la primera vez que escucho que alguien se queje de la limpieza en este país, dijo Cole. Espérate a que nos quejemos de la *comida*, por no hablar del
45 gobierno. Y el capitalismo, añadió Eligio. Y los médicos, dijo Hércules, que padecía hemorroides. Y la deshumanización. Y la robotización. Y la despolitización. Y la manipulación. Y la televisión. Y los periódicos.
50 Volvamos a la comida, dijo Edmundo. Aquí a la gente se le ha estragado[8] el gusto por completo. ¡Cierto!, apoyó Eligio, en cambio, en México te vuelves loco con tanta sabrosura. Mira, cuando yo viajo por México
55 lo primero que pregunto al llegar a un lugar es: ¿aquí qué se come? Y salen los tamalitos con chipilín o el mole[9] negro, o las nueces enchiladas o una salsita de chumiles. ¿Qué es eso? Son unos insectitos bien simpáticos.
60 ¿Comen insectos en México? Y *vivos*, añadió Eligio, truculento,[10] habías de verlos en los mercados, maestro: ponen una bacinica[11] o una escupidera[12] llena de chumiles, que son como piojos[13] con pelos, y en el centro hay un
65 cono de papel, o cucurucho, por donde los chumiles trepan[14] hasta que ascienden a la cumbre y ¡boogers!, vuelven a despeñarse abajo, como si fueran, parafraseó Susana, espermatozoides locos, ciegos, ávidos, que

🔖➜ (*página 26*)

---

[1] ciudad en Texas, en la frontera con Matamoros, México
[2] malsano; que no es saludable
[3] animales u organismos microscópicos
[4] tan sucia que causa repugnancia
[5] se refiere a Arcadia

[6] limpiar con un trapo
[7] en... muy temprano por la mañana
[8] incapacitado para percibir sensaciones delicadas
[9] salsa espesa preparada con chiles y muchas especies usada en algunos platos mexicanos
[10] con exagerado dramatismo y crueldad
[11] orinal pequeño
[12] recipiente para escupir
[13] insectos que viven parásitos en el hombre y algunos animales
[14] suben

¡Científicos israelíes consideran que los camellos pueden ser una solución a las hambrunas del desierto!

Hombre de mundo,
Virginia Gardens, FL

Los terribles resultados de la sequía que desde hace años azota grandes extensiones del continente africano son conocidos por todo el mundo. Muchos países han realizado esfuerzos para enviar alimentos y asistencia médica a las áreas más afectadas de Etiopía, Sudán, y otras regiones... pero, lamentablemente resulta insuficiente; la

🕮→ *(página 27)*

D Fragmento de *Ciudades desiertas*

70 tocan la puerta del cielo y son rechazados fieramente. No entiendo nada, aclaró Ramón, sonriendo. Y luego tenemos, por ejemplo, las iguanas de Taxco, y el caldo de cucarachas y el consomé de ladillas,[15] y
75 los armadillos de Juchitán, y los monos del sur de Veracruz. ¿Monos? Sí, monos, changos, simios. El procedimiento es a saber: se toma un mono bebé, y se la mata como a los cerdos, o sea: con un fulminante golpe
80 de cuchillo en el área sobacal.[16] Despúes se abre al monigote y se le rellena, con mierda de conejo naturalmente, y se pone a asar a las brasas pero sin quitarle los pelos. Al final, cuando el muy changón está prepa-
85 rado, se le viste como Niño Dios y se sirve en una cuna[17] pequeña. ¡Qué asco!, exclamó Altagracia, sin poder dejar de reír. Y se me olvidaban los famosos tacos de viril. ¿De *viril*?, repitió Ramón, apreciativo; el nombre
90 es todo un acierto, ¿eh? Claro claro, admitió Eligio, el viril es, por supuesto, el chile del toro. En el mercado de Xochimilco lo sirven frito y tronador, extracrispy, como dicen aquí, y por supuesto que un par de
95 esos tacuches carga la batería mucho mejor que cuarenta docenas de camarones. Y también tenemos los tacos de gusano oaxa-

queño, que se sirven bien fritos y truenan[18] sabrosamente en la boca. Ustedes me
100 están tomando el pelo, dijo Cole, con una sonrisita forzada y revisando con cuidado el contenido de su vaso. Sorprendente, calificó la Gringuez, sonriendo; nadie parecía estar tan a gusto como él. Aquí en cambio
105 no hay nada, cuando el gringo se pone discriminador ¿qué come?: comida china o francesa o de cualquier otro país, porque aquí en Gringolandia,[19] mi buen amigo Cole, sólo hay hamburguesas que vienen
110 de Hamburgo y hot dogs que, como se sabe, son alemanes. Claro que a ti todo esto debe sonarte horroroso, porque como buen U.S. junior citizen piensas que tu país es el ombligo[20] del mundo. El *culo* del mundo,
115 corrigió Susana y sonrió para sí misma. Tú crees que todo lo de afuera vale un carajo,[21] pero, como se dice aquí, I got news for you buddy: no agraviando[22] a los presentes éste es un país de nacos,[23] que se cierra a lo que ocurre en otras partes, a no ser que se trate
120 del gran atraco[24] internacional. ◉

---

[15] insectos diminutos del pubis
[16] área... cavidad que forma el arranque del brazo con el cuerpo
[17] camita para niños con barandillas

[18] (*fig.*) sonido que se produce, por ejemplo, al comer cosas tostadas
[19] Estados Unidos
[20] (*fig.*) centro de una cosa
[21] un... (expresión vulgar) muy poco
[22] ofendiendo
[23] cobardes
[24] asalto y robo

sequía no se detiene, las muertes por esta causa continúan, y la calamidad no parece tener fin.

Sin embargo, existe un habitante de estas áridas extensiones que parece no estar afectado por la falta de agua y alimentos... Se trata de un animal casi mitológico, de mirar nostálgico y andar majestuoso, sereno: el legendario camello africano. Éste se ha mantenido en medio del desastre natural de la sequía como el ser viviente menos afectado.

Precisamente, esta capacidad singular del camello para poder adaptarse a la falta de agua, y sus condiciones excepcionales de resistencia física, han motivado a un grupo importante de investigadores científicos a profundizar en el estudio de las características de este animal, el único capaz de proporcionar leche y carne durante estas épocas de crisis ecológicas.

«El camello no almacena el agua en sus gibas, como algunas personas suponen erróneamente. Su capacidad de resistencia frente a la deshidratación responde a otros factores de índole metabólico» expresa el Doctor Yeuven Ragil, Profesor de la Facultad de Ciencias de la Universidad Ben Gurion de Israel.

«La mayoría de los habitantes del desierto, o de las zonas que han sido afectadas por la sequía, se dedican habitualmente a pastorear ganado... a criar cabras y otros animales que requieren de una gran cantidad de agua para su sostenimiento, así como de alimento fresco. Cuando se presentan los períodos de sequía, se origina un peligroso círculo vicioso: los pastores tratan desesperadamente de salvar a sus animales, y éstos terminan comiendo los últimos vestigios vegetales que quedan en el lugar... agudizando así las condiciones del desierto.

El camello ha sido siempre un instrumento imprescindible para la vida del hombre en las duras condiciones del desierto...

Finalmente mueren, y las tribus nómadas quedan sin leche, sin carne...¡ más desoladas que antes!» agrega el destacado especialista.

Los camellos constituyen una raza animal adaptada a las difíciles condiciones de vida de las regiones áridas

Los camellos presentan ventajas extraordinarias sobre otros tipos de ganado (como el vacuno o el lanar): en primer lugar porque son capaces de sobrevivir semanas

➔ (página 28)

enteras sin tomar agua (lo que resulta imposible para el resto de los animales, o para los humanos); y, en segundo lugar, porque no necesita alimentarse de cosechas específicas, pues ingiere plantas que crecen en el desierto. De éstas sólo consume las hojas y los tallos tiernos, dejando intactas las raíces, con lo que estimula el crecimiento de la vegetación en la zona árida. Cuando el camello llega a un oasis, bebe agua de una manera increíble: ¡puede absorber hasta 200 litros en menos de tres minutos!

«Considero que el camello puede ser la solución para los grandes períodos de sequía y hambre que afectan a esta parte del mundo», continúa el Dr. Ragil. «Si seleccionamos hembras saludables, de grandes ubres y venas, fuertes y buenas productoras de leche... y si las alimentamos con sustancias nutritivas y medicamentos que aumenten su fertilidad... podremos lograr embriones fuertes, que trasplantados luego a las hembras *menos productoras*, den origen a nuevas generaciones de ejemplares que sean capaces de producir hasta 40 litros de leche diarios... ¡algo extraordinario si se compara con los 12 litros que aproximadamente produce una *camella* normal en la actualidad!»

¡La leche de la hembra constituye el alimento ideal para el desierto!

La leche de la hembra del camello es de muy buena calidad: rica en proteínas, vitaminas... y contiene menor cantidad de grasas que la leche de vaca. Ingerir un litro y medio de esta leche (diariamente), proporciona la cantidad adecuada de proteínas para un adulto normal.

Asimismo, la leche de la *camella* tampoco se descompone en el calor, y permanece fresca durante varios días, aun sin refrigeración... Si, por el contrario, se guarda en un sitio refrigerado, ¡se mantiene indefinidamente! Todo esto la convierte en un producto idóneo para la alimentación en el desierto. La única desventaja de este formidable alimento radica en que no se puede producir queso a partir de ella... pues no se agria en ningún momento. Además, su sabor es excelente.

Las terribles sequías que afrontan los pueblos de la región norte de África, han ocasionado un número incalculable de muertes y enfermedades... ¡Es preciso ponerles fin con medidas eficaces!

¡Los experimentos han comenzado a desarrollarse con éxito en el norte de África!

En estos momentos, los científicos israelíes que llevan a cabo estudios sobre el camello y su formidable adaptación al desierto, esperan la aprobación de una ayuda económica por parte de la *Organización de las Naciones Unidas para el Desarrollo*, así como la colaboración de otras entidades similares, para poder impulsar el plan de reproducir artificialmente al camello y emplearlo como animal fundamental para la subsistencia en la zona norte del continente africano.

«Al principio creímos que los campesinos se iban a mostrar recelosos o desconfiados, o que no les iba a agradar la idea del trasplante de embriones», explica el Dr. Ragil. «La realidad es que cuando les informamos que mediante este procedimiento van a obtener mucha más leche de su *camella*, sencillamente se muestran partidarios de que hagamos cualquier cosa... En otras palabras, lo importante para ellos es lograr resultados

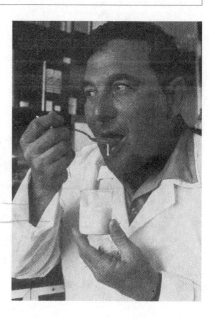

El profesor israelita Yeuben Ragil ha puesto en práctica métodos científicos para estimular la producción de leche y carne en los camellos que habitan en los desiertos africanos; un medio para enfrentar la grave crisis que se presenta como consecuencia de las prolongadas sequías. Según se ha demostrado, la leche de camella es sumamente rica en proteínas y vitaminas, pero no resulta tan grasosa como la leche de vaca que consumimos habitualmente.

positivos, especialmente desde el punto de vista económico.»

Actualmente se les están trasplantando embriones a numerosas *camellas* en el desierto de *Negev* (región situada al sur de Israel, fronteriza con Egipto), en el área de *Beersheva*. Es en esta zona donde se está iniciando este audaz plan que ofrecerá una solución parcial al grave problema del hambre en esta región del mundo. ◉

La salud

A. ¡Evite el infarto!
B. La infelicidad atrae a los virus
C. Los tiburones: ¿Clave para curar el cáncer y el SIDA?
D. «La peste», por Eduardo Galeano

Lectura: El caso de los longevos de Vilcabamba (Ecuador)

A

Avoiding a heartattack

¡Evite el infarto!

Entrevista con el Dr. Roller

Por Oscar R. Orgallez

Hombre de mundo,
Virginia Gardens, FL

Hace algunos años la idea de someternos a exámenes cardíacos completos podía asociarse con padecimientos cardiovasculares o temores hipocondríacos en los pacientes. Sin embargo, en estos últimos años, el concepto ha cambiado radicalmente y el examen completo del corazón, la circulación y el sistema cardiovascular en general, no solamente se ha convertido en una rutina para atletas y público en general,

sino un paso obligatorio cuando se quiere conservar la salud y la eficiencia.

¿Quiénes están más expuestos a sufrir un ataque cardíaco?

«Por supuesto, aunque todos estamos potencialmente expuestos a sufrir un ataque cardíaco por el mero hecho de estar vivos, existen individuos que son mucho más propensos a sufrir un ataque al corazón... mortal... que otros. Por ejemplo, podemos mencionar cinco factores

(página 30)

B

unhappiness

La infelicidad atrae a los virus

Por Luis Miguel Ariza

Muy interesante, México, D.F.

Estadísticas en mano, los médicos han comprobado que el sistema inmunológico hace huelga cuando tenemos la moral muy baja. El cerebro influye en él por las conexiones nerviosas y las hormonas. Solitarios, viudos, divorciados... son las presas favoritas de la enfermedad. En muchos casos, el amor, el calor humano dan mejores resultados que los medicamentos prescritos por el médico. Entre los que se sienten infelices, son más frecuentes no sólo las enfermedades

(página 30)

A ¡Evite el infarto!

de riesgo fundamentales para esta vulnerabilidad al ataque cardiovascular:

- La *genética*; o sea la herencia que recibimos de nuestros padres, ya que muchas veces heredamos ciertas condiciones de una manera inevitable. Si los padres han fallecido de ataques cardíacos en su juventud... o si existen antecedentes de enfermedades coronarias, problemas cardiovasculares, hipertensión o cualesquiera otros elementos de riesgo... estamos en presencia de un paciente con mayores probabilidades genéticas para desarrollar una condición cardiovascular.
- Otro factor de importancia consiste en la *presión arterial;* la *hipertensión* es un elemento de alto riesgo. Si alguien tiene la suerte de tener una presión baja—un factor, que también, tiene mucha influencia genética—se encuentra a un nivel de riesgo muchísimo menor que su contrapartida. La presión sanguínea es la fuerza variable creada por el bombeo del corazón que moviliza la sangre a través de las arterias.

La presión *normal* se estima entre 120/80, aunque estos índices varían individualmente... El primer número indica la llamada *presión sistólica,* cuando el corazón se contrae para bombear la sangre; y el segundo la *presión diastólica;* es decir, el punto menor entre dos latidos cardíacos.

El ritmo de vida moderna es muy demandante... y crea tensiones como producto de las presiones. Uno de los más perjudicados con esta situación es el corazón. ¡Proteja el suyo!

Un régimen de vida adecuado—con una alimentación baja en sal y grasas, y ejercicios físicos—ayuda a mantener bajo control la presión arterial alta.

- Un tercer factor muy relacionado con la hipertensión es *el nivel de colesterol.* Cuando es muy alto, se forman las peligrosas placas que se adhieren a las paredes de las arterias, obstruyéndolas, y que pueden causar desde un infarto hasta otros problemas cardíacos muy graves.
- Otro factor de riesgo lo constituye sin duda alguna, *la adicción a la nicotina;* o sea, el hábito de fumar en exceso.
- Por último, tenemos *un estilo de vida sedentario,* que conlleva falta de ejercicios, sobrepeso, tensión constante, ingestión de bebidas alcohólicas en cantidades excesivas, y otros factores secundarios.»

«La cafeína, por ejemplo, aumenta las palpitaciones de los pacientes que sufren de taquicardia, por lo que no es recomendable. Sin embargo, en estos momentos no se ha precisado si la cafeína afecta el corazón de manera permanente.

Lo mismo puede decirse del exceso de alcohol. En ambos casos, lo indicado es la moderación; y si se padece de alguna condición específica, siempre seguir las indicaciones del médico que lo atiende.»

«Quisiera añadir algo sobre la aspirina: es, verdaderamente, un medicamento maravilloso», concluye el Dr. Roller. «Los estudios recientes han comprobado su efectividad para evitar ataques cardíacos fatales. Por supuesto, cualquier autoindicación de aspirinas debe ser evitada ya que pueden existir contraindicaciones... Pero en general, muchas veces un paciente gasta mucho dinero en medicamentos caros cuando su problema se podía resolver con la simple, común y baratísima aspirina... » ◉

B La infelicidad atrae...

mentales, sino la tuberculosis y otros transtornos orgánicos.

Algún día los médicos recetarán sentimientos en vez de medicinas. Mediante sofisticados sistemas para medir el estado emocional, serán capaces de calibrar cuál es el problema personal del enfermo y hasta qué punto es el responsable de su enfermedad. Después, el consejo del doctor podrá ser casarse o divorciarse, comprarse un perro o hacer más amigos, aficionarse al golf o realizar una fascinante expedición por la Antártida. En algunos casos el amor o el cariño serán aún más efectivos que los fármacos diseñados por la ingeniería genética o el ordenador.

◉ → (página 31)

B — La infelicidad atrae a los virus

En todo esto tiene que jugar muy fuerte nuestro propio sistema inmunitario. La ley de Grimm dice que la probabilidad de tener una enfermedad es directamente proporcional a la virulencia del agente infeccioso e inversa a la resistencia que ofrezca el futuro enfermo. Y los científicos sospechan que pueden existir estrechas relaciones entre las emociones y el sistema inmunitario. Tan es así que una nueva ciencia bautizada como psiconeuroinmunología nos dice que tengamos mucho cuidado en no caer abatidos y tristes; puede ser la oportunidad para millones de virus y bacterias ansiosas de hacer presa en nuestras debilitadas defensas.

Las emociones se procesan en el cerebro. Es un poco pronto aún para definir una emoción en términos bioquímicos, pero hay evidencias muy claras de que las endorfinas, un tipo de neurohormonas, se disparan cuando sentimos algo muy placentero. Y no es una casualidad que en los macrófagos y linfocitos, las células soldados de nuestro sistema inmune, se hayan descubierto receptores para las endorfinas y otras neurohormonas. Los macrófagos son las células que actúan como los basureros de nuestro cuerpo, encargándose de limpiar cualquier cosa extraña y comerse al invasor. Y los linfocitos diseñan la estrategia a seguir, cuando algún virus o bacteria nos visita, dirigiendo la producción de anticuerpos. Si son capaces de recibir mensajes del cerebro en forma de sutiles telegramas químicos, no parece que algo así como «estoy deprimido y no sé que hacer» o «creo que voy a suicidarme, porque nadie me quiere» sea recibido precisamente como una noticia saludable.

Lydia Temoshok es investigadora de la Universidad de San Francisco y ha estudiado la psicología de dieciocho pacientes afectados de SIDA. Lo que ha descubierto es una extraña relación entre la calidad del sistema inmunológico y la personalidad del individuo. Las personas más agresivas y extrovertidas tenían un sistema inmunológico en mejor estado que los tímidos e introvertidos. Esto puede marcar serias diferencias en cuanto a la esperanza de vida de una enfermedad hoy por hoy mortífera.

En otro estudio, veintisiete enfermos de cáncer fueron sometidos en el Hospital General de Cincinnati a una prueba que medía su estado emocional. El inventor de la prueba, el psiquiatra Louis Gottschalk, de la Universidad de California, encontró que los que tenían mejores notas, es decir, los que estaban más contentos, a pesar de las circunstancias y aceptaban mejor su situación, tenían también mayor probabilidad de vivir más. Es posible que los hospitales del futuro realicen como algo rutinario una *psicoentrevista;* el candidato a paciente tendrá que hablar durante un rato a un computador, y un experto analizará la charla para determinar su estado emocional, el propio nivel de esperanza, las ganas de vivir. Cuantificar algo tan complejo como los sentimientos puede resultar de gran ayuda.

La relación que existe entre mente y cuerpo está surgiendo como una fuerza demoledora en medicina. La clave última de la cuestión es averiguar qué tipos de conexiones existen y cómo funcionan. En el momento en que las pistas se vayan aclarando, asistiremos seguramente a una nueva revolución médica en la que podremos tener un control más personal sobre las enfermedades que atacan nuestro cuerpo. «No tenemos la pretensión de curar de este modo algo tan grave como un cáncer, un caso de SIDA o diabetes—dice el doctor Herzberg-Poloniecka, del Instituto de Poterne—, pero esperamos que la psicoterapia sirva de ayuda eficaz a los enfermos para soportar mejor los tratamientos.» ◉

C

Los tiburones: ¿Clave para curar el cáncer y el SIDA?

Por Doug Perrine

Geomundo, México, D.F.

El tiburón, más que una criatura física, parece la representación de un concepto metafísico. Es la personificación del miedo, de lo salvaje y de la libertad, y señor absoluto de las profundidades del mar, un mundo casi inexplorado por el hombre. La imagen que se genera al pronunciar la palabra *tiburón* no está motivada por lo que sabemos acerca de él; por el contrario, es consecuencia de la poca información que hay sobre sus hábitos de conducta y sus características.

◉→ (*página 32*)

C Los tiburones: ¿Clave para curar el cáncer y el SIDA?

El Dr. Samuel H. Gruber, de la Universidad de Miami, Florida, ha dedicado más de 25 años al estudio del tiburón. En los últimos años, el doctor Gruber se ha concentrado en el estudio de la conducta, ecología y bioenergética de una sola especie: el tiburón limón (*Negaprion brevirostris*). Esta especie fue seleccionada por su gran capacidad para sobrevivir en cautiverio. Al parecer, esto se debe a que pasa la mayor parte de su vida juvenil en aguas de poca profundidad. Otro criterio tomado en cuenta para su selección fue el hecho de que es la especie más abundante en aguas de la Florida y de las vecinas Bahamas.

Las investigaciones de Gruber están encaminadas a estudiar cuál es la población del tiburón limón en el área de la Florida; cuáles son sus patrones de alimentación; cómo funciona su metabolismo; cuál es su promedio de vida; qué velocidad puede llegar a desarrollar; cuáles son las actividades que realiza a diario y cómo afecta a otros organismos que viven en la misma área.

Otros investigadores se han dedicado a experimentar con los tiburones en el campo de la Medicina. Como estos peces no padecen de tumores, se tiene la esperanza de que, a través del análisis de su poderoso sistema inmunológico, se pueda producir un tratamiento para la cura del cáncer y otras enfermedades, como el *SIDA* (síndrome de inmunodeficiencia adquirida).

El Dr. Carl Luer, del Laboratorio *Mote Marine* en Sarasota, Florida, ha tratado durante los últimos cinco años de producir tumores cancerosos en los tiburones, inyectándoles potentes sustancias químicas. Sin embargo, hasta el momento, no lo ha logrado. Luer cree que esto se debe a la forma en que los tumores obtienen los

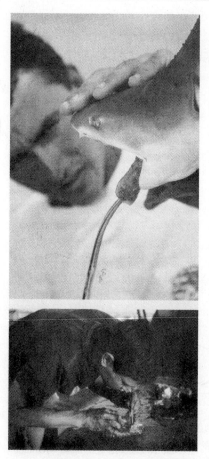

Enric Cortés, estudiante de posgrado, lava el estómago a un tiburón, para calcular la velocidad con que digiere, y Larry Smith estudia los parásitos hallados en las branquias.

nutrimentos que necesitan para crecer. El tumor segrega sustancias químicas que estimulan el desarrollo de nuevos vasos sanguíneos que transportan nutrimentos al mismo tumor. Luer ha extraído proteínas de los cartílagos del tiburón y las ha inyectado a embriones del pez raya. Invariablemente, la proteína ha inhibido el crecimiento de los vasos sanguíneos.

Se cree que esto es lo que evita que se desarrollen tumores en el tiburón. El próximo paso será tratar de aislar, purificar e identificar la sustancia responsable de ese fenómeno. Una vez que esto se logre, entonces será posible evaluar la posibilidad de usarla para controlar el cáncer en otros animales.

En la Clínica *Micro-Allergy*, en Houston, Texas, el Dr. William Hitt espera usar el sistema inmunológico del tiburón para desarrollar un tratamiento contra el *SIDA*. Hitt ha descubierto que la sangre del tiburón contiene 20 veces más inmunoglobulina *M* que la sangre humana. Esta inmunoglobulina *M* es uno de los tipos de anticuerpos más generalizados. Como los anticuerpos producidos por el tiburón son mucho menos especializados que los de los vertebrados superiores, los del tiburón responden mejor a cualesquiera enfermedades nuevas.

Hitt y sus colegas esperan que, inyectando en los tiburones sustancias derivadas de los fluidos corporales de personas con *SIDA*, se pueda estimular la producción de anticuerpos capaces de combatir el virus *HTLV-3V*, productor de dicha anomalía. Extrayendo esos anticuerpos y estudiando su estructura molecular, quizá sea posible sintetizar una vacuna efectiva contra el *SIDA* o, por lo menos, tal vez se pueda prolongar la vida de los pacientes afectados inyectándoles un antisuero extraído de la sangre de los tiburones expuestos a esa enfermedad.

Aunque Gruber aprueba esos esfuerzos, insiste en que tales motivos no son indispensables para justificar el estudio de los tiburones y protegerlos de la excesiva explotación. «El tiburón es», dice Gruber, «el más espléndido entre todos los peces marinos». ◉

«La peste»[1]

Por Eduardo Galeano

1719

Potosí

Hace tres años envió el cielo[2] una advertencia, *espantable fuego, presagio de la calamidad*: el cometa, sol suelto, sol loco, apuntaba al cerro[3] de Potosí con su rabo acusador.

A principios de este año, nació un niño de dos cabezas en el barrio de San Pedro y dudaba el cura entre hacer un bautismo o dos.

Y a pesar del cometa y del monstruo, persistió Potosí en la moda francesa, trajes y costumbres *reprobados*[4] de Dios, *vergonzosos al sexo, ofensivos a la naturaleza y escandalosos a la decencia civil y política.* La ciudad festejó[5] las carnestolendas[6] como siempre, farras y jaleos[7] *muy contra la honestidad;* y cuando seis hermosas doncellas se lanzaron a bailar desnudas, ahí no más las fulminó[8] la peste.

Padece[9] Potosí mil lástimas y muertes. Dios se ha ensañado[10] con los indios, que pagan los pecados de la ciudad echando ríos de sangre.

Según don Matías Ciriaco y Selda, *médico científico y muy acreditado,* ha empleado Dios, para vengarse, el mal influjo de Saturno, que altera la sangre y la convierte en orina y cólera. 🌀

---

[1] enfermedad contagiosa causada por el bacilo de Yersin
[2] (*fig.*) Dios, la providencia
[3] elevación de terreno
[4] enérgicamente rechazados
[5] celebró
[6] festivales
[7] farras... fiestas ruidosas
[8] mató
[9] Sufre
[10] sé... ha enojado

LECTURA

El caso de los longevos de Vilcabamba (Ecuador)

Civilización y longevidad... ¿son compatibles?

Por Doctor Manuel Viamonte, Jr.

Hombre de mundo, Virginia Gardens, FL

Desde siempre, el hombre se ha sentido atraído por la idea de prolongar su vida para disfrutar aún más de los placeres que ésta reporta. Precisamente por ello no escasean en la historia de las ciencias algunos intentos para lograrlo—unos más descalabrados que otros, pero todos persiguiendo la posibilidad de vivir más—los que culminan en nuestros días con los exitosos trasplantes de órganos vitales y la técnica de la *Criogenia* (o congelación en vivo).

Este afán por descubrir los secretos de una vida más sana y prolongada ha provocado el estudio detallado de aquellas civilizaciones o grupos étnicos que, en diferentes partes del mundo, se han caracterizado por alcanzar la longevidad. Entre ellas, Vilcabamba (en Ecuador), Hunza (en Pakistán), y Georgia (en la Unión Soviética), han sido objeto de marcada atención científica, y numerosos artículos y libros se han escrito sobre estas comunidades. Recientemente, un grupo de médicos especialistas e investigadores norteamericanos pertenecientes a la *Fundación Para El Estudio Avanzado Del Hombre*, con sede en la Florida (EE.UU.), efectuó un estudio profundo y detallado de uno de estos grupos—los habitantes de Vilcabamba—en búsqueda de respuestas sólidas a las múltiples interrogantes sobre el tema...

🌀➔ *(página 34)*

LECTURA — El caso de los longevos de Vilcabamba (Ecuador)

¡Vilcabamba es un paraíso casi aislado del mundo!

Localizada en un alto valle—a unos 1,500 metros sobre el nivel del mar, al sur de la línea imaginaria trazada por el hombre para dividir la Tierra en dos hemisferios— la localidad de Vilcabamba parece un verdadero paraíso perdido entre montañas, pues se encuentra rodeada por las grandes elevaciones de la Cordillera de los Andes, en un marco de abundante y exuberante vegetación tropical.

El centro de la villa—como es característica de casi todas las ciudades coloniales de América—cuenta con una antigua iglesia, y un parque lleno de árboles y hermosas flores. Sólo doce calles, rectas, cruzan el poblado de un lado a otro, formando perfectos ángulos de noventa grados. El clima agradable contribuye a formar el ambiente típico de la zona, con temperaturas entre los 19 y 22 grados centígrados y una humedad promedio del 60 al 65 por ciento… Pero a pesar de todo este panorama favorable, Vilcabamba está muy lejos de constituir un Edén. Éste se considera uno de los pueblos más pobres del mundo: no existe la asistencia médica gratuita, los salarios son sumamente bajos (una jornada de más de ocho horas de trabajo agrícola es pagada a unos dos dólares), y no existe retiro ni pensión social. El individuo debe trabajar hasta que sus fuerzas fallan… y muere. En las viviendas, las condiciones sanitarias son deplorables: sin servicios sanitarios, sin ventilación, conviviendo junto a animales domésticos en todas las habitaciones… ¡Sin embargo, se trata de una de las áreas del planeta donde el promedio de edad es más elevado! y aún no se sabe por qué.

La naturaleza… factores genéticos… estilo de vida… ¿dónde se encuentra la clave del fenómeno?

Considerar que la longevidad en Vilcabamba se debe solamente a los elementos naturales de la zona sería limitado, pues aunque las óptimas condiciones ambientales de la región constituyen un factor a tener en cuenta al analizar el fenómeno, estas condiciones no son de ninguna forma excepcionales, o propias únicamente de esta zona. ¡Muchas regiones americanas reúnen muchas características naturales similares, y no cuentan con tantos longevos!

El factor genético tiene un balance característico en la población. Entre ellos existen blancos, indígenas y algunos mestizos. Contrariamente a lo que pudiera pensarse, los indígenas no constituyen la mayoría poblacional. Más del 50% de la población está formada por blancos descendientes de europeos, con ojos azules o verdes, cejas arqueadas y fuertes, y largas pestañas. La generalidad no alcanza una alta estatura, y no prolifera la obesidad. Resalta como característica importante el hecho de que la mayoría de los hombres son muy velludos; no abundan la calvicie y las canas.

Es difícil encontrar un habitante de Vilcabamba que no camine erguido, independientemente de su edad. También es raro encontrar alguien que presente dificultades en la visión o en la audición, aún entre los individuos centenarios… Sin embargo, desde tempranas edades pierden sus dientes (a veces incluso desde la adolescencia) como consecuencia de la pobre higiene dental y, posiblemente, del alto consumo de azúcares.

Los ancianos de la zona poseen una piel curtida por el abrasador sol tropical, y en sus rostros y manos por lo general se destacan profundos surcos. Muchos de ellos poseen numerosas áreas de pequeñas hiperpigmentaciones sobre la piel. Pero sus características esenciales son:

- La agilidad.
- La fortaleza física.
- La conservación de todas sus facultades síquicas en óptimas condiciones. Incluso la mayoría de las mujeres mayores parece estar libre de la temida osteoporosis.

Una vida sana… ¡un cuerpo sano!

Para los habitantes de la región, la actividad física constante—manifestada fundamentalmente en el trabajo agrícola— es la única forma de vida. El trabajo en los campos, los quehaceres domésticos, la crianza de los hijos son ejecutados sistemáticamente y armoniosamente por hombres y mujeres. La actividad sexual no constituye una excepción. Es practicada durante toda la vida, de forma sana y natural. Los hombres conservan su virilidad hasta edades muy avanzadas, e incluso llegan a casarse varias veces, aun después que han arribado a edades tales como los 70, 80 ó 90 años. A pesar de ello, la mayoría de las parejas viven juntos por más de 70 u 80 años.

La vida familiar para los habitantes de Vilcabamba es algo sagrado… es común ver a los nietos caminar junto a la abuela varios kilómetros para llevar el almuerzo al campo de trabajo del abuelo, y compartir un rato agradable en medio de

→ (página 35)

LECTURA — El caso de los longevos de Vilcabamba (Ecuador)

la faena con él, o incluso encontrar a una centenaria sentada bajo el sol, observando cómo su hija (de unos 70 años) trabaja arduamente en el cañaveral (para lo cual ambas debieron caminar más de 5 kilómetros... ¡e incluso hasta saltar cercas!).

La dieta alimenticia de estos hombres y mujeres es una garantía para su salud. Básicamente está formada por elementos naturales, frescos, extraídos por sus propias manos de la tierra, o de los frutos de ésta. Entre sus platos favoritos se encuentran el maíz, el trigo, las zanahorias, las papas, el boniato, las bananas y pequeñas porciones de carne.

Pero también gustan del llamado caldo de hueso, las frutas y la leche (ésta última en pequeñas cantidades). No consumen la mantequilla, ni los refrescos, ni postres; no usan azúcar refinado, ni especias... y muy poca sal. En general los longevos de Vilcabamba siguen una dieta natural, baja en calorías (unas 1.500 aproximadamente), fundamentalmente basada en el consumo de carbohidratos (muy bajas cantidades), de proteínas, y muy baja en grasas... ¡las recomendaciones ideales para vivir más y mejor!

Pero, sobre todo, podría también influir que aunque es una vida muy dura, el estrés no forma parte de la misma, para ninguno de ellos.

La actitud ante la vida, ¡un elemento decisivo en la longevidad!

Los vilcabambanos son gente activa en el cuerpo y el pensamiento, y profesan una actitud optimista hacia la vida. Son amables y agradables... y, sobre todo, viven orgullosos de haber alcanzado sus propósitos de sobrevivir muchos años sin «disfrutar» los beneficios de la «civilización». La violencia (robos, asesinatos, etcétera) y las drogas, son desconocidas en esta región, donde sólo algunas discusiones afloran en la época de las peleas de gallos. Algunos hombres consumen bebidas alcohólicas (aguardiente puro de caña), pero en pequeñas cantidades, e incluso algunos fuman pequeños tabacos que preparan con las cosechas obtenidas en el valle... ¡y los índices de salud son favorables!

La llegada irremisible del «mundo civilizado» ¿ha afectado a la población?

Con el arribo de los beneficios de nuestras sociedades modernas llegaron incalculables ventajas para la población de Vilcabamba. Los ómnibus comunican periódicamente la población con otras vecinas, donde pueden obtenerse elementos necesarios y desarrollar el comercio en su forma más elemental; sobre todo, la apertura de las comunicaciones ofrece la posibilidad de fuentes de trabajo mejores, que demandan menos esfuerzo, de lo que se aprovechan los más jóvenes.

Junto a la ola civilizadora llegó el hospital, y las medicinas comerciales (que tratan de sustituir a las yerbas y plantas medicinales hasta ahora empleadas por los habitantes de la zona), la atención estomatológica, e innumerables beneficios más... Pero también llegaron los alimentos en conserva, la sal, las especias y condimentos, el azúcar refinado... y todo ello está comenzando a reflejarse en cambios en la salud de los habitantes de la región, con su incremento considerable de los numerosos casos de alta presión arterial y diabetes.

Hoy, el número de longevos está decreciendo rápidamente... ahora los niños representan el 20% de la población, y cada vez más el número de «enfermedades de la civilización» afecta a los que se acercan a la senectud. Podríamos entonces valorar: ¿ha afectado o no la civilización el desarrollo natural de la longevidad en la región de Vilcabamba?

Conclusión...

El análisis de los hechos evidentemente planteados por los investigadores en el caso de Vilcabamba, nos llevaría a considerar que los términos «civilización» y «longevidad» no pueden conjugarse... Sin embargo, es necesario valorar otras estadísticas que muestran algo diferente:

- Desde 1950 la población mayor de 65 años, en los Estados Unidos, se ha duplicado; el número de personas sobre los 85 años es cinco veces mayor... y el de centenarios se ha incrementado hasta ser diez veces superior...
- Las esperanzas de vida al nacer crecen en casi todas las naciones del mundo, constantemente...
- Los pronósticos anuncian que para el año 2000 se cuadriplicará el número de centenarios en los países más desarrollados...

Y así, con una idea más completa, cuestionemos nuevamente: definitivamente, civilización y longevidad... ¿son compatibles? Sólo el tiempo tiene la respuesta. ◉

El futuro

A. Fragmento de *El árbol de la ciencia*, una novela por Pío Baroja y Nessi
B. Fragmento de *Historia de una escalera*, un drama por Antonio Buero Vallejo
C. «Nostalgia», un poema por José Santos Chocano

A

Fragmento de
El árbol de la ciencia

una novela por Pío Baroja y Nessi

1   Andrés, por las tardes, visitaba a su tío Iturrioz. Se lo encontraba casi siempre en su azotea,[1] leyendo o mirando las maniobras[2] de una abeja solitaria o de una araña.

—Ésta es la azotea de Epicuro—decía Andrés riendo.

5   Muchas veces tío y sobrino discutieron largamente. Sobre todo, los planes ulteriores[3] de Andrés los más debatidos.

Un día la discusión fue más larga y más completa:

—¿Qué piensas hacer?—le preguntó Iturrioz.

—¡Yo! Probablemente tendré que ir a un pueblo de médico.

10   —Veo que no te hace gracia[4] la perspectiva.

—No; la verdad. A mí hay cosas de la carrera que me gustan; pero

→ (*página 38*)

---

[1] techo plano de un edificio, sobre el cual pueden andar las personas
[2] actividades o trabajos
[3] más recientes
[4] no... no te gusta

A Fragmento de *El árbol de la ciencia*

la práctica, no. Si pudiese entrar en un laboratorio de fisiología, creo que trabajaría con entusiasmo.

—¡En un laboratorio de fisiología! ¡Si los hubiera en España!

15 —¡Ah claro!, si los hubiera. Además no tengo preparación científica. Se estudia de mala manera.

—En mi tiempo pasaba lo mismo—dijo Iturrioz. Los profesores no sirven más que para el embrutecimiento metódico de la juventud estudiosa. Es natural. El español todavía no sabe enseñar; es demasiado

20 fanático, demasiado vago y casi siempre demasiado farsante.[5] Los profesores no tienen más finalidad que cobrar su sueldo y luego pescar pensiones para pasar el verano.

—Además falta disciplina.

—Y otras muchas cosas. Pero bueno, ¿tú qué vas a hacer? ¿No te

25 entusiasma visitar?

—No.

—¿Y entonces qué plan tienes?

—¿Plan personal? Ninguno.

—Demonio. ¿Tan pobre estás de proyectos?

30 —Sí, tengo uno: vivir con el máximo de independencia. En España en general no se paga el trabajo, sino la sumisión.[6] Yo quisiera vivir del trabajo, no del favor.

—Es difícil. ¿Y como plan filosófico? ¿Sigues en tus buceamientos[7]?

—Sí. Yo busco una filosofía que sea primeramente una cosmo-

35 gonía, una hipótesis racional de la formación del mundo; después, una explicación biológica del origen de la vida y del hombre.

—Dudo mucho que la encuentres. Tú quieres una síntesis que complete la cosmología y la biología; una explicación del Universo físico y moral. ¿No es eso?

40 —Sí.

—¿Y en dónde has ido a buscar esa síntesis?

—Pues en Kant y en Schopenhauer sobre todo.

—Mal camino—repuso Iturrioz—; lee a los ingleses; la ciencia en ellos va envuelta en sentido práctico. No leas esos metafísicos alemanes;

45 su filosofía es como un alcohol que emborracha y no alimenta. ¿Conoces el *Leviathan* de Hobbes? Yo te lo prestaré si quieres.

—No; ¿para qué? Después de leer a Kant y a Schopenhauer, esos filósofos franceses e ingleses dan la impresión de carros pesados que marchan chirriando[8] y levantando polvo.

50 —Sí, quizá sean menos ágiles de pensamiento que los alemanes; pero, en cambio, no te alejan[9] de la vida.

—¿Y qué?—replicó Andrés—. Uno tiene la angustia, la desesperación de no saber qué hacer con la vida, de no tener un plan, de encon-

⊚→ *(página 39)*

---

[5] hipócrita
[6] adoptar una actitud sumisa; dejarse mandar por otros
[7] exploraciones de un tema
[8] produciendo un ruido agudo
[9] no... no te llevan lejos

A | Fragmento de *El árbol de la ciencia*

trarse perdido, sin brújula,[10] sin luz a donde dirigirse. ¿Qué se hace con
55 la vida? ¿Qué dirección se le da? Si la vida fuera tan fuerte que le arras-
trara a uno,[11] el pensar sería una maravilla, algo como para el caminante
detenerse y sentarse a la sombra de un árbol, algo como penetrar en un
oasis de paz; pero la vida es estúpida, sin emociones, sin accidentes, al
menos aquí, y creo que en todas partes, y el pensamiento se llena de
60 terrores como compensación a la esterilidad emocional de la existencia.
    —Estás perdido—murmuró Iturrioz—. Ese intelectualismo no te
puede llevar a nada bueno. ❧

---

[10] instrumento de orientación que señala dónde queda el norte
[11] le... le atrajera a uno involuntariamente

B | ◎◎◎◎◎◎◎◎◎◎◎◎◎◎◎◎◎◎◎◎◎◎◎◎

Fragmento de
Historia de una escalera

un drama por Antonio Buero Vallejo

Acto primero

1   (...*Fernando, abrumado,*[1] *llega a recostarse en la barandilla.*[2] *Pausa. Repentinamente se endureza y espera, de cara al público. Carmina sube con
la cacharra.*[3] *Sus miradas se cruzan. Ella intenta pasar, con los ojos bajos. Fernando la detiene por un brazo.*)

5 FERNANDO: Carmina.
  CARMINA: Déjeme...
  FERNANDO: No, Carmina. Me huyes constantemente y esta vez tienes que es-
cucharme.
  CARMINA: Por favor. Fernando... ¡Suélteme!
10 FERNANDO: Cuando éramos chicos nos tuteábamos[4]... ¿Por qué no me
tuteas ahora? (*Pausa.*) ¿Ya no te acuerdas de aquel tiempo? Yo era tu novio y tú eras mi novia... Mi novia... Y nos sentábamos aquí (*Señalando a
los peldaños.*), en ese escalón, cansados de jugar..., a seguir jugando a los
novios.
    ❧ (*página 40*)

---

[1] fastidiado
[2] parte de la escalera usada para protección y apoyo
[3] vasijo que contiene, en este caso, leche.
[4] tutear: usar la forma de tú en vez de usted

| **B** | Fragmento de *Historia de una escalera* |

15 CARMINA: Cállese.

FERNANDO: Entonces me tuteabas y... me querías.

CARMINA: Era una niña... Ya no me acuerdo.

FERNANDO: Eras una mujercita preciosa. Y sigues siéndolo. Y no puedes haber olvidado. ¡Yo no he olvidado! Carmina, aquel tiempo es el único
20 recuerdo maravilloso que conservo en medio de la sordidez[5] en que vivimos. Y quería decirte... que siempre... has sido para mí lo que eras antes.

CARMINA: ¡No te burles de mí!

FERNANDO: ¡Te lo juro!

25 CARMINA: ¿Y todas... ésas con quien has besado?

FERNANDO: Tienes razón. Comprendo que no me creas. Pero un hombre... Es muy difícil de explicar. A ti, precisamente, no podía hablarte..., ni besarte... ¡Porque te quería, te quería y te quiero!

CARMINA: No puedo creerte.

30   (*Intenta marcharse.*[6])

FERNANDO: No, no. Te lo suplico. No te marches. Es preciso que me oigas... y que me creas. Ven. (*La lleva al primer peldaño.*) Como entonces.
        (*Con un ligero forcejeo la obliga a sentarse contra la pared y se sienta a
        su lado. Le quita la lechera y la deja junto a él. Le coge una mano.*)

35 CARMINA: ¡Si nos ven!

FERNANDO: ¡Qué nos importa! Carmina, por favor, créeme. No puedo vivir sin ti. Estoy desesperado. Me ahoga[7] la ordinariez que nos rodea. Necesito que me quieras y que me consueles. Si no me ayudas no podré salir adelante.

40 CARMINA: ¿Por qué no se lo pides a Elvira?

        (*Pausa. Él la mira, exitado y alegre.*)

FERNANDO: ¡Me quieres! ¡Lo sabía! ¡Tenías que quererme! (*Levanta la cabeza. Ella sonríe involuntariamente.*) ¡Carmina, mi Carmina!

        (*Va a besarla, pero ella le detiene.*)

45 CARMINA: ¿Y Elvira?

FERNANDO: ¡La detesto! Quiere cazarme[8] con su dinero. ¡No la puedo ver!

CARMINA: (*Con una risita.*) ¡Yo tampoco!

        (*Ríen, felices.*)

FERNANDO: Ahora tendría que preguntarte yo: ¿Y Urbano?

50 CARMINA: ¡Es un buen chico! ¡Yo estoy loca por él! (*Fernando se enfurruña.*[9]) ¡Tonto!

FERNANDO: (*Abrazándola por el talle.*) Carmina, desde mañana voy a trabajar de firme por ti. Quiero salir de esta pobreza, de este sucio ambiente.

➔ (*página 41*)

---

[5] condición de ser miserable y sucio
[6] irse
[7] Me... Me mata, me abruma
[8] perseguirme para matarme
[9] se... se enfada un poco

B | Fragmento de *Historia de una escalera*

Salir y sacarte a ti. Dejar para siempre los chismorreos,[10] las broncas[11] en-
55 tre vecinos… Acabar con la angustia del dinero escaso, de los favores[12]
que abochornan como una bofetada, de los padres que nos abruman con
su torpeza[13] y su cariño servil, irracional…

CARMINA: (*Reprensiva.*) ¡Fernando!

FERNANDO: Sí. Acabar con todo esto. ¡Ayúdame tú! Escucha: Voy a estu-
60 diar mucho, ¿sabes? Mucho. Primero me haré delineante. ¡Eso es fácil!
En un año… Como para entonces ya ganaré bastante, estudiaré para aparejador. Tres años. Dentro de cuatro años seré un aparejador solicitado
por todos los arquitectos. Ganaré mucho dinero. Por entonces tú serás ya
mi mujercita, y viviremos en otro barrio, en un pisito[14] limpio y tran-
65 quilo. Yo seguiré estudiando. ¿Quién sabe? Puede que para entonces me
haga ingeniero. Y como una cosa no es incompatible con la otra, publi-
caré un libro de poesías, un libro que tendrá mucho éxito…

CARMINA: (*Que le ha escuchado extasiada.*) ¡Qué felices seremos!

FERNANDO: ¡Carmina!

70   (*Se inclina para besarla y da un golpe con el pie a la lechera, que se de-*
rrama estrepitosamente.[15] *Temblorosos, se levantan los dos y miran,*
asombrados, la gran mancha blanca en el suelo.)

TELÓN[16]

Acto tercero

75   (*… Fernando baja tembloroso la escalera, con la lentitud de un vencido.*[17]
Su hijo, Fernando, le ve cruzar y desaparecer con una mirada de espanto.
La escalera queda en silencio. Fernando, hijo, oculta la cabeza entre las manos.
Pausa larga. Carmina, hija, sale con mucho sigilo de su casa y cierra la puerta
sin ruido. Su cara no está menos descompuesta que la de Fernando. Mira por el
80 *hueco y después fija su vista, con ansiedad, en la esquina del «casinillo».*
Baja tímidamente unos peldaños, sin dejar de mirar. Fernando la siente y
se asoma.)

FERNANDO, HIJO: ¡Carmina! (*Aunque esperaba su presencia, ella no puede repri-*
mir un suspiro de susto. Se miran un momento y en seguida ella baja corriendo
85 *y se arroja en sus brazos.*) ¡Carmina!…

CARMINA, HIJA: ¡Fernando! Ya ves… Ya ves que no puede ser.

🔊→ (*página 42*)

---

[10] chismes, cuando se habla mal de otra gente
[11] peleas
[12] favores: en el drama, la madre de Fernando permite que el padre de Elvira les pague la luz (la
electricidad) de su casa. Lo hace porque Elvira quiere a Fernando. Por eso Fernando dice que
Elvira lo caza con su dinero.
[13] condición de no comprender algo o aprender algo con dificultad
[14] piso o apartamento
[15] se… se cae con mucho ruido
[16] en el teatro, lo que cae para ocultar el escenario a la vista del público
[17] un… una persona que ha perdido algo

B Fragmento de *Historia de una escalera*

FERNANDO, HIJO: ¡Sí puede ser! No te dejes vencer por su sordidez. ¿Qué puede haber de común entre ellos y nosotros? ¡Nada! Ellos son viejos y torpes. No comprenden... Yo lucharé para vencer. Lucharé por
90 ti y por mí. Pero tienes que ayudarme, Carmina. Tienes que confiar[18] en mí y en nuestro cariño.

CARMINA, HIJA: ¡No podré!

FERNANDO, HIJO: Podrás. Podrás... porque yo te lo pido. Tenemos que ser más fuertes que nuestros padres. Ellos se han dejado vencer por la vida.
95 Han pasado treinta años subiendo y bajando esta escalera... Haciéndose cada día más mezquinos y más vulgares. Pero nosotros no nos dejaremos vencer por este ambiente. ¡No! Porque nos marcharemos de aquí. Nos apoyaremos[19] el uno en el otro. Me ayudarás a subir, a dejar para siempre esta casa miserable, estas broncas constantes, estas estrecheces.
100 Me ayudarás, ¿verdad? Dime que sí, por favor. ¡Dímelo!

CARMINA, HIJA: ¡Te necesito, Fernando! ¡No me dejes!

FERNANDO, HIJO: ¡Pequeña! (*Quedan un momento abrazados. Después, él la lleva al primer escalón y la sienta a la pared, sentándose a su lado. Se cogen las manos y se miran arrobados.*) Carmina, voy a empezar en seguida a traba-
105 jar por ti. ¡Tengo muchos proyectos! (*Carmina, la madre, sale de su casa con expresión inquieta y los divisa, entre disgustada y angustiada. Ellos no se dan cuenta.*) Saldré de aquí. Dejaré a mis padres. No los quiero. Y te salvaré a ti. Vendrás conmigo. Abandonaremos este nido de rencores y de brutalidad.
110 CARMINA, HIJA: ¡Fernando!

(*Fernando, el padre, que sube la escalera, se detiene, estupefacto, al entrar en escena.*)

FERNANDO, HIJO: Sí, Carmina. Aquí sólo hay brutalidad e incomprensión para nosotros. Escúchame. Si tu cariño no me falta, emprenderé muchas
115 cosas. Primero me haré aparejador. ¡No es difícil! En unos años me haré un buen aparejador. Ganaré mucho dinero y me solicitarán todas las empresas constructoras. Para entonces ya estaremos casados... Tendremos nuestro hogar, alegre y limpio..., lejos de aquí. Pero no dejaré de estudiar por eso. ¡No, no, Carmina! Entonces me haré ingeniero. Seré el
120 mejor ingeniero del país y tú serás mi adorada mujercita...

CARMINA, HIJA: ¡Fernando! ¡Qué felicidad!... ¡Qué felicidad!

CARMINA, HIJA: ¡Carmina!

(*Se contemplan extasiados, próximos a besarse. Los padres se miran y vuelven a observarlos. Se miran de nuevo, largamente. Sus miradas, cargadas
125 de una infinita melancolía, se cruzan sobre el hueco de la escalera sin rozar[20] el grupo ilusionado[21] de los hijos.*) ❧

TELÓN

---

[18] serle lead a una persona; dejarle el destino a alguien
[19] Nos... Nos ayudaremos
[20] tocar
[21] entusiasmado

C

«Nostalgia»

un poema por José Santos Chocano

1
    Hace ya diez años
    que recorro el mundo.
    ¡He vivido poco!
    ¡Me he cansado mucho!
5 Quien vive de prisa no vive de veras:
    quien no echa raíces[1] no puede dar frutos.

    Ser río que corre, ser nube que pasa,
    sin dejar recuerdos ni rastro[2] ninguno,
    es triste; y más triste para quien se siente
10 nube en lo elevado, río en lo profundo.

    Quisiera ser árbol mejor que ser ave,
    quisiera ser leño[3] mejor que ser humo;
    y al viaje que cansa
    prefiero el terruño:[4]
15 la ciudad nativa con sus campanarios,
    arcaicos balcones, portales vetustos[5]
    y calles estrechas como si las casas
    tampoco quisiesen separarse mucho…

    Estoy en la orilla
20   de un sendero[6] abrupto.
    Miro la serpiente de la carretera
    que en cada montaña da vueltas a un nudo;[7]
    y, entonces, comprendo que el camino es largo,
    que el terreno es brusco,[8]
25   que la cuesta es ardua,
    que el paisaje es mustio[9]…

    ¡Señor! ya me canso de viajar, ya siento
    nostalgia, ya ansío[10] descansar muy junto
    de los míos… Todos rodearán mi asiento
30 para que les diga mis penas y triunfos;
    y yo, a la manera del que recorriera
    un álbum de cromos, contaré con gusto
    las mil y una noches de mis aventuras
    y acabaré en esta oración de infortunio;[11]
35   ¡He vivido poco!
    ¡Me he cansado mucho!

---

[1] no… no se queda mucho tiempo en un lugar
[2] señal que queda de una cosa
[3] trozo de árbol cortado y sin ramas
[4] país natal
[5] muy viejos

[6] camino
[7] lazo muy apretado
[8] de superficie irregular
[9] que no tiene ni brillo ni frescura
[10] deseo con inquietud
[11] suerte o fortuna adversa

Las mascotas

ejercicios

Animales de compañía

Estrategia: ¿Qué significa esta palabra?

Cuando lees algo en un idioma extranjero, no vas a conocer todas las palabras que aparecen en el texto. Algunas palabras no necesitas conocerlas; otras las puedes pasar por alto. El significado de otras palabras lo puedes deducir a partir del contexto o porque son cognados de palabras del inglés. Por ejemplo, ¿qué significa en inglés la palabra española **elemento**? Es muy semejante a su cognado en inglés y no es necesario depender del contexto en que aparece para poder entender su significado. Pero, ¿qué significa en inglés la palabra española **informe**? Aquí el contexto facilita su comprensión.

> En 1992, publicaron un informe sobre el número de casos de malaria en el mundo.

Ahora el significado de **informe** es más accesible, ¿no?

¡OJO! Algunos cognados son falsos; es decir, su significado en inglés es diferente de lo que significa en español. Por ejemplo, **actualmente** no quiere decir en español lo que *actually* quiere decir en inglés.

> actualmente → *currently*, y no *actually*
> en realidad → *actually*

En el artículo «Animales de compañía», que está en la página 3, vas a encontrar todos estos tipos de palabras. Es más, deberías ser capaz de deducir el significado del título basándote en el hecho de que estas palabras son cognados.

*Paso 1.[1] Lee el artículo y deduce el significado de las palabras que no conozcas. Los significados pueden deducirse a partir del contexto o porque son cognados. Luego, busca las siguientes palabras en el texto y pon un círculo alrededor de ellas. Empareja cada palabra con su significado o definición.

1. __e__ animales de compañía
2. __k__ asciende (ascender)
3. __l__ la empresa
4. ____ la población
5. __D__ la actualidad
6. ____ posee (poseer)
7. __c__ canario
8. ____ peces de acuario
9. ____ facilitados
10. ____ datos
11. ____ encargó (encargar)
12. ____ un informe

a. tener; ser propietario; estar en posesión de algo
b. pedir; poner en manos de otro; confiar a alguien la realización de algo
c. pájaro de color amarillo
d. el tiempo presente; hoy día
e. las mascotas
f. los habitantes
g. la exposición de los resultados de una investigación
h. unos animales acuáticos
i. estadísticas; información en forma de números
j. hechos más fácil o posible
k. subir; aumentar
l. la compañía

*Paso 2. Para verificar tu comprensión. El artículo no es difícil de comprender. Repasa las palabras en el Paso 1 y lee de nuevo el artículo. Luego contesta las siguientes preguntas.

1. ¿Cuántos animales de compañía hay en las casas españolas?
2. ¿Qué ejemplos de animales de compañía ofrece el artículo?
3. ¿Qué organización hizo la investigación?
4. ¿En qué revista se publicaron los datos?
5. En comparación con el resto de Europa, ¿hay más animales de compañía en España, o menos?

Paso 3.[2] Para entregar. Este artículo tiene que ver con los animales de compañía en España. ¿Cómo sabes que el autor es español? (¡OJO! Lee la última oración y fíjate en la forma verbal.)

---

[1] El asterisco (*) significa que las respuestas se encuentran en el apéndice.
[2] El diamante (♦) significa que debes entregarle al profesor (a la profesora) tu trabajo en este paso.

El autor es español porque habla de _____

y utiliza la forma verbal _____, indicando que se

considera parte del grupo de españoles.

B

Necesitamos muchos amigos, ¡apúntate!

Estrategia: ¿Para qué sirve el título?

Los títulos pueden servir para varios fines. En algunos casos, sirven para organizar la información que se presenta en el artículo. En otros casos, reflejan su contenido. También pueden servir para llamar la atención del lector. Como el título puede dar idea del contenido de un artículo, siempre se debe leer el título con atención antes de comenzar la lectura del texto, para saber con anticipación de qué se trata.

A continuación aparecen los títulos de varios artículos. ¿Cuáles te dan idea de su contenido y cuáles sirven para captar tu atención?

«¿Por qué aúllan los lobos?»
«La vida secreta de los elefantes africanos»
«¡Esto no puede ser!»
«Adiós, niño, adiós»

Para el anuncio «Necesitamos muchos amigos, ¡apúntate!», usa el título como ayuda para comprender el propósito del autor y la información contenida en el texto.

*Paso 1. Lee con cuidado el título del anuncio sobre los periquitos (página 3) y luego contesta las siguientes preguntas.

a. ¿Qué significa el verbo **apuntarse**?
b. ¿En qué forma está el verbo?
c. Según esta información, ¿qué función tiene el título de este anuncio?

*Paso 2. Ya tienes la información que te ayudará a anticipar el contenido del anuncio. Antes de leerlo, indica cuál crees que es la idea general del anuncio.

a. pedir dinero a los lectores para la protección de los periquitos
b. anunciar una nueva organización y solicitar miembros
c. vender periquitos a los lectores

Antes de verificar tu respuesta en el apéndice, lee el anuncio rápidamente (no te preocupes por las palabras que no conoces). ¿Crees que tu respuesta es la más apropiada?

*Paso 3. Posiblemente te hayas fijado en que el secretario de ASEP, Francisco Picamoles Laval, propone un plan para la asociación. ¿Qué recomienda este señor? Lee el anuncio otra vez enfocándote en las ocho ideas del Sr. Picamoles. Toma en cuenta las estrategias que has practicado: deducir el significado de las palabras por ser cognados o por el contexto. Después de leer, empareja los verbos a continuación con un concepto para indicar cuáles son las ocho ideas del Sr. Picamoles. ¡OJO! El Sr. Picamoles usa los verbos **formar** y **crear** varias veces, pero a continuación se han sustituido por otros.

1. _____ crear	a. un stock de reproductores
2. _____ formar y educar	b. concursos
3. _____ recopilar	c. jueces
4. _____ entrenar y elegir	d. a los criadores
5. _____ organizar	e. a competir con otros países
6. _____ salir	f. clubes locales
7. _____ instituir	g. un gran club nacional
8. _____ formar	h. informaciones

*Paso 4. Para verificar tu comprensión. Lee el anuncio de nuevo y luego contesta las siguientes preguntas.

1. ¿Es ASEP una organización ya establecida o nueva?
2. ¿Para los criadores de qué tipo de pájaro se ha creado una asociación?
3. ¿Qué país les sirve de modelo y como quién quieren actuar los aficionados españoles?
4. ¿Por cuánto tiempo han tenido una asociación de periquitos en ese otro país?

Paso 5. Para entregar. El secretario Picamoles no ha presentado su plan en orden cronológico. Vuelve al Paso 3 e indica en qué orden se tienen que cumplir las acciones. Escribe un párrafo describiendo el plan. Las siguientes palabras te servirán para organizar el plan cronológicamente.

primero	finalmente	será útil
luego	será necesario	lógicamente

_____

_____

_____

_____

_____

_____

_____

C

¿Por qué los perros dan vueltas antes de acostarse?

Estrategia: ¿Cuál es la idea principal? ¿Cómo podemos expresarla en términos más sencillos?

Saber extraer las ideas de un texto y poder expresarlas con palabras más sencillas es una habilidad importante que hay que aprender a desarrollar, especialmente en el caso de artículos que tienen muchos párrafos o que son muy largos. Al extraer la idea central de cada párrafo y unirlas todas después, podrás reconstruir las ideas principales del texto.

Por ejemplo, un párrafo puede consistir en una idea principal y en unas ideas secundarias que dan explicaciones, ejemplos, detalles, etcétera, ampliando y apoyando así la idea principal. Lee el siguiente párrafo sobre un hombre que cría lagartos, especie de animales reptiles como las iguanas.

> Pensando en el futuro, Enrique está construyendo una nueva casa para él y sus amigos. «Ahí podré tener 55 iguanas. La casa será diseñada especialmente para acomodar a mis lagartos, con un tragaluz gigantesco, una fuente y una exótica atmósfera de selva.»

Nota que la referencia al futuro, las especificaciones de la casa, el número de lagartos y los demás detalles son ideas secundarias. La idea principal de este párrafo se puede expresar de la siguiente manera: Enrique está construyendo una casa mejor equipada para él y sus lagartos.

Después de leer el artículo que se titula «¿Por qué los perros dan vueltas antes de acostarse?», vas a practicar el método de extraer las ideas principales y expresarlas en tus propias palabras.

Paso 1. En la página 4 aparece un artículo sobre una costumbre muy típica de los perros. ¿Comprendes bien lo que significa el título? Antes de seguir, asegúrate de entender su significado y piensa en lo que posiblemente se propone el autor.

*Paso 2. Este artículo contiene sólo dos párrafos. Lee ahora solamente las dos primeras oraciones de cada párrafo. La información que aparece entre comas (, ... ,) puede ser de diferentes tipos. ¿Es un comentario o una definición la información que va entre comas en la primera oración del primer párrafo? Igualmente, ¿qué tipo de información va entre comas en la primera oración del segundo párrafo? ¿Es un comentario o una definición?

***Paso 3.** La combinación de las ideas principales de cada párrafo forma la idea principal del artículo entero. Lee ahora el artículo entero. Mientras lees, subraya las palabras o frases de cada párrafo que contienen las ideas principales. Después de leer, revisa lo que has subrayado. ¿Estás contento/a con lo que has indicado?

***Paso 4.** Para verificar tu comprensión. Contesta las siguientes preguntas.

1. ¿Cuántas razones da el texto para explicar la acción del perro de dar vueltas antes de acostarse?
2. ¿Qué es **la etología**? ¿Tiene que ver con **el instinto**?
3. Según el texto, ¿es necesario hoy en día que los perros den vueltas antes de acostarse?

 Paso 5. Para entregar. Expresa la idea principal en tus propias palabras. Completa el siguiente párrafo.

Los perros dan vueltas antes de acostarse. Hay dos posibles razones para explicar este comportamiento. Primero, _____

_____

_____.

Segundo, _____

_____.

Aunque las dos razones son aceptables, yo, personalmente, creo que los perros dan vueltas antes de acostarse porque _____

_____

_____.

D

El Perro que deseaba ser un ser humano, una fábula por Augusto Monterroso

Estrategia: ¿Cuál es la moraleja de la historia?

Al extraer los hechos básicos de un texto, podrás entender otros datos y otras partes de ese texto. Tanto la información básica como tus propios conocimientos sobre el tema te proveerán a menudo el contexto y las pistas necesarias para entender el significado de muchas palabras.

Si usas las habilidades y estrategias que has aprendido hasta ahora, estarás preparado/a para leer una breve pieza literaria. Así como Esopo, el escritor guatemalteco Augusto Monterroso cuenta fábulas sirviéndose de los animales para exponer lo que quiere decir. La fábula

«El Perro que deseaba ser un ser humano» (página 4) es una breve narración cuya moraleja debería ser evidente para ti una vez que la entiendas en español.

*Paso 1. Lee el primer párrafo de la narración. Extrae los datos básicos y luego llena el cuadro con la información que falta.

¿Quién?	_____
¿Qué?	convertirse en un ser humano
¿Cuándo?	_____
¿Dónde?	_____

*Paso 2. En el segundo párrafo hay una serie de palabras cuyo significado puedes deducir por el contexto y por lo que sabes sobre el comportamiento canino. Antes de leer la fábula, trata de deducir los significados de esas palabras.

1. las patas = _____
   El Perro desea ser un ser humano. Los perros normalmente caminan en cuatro patas, los seres humanos en dos pies.

2. la cola = _____
   Es una parte del cuerpo que los perros mueven para indicar que están contentos. Muchas personas dicen que, al regresar a casa después de trabajar, encuentran a sus perros esperándolas moviendo la cola.

3. salivar = _____
   Este verbo es un cognado. Piensa en las investigaciones de Pavlov.

4. la luna = _____
   El sol es amarillo; la luna es blanca. Durante el día se ve el sol; por la noche se ve la luna.

5. gemir = _____
   ¿Qué hacen los perros al ver la luna? Piensa en lo que hacen los coyotes.

Paso 3. Ahora lee toda la fábula.

*Paso 4. Para verificar tu comprensión. Contesta las siguientes preguntas.

1. ¿Para quién era un animal de compañía el Perro?
2. ¿Vive el Perro todavía?
3. ¿Se convirtió el Perro en un ser humano?

Paso 5. Para entregar. Explica con dos o tres oraciones cómo una o todas las siguientes oraciones revelan la moraleja de la historia del Perro que deseaba ser un ser humano.

a. *If it walks like a duck and quacks like a duck, chances are it's a duck.*

_____

_____

_____

_____

b. *A rose is a rose is a rose.*

_____

_____

_____

_____

c. *You can't make a silk purse out of a sow's ear.*

_____

_____

_____

_____

LECTURA

Enrique y sus lagartos

Anticipación

Paso 1. Ya sabes que, antes de leer un artículo, primero debes leer y entender lo que dice su título. Lee ahora el título de la lectura (página 5). ¿Qué son **los lagartos**? Te dará una idea la foto si no sabes o no recuerdas lo que son.

Paso 2. Lee los comentarios al lado de la foto. El ver las fotos y leer los comentarios son estrategias que puedes utilizar para anticipar el contenido de una lectura. Según esta información, ¿por qué crees que Enrique tiene lagartos?

a. Enrique es dueño (propietario) de una tienda de animales.
b. Enrique es un cocinero que se especializa en platos hechos con carne de lagarto.
c. Enrique es un científico que estudia los lagartos en un jardín zoológico.
d. Enrique tiene lagartos como mascotas o animales de compañía.

Paso 3. A continuación hay una lista de las estrategias que has aprendido hasta el momento. Todas te servirán para captar las ideas contenidas en el artículo.

> deducir el significado de una palabra
> entender bien lo que dice el título
> extraer las ideas principales
> identificar los hechos básicos

Exploración

Paso 1. Lee todo el artículo con atención, tomando en cuenta las estrategias que has aprendido.

Paso 2. Elige la palabra o frase que mejor complete cada oración, según lo que recuerdas del artículo.

1. Enrique (a. vende / b. cría / c. prepara platos con carne de) lagartos.
2. La fascinación de Enrique por los lagartos (a. es reciente. b. ha existido por muchos años.)
3. (a. Se puede / b. No se puede) acariciar a los lagartos como a los perros o gatos.
4. A los lagartos (a. les gusta / b. no les gusta) la atención de los seres humanos.
5. Enrique (a. piensa tener / b. no piensa tener) más lagartos en el futuro.

Paso 3. Escoge los adjetivos que mejor describan cada situación. Puedes aplicar más de un adjetivo a cada situación. Luego, compara tu trabajo con el de otro u otros compañeros de clase, dando detalles específicos que apoyen tu selección.

1. Las relaciones entre Enrique y sus lagartos son _____.
   a. cariñosas   b. violentas   c. amistosas   d. distantes

   La información del texto que apoya tu selección: _____

   _____

   _____

2. En público los lagartos son animales _____.
   a. nerviosos   b. tranquilos   c. dóciles   d. agresivos

   La información del texto que apoya tu selección: _____

   _____

   _____

Paso 4. Lee el artículo otra vez, subrayando la idea principal de cada párrafo. ¿Qué palabras de cada idea principal te sirven de clave para recordar esa idea?

PÁRRAFO	PALABRAS CLAVE
Desde los 10 años, ...	
En 1980, ...	
«Hay un lado... »	
Y éstos no son...	
«Yo no las entreno... »	
¿Adónde puede...	
Siempre parece...	
Pensando en el futuro, ...	
«Obtengo... »	

☺ Síntesis

Paso 1. Sin leer el artículo de nuevo, organiza los hechos básicos de esta lectura usando la información e ideas de **Exploración.**

¿Quién?	_____
¿Dónde?	_____
¿Qué?	_____
¿Cuándo?	_____
Las ideas principales:	_____
	_____
	_____
	_____

_____

_____

_____

Paso 2. Para entregar. Usando la información del Paso 1, resume en un párrafo el contenido del artículo, agregando tu opinión personal al final. Puedes seguir el siguiente modelo.

Enrique es un hombre que prácticamente vive dedicado a sus

mascotas. Por ejemplo, _____

_____

_____

_____

_____.

Sin embargo, las relaciones entre Enrique y sus lagartos son

mutuamente beneficiosas. Por ejemplo, debido a los lagartos,

Enrique _____

_____

_____

_____

_____.

En mi opinión, las relaciones entre Enrique y sus lagartos son _____

_____

_____

_____

_____.

actividades

Actividad 1. ¿Es una conducta típica?

Paso 1. Primero, determina por ti mismo/a cómo son las relaciones que tiene una persona con los animales si esta persona hace las siguientes acciones. Califica cada acción usando la siguiente escala. Luego, comparte tus opiniones con el resto de la clase.

Esta acción indica que las relaciones son...

típicas	un poco raras	raras	extravagantes
1	2	3	4

	MI OPINIÓN	LA OPINIÓN DE LA MAYORÍA DE LA CLASE
1. crear una asociación para los criadores de animales	_1_	____
2. hacer que la mascota participe en concursos	____	____
3. dar tratamientos de acupuntura a una mascota	____	____
4. poner una correa a la mascota para sacarla a pasear	____	____
5. construir una casa especialmente diseñada para la mascota	____	____
6. besar y acariciar a la mascota	____	____
7. hablar con la mascota	____	____
8. incluir a la mascota en una fotografía formal de la familia	____	____
9. dormir con la mascota en la misma cama	____	____
10. (Inventa tú algo.)	____	____
_____		
11. (Inventa tú algo.)	____	____
_____		
_____		

Paso 2. Indica qué opina la mayoría de la clase de cada acción.

Paso 3. Comenta con tus compañeros de clase si la evaluación de las mencionadas acciones depende del animal de que se habla. Por ejemplo, escoge tres acciones y luego indica con relación a qué animales serían consideradas típicas o serían consideradas rara o extra vagantes.

Paso 4. Selecciona la mejor conclusión de entre las siguientes o escribe tu propia conclusión.

En conclusión,

a. mis opiniones son iguales a las de la mayoría.

↪→

b. mis opiniones son totalmente distintas. Creo que las acciones indican que las relaciones con los animales son típicas.

c. mis opiniones son totalmente distintas. Creo que las acciones indican que las relaciones con los animales son raras.

d. en algunas cosas estoy de acuerdo con la mayoría, pero en otras, no.

e. _____

_____.

Actividad 2. ¿Una mascota o un niño?

Paso 1. Contéstate a ti mismo/a la siguiente pregunta para completar el párrafo que sigue.

En las presentes circunstancias, ¿preferirías tener un hijo o tener una mascota?

Preferiría tener _____ por varias razones. Primero,

_____.

Segundo, _____.

Tercero, _____.

Ahora, compara tu respuesta con las de tus compañeros. ¿Cuántos preferirían tener un niño? ¿una mascota?

Paso 2. Trabajen en grupos de tres y escriban una oración sobre cada uno de los siguientes aspectos relacionados con lo que implica tener un niño frente a tener un animal de compañía. Deben basarse en las razones que dieron en el **Paso 1.** (SUGERENCIA: Utilicen palabras y frases como **más, menos, tan... como, tanto... como** para estructurar las oraciones.)

a. el costo
b. el tiempo y la atención que necesitan
c. los beneficios que aportan
d. el comportamiento de cada uno

Paso 3. Comparen sus oraciones con las del resto de la clase. ¿Hay personas que hayan cambiado de opinión con referencia a lo que expresaron en el Paso 1? ¿Hay quiénes están ahora más seguros de su opinión?

Actividad 3. Firma aquí, por favor

Paso 1. Termina cada oración con el nombre de un animal, de manera que cada una refleje tu manera de pensar. A continuación tienes una lista de animales a los que puedes referirte. ☞➙

el caballo	el hámster	el periquito
el conejo	la hormiga	el perro
el cuy	el lagarto	el puerco
el delfín	la llama	la serpiente
la gallina	el mono	la tarántula
el gato	los peces tropicales	la tortuga

1. El animal que quiero tener de mascota es

   _____.   Firma: _____

2. Es típico ponerle suéter a

   _____.   Firma: _____

3. Es raro llevar

   _____   Firma: _____

   al parque con una correa.

4. Es común dejar suelto/a en la casa a

   _____.   Firma: _____

5. Es raro prepararle un bistec a

   _____.   Firma: _____

6. No quiero tener

   _____   Firma: _____

   de mascota.

7. Es raro llevar a

   _____   Firma: _____

   cuando uno va de vacaciones.

Paso 2. Ahora busca una persona en la clase que esté de acuerdo con tus opiniones y pídele que firme al lado de éstas. Hay dos condiciones: tienes que hacerle una pregunta de tipo sí/no y no se permite hacerle dos preguntas seguidas a la misma persona.

MODELO: —Yo creo que es raro llevar un lagarto al parque con una correa. ¿Estás de acuerdo? (¿Crees que es raro llevar un lagarto al parque con una correa?)
—Sí, estoy de acuerdo.
—Firma aquí, por favor.

Paso 3. Trabajando con el profesor (la profesora), averigua qué opinó el resto de la clase. Si el tiempo es limitado, puedes comentar los números más interesantes, como el 1 y el 6.

Ideas para escribir una composición

En esta lección has leído varios textos sobre:

a. la proporción de españoles que tiene mascotas.
b. una asociación española para los criadores de periquitos.
c. el hábito de los perros de dar vueltas antes de acostarse.
d. una fábula sobre un perro que deseaba ser un ser humano.
e. cómo el coleccionar lagartos ha afectado la vida de un hombre.

También en esta lección:

a. has evaluado el comportamiento de las personas que tienen mascotas.
b. has discutido las ventajas de tener un niño frente a tener una mascota.
c. has expresado tu opinión sobre varios animales y has buscado compañeros de clase que comparten la misma opinión.

Ahora, vas a escribir una composición basada en la información que obtuviste en las lecturas y las actividades. El propósito de la composición es describir hasta qué punto el comportamiento de las personas que tienen mascotas es típico. En otras palabras, ¿a qué punto empieza a ser raro este comportamiento? Puedes utilizar el siguiente título, si quieres, o inventar uno.

> Cómo se comportan los dueños con sus mascotas: Desde lo típico hasta lo raro

Paso 1. Primero, tienes que pensar en las acciones que se consideran típicas y extravagantes. Repasa los textos y luego haz una lista de varias acciones.

TÍPICAS

1. _____
2. _____
3. _____
4. _____

EXTRAVAGANTES

1. _____
2. _____
3. _____
4. _____

Paso 2. ¿Puedes añadir ejemplos de personas a quienes conoces personalmente que tienen mascotas?

1. _____
2. _____
3. _____

Paso 3. Una vez que determines qué información vas a incluir, tienes que pensar en cómo vas a organizarla. ¿Cuál de las siguientes sugerencias te parece buena para esta composición?

☐ presentar las acciones típicas primero y luego las extravagantes
☐ presentar las acciones extravagantes primero y luego las típicas
☐ relacionar las acciones típicas con las extravagantes una por una, alternativamente

☐ ¿otra sugerencia? _____

_____

Paso 4. Piensa en cómo vas a comenzar la composición. Aquí hay algunas sugerencias. ¿Son algunas mejores que otras?

☐ Todos los dueños de mascotas tienen relaciones raras y extravagantes con sus animales.
☐ Los dueños de mascotas quieren mucho a sus animales. Sin embargo, a veces las relaciones entre ellos parecen un poco raras.
☐ Las relaciones entre un ser humano y una mascota, más que amistad, son un lazo fuerte que los une mutuamente.
☐ No todos los dueños de mascotas son iguales. Algunos se comportan como la mayoría, mientras que otros hacen cosas raras con sus animales.

¿Tienes otra idea de cómo comenzar esta composición? Escribe una oración original aquí.

_____

_____

_____

Paso 5. Escribe el borrador por lo menos dos días antes de entregarle la composición al profesor (a la profesora). Escribe aproximadamente unas 250 palabras. A continuación tienes una lista de palabras y frases útiles.

aunque	*even though*
desgraciadamente	*unfortunately*
en cambio	*on the other hand*
en gran parte	*for the most part*
por eso	*therefore*
por lo general	*generally*
sin embargo	*however*

Paso 6. Redacta el borrador, siguiendo los pasos indicados, un día antes de entregar la composición.

I. INFORMACIÓN
- [ ] el contenido
  ¿Es evidente que has leído las lecturas y que has participado en las actividades?
- [ ] descripción de las acciones típicas y de las extravagantes
  ¿Son buenos los ejemplos? ¿Convences al lector de que las acciones extravagantes realmente lo son?
- [ ] organización de las ideas
  ¿Has puesto las ideas en el orden apropiado según el énfasis que les quieres dar?

II. LENGUAJE
- [ ] los verbos
  Pon una marca (✓) sobre cada verbo. ¿Es correcta la forma verbal?
- [ ] los adjetivos
  Subraya cada adjetivo. ¿Concuerda con el sustantivo que describe?

Paso 7. Haz los cambios necesarios. Pregúntale al profesor (a la profesora) si quiere que le entregues los borradores de la composición y si quiere que escribas la composición a máquina. Luego, entrégale la composición al profesor (a la profesora).

Paso 8. Optativo. Mira el esquema para evaluar las composiciones que está en el apéndice y evalúate a ti mismo/a. Si has seguido los Pasos 1 a 7, debes salir bien.

Él y ella

ejercicios

A

Tu veredicto: Ahora ellos se embellecen

Estrategia: ¿Qué significa leer con un propósito?
¿Influye el propósito en la forma en que lees un texto?

No leemos cada texto de la misma manera. A veces leemos con especial atención a los detalles y a veces superficialmente. La manera en que nos acercamos a un texto depende del propósito que dirige nuestra atención.

En la página 7 aparece un artículo titulado «Tu veredicto: Ahora ellos se embellecen». Este artículo viene de la revista *Tú*, una revista para chicas adolescentes. Las lectoras de *Tú* han respondido a la pregunta «¿Te parece bien que los hombres se apliquen cremas, se hagan permanentes, se maquillen, se pinten el pelo, usen aretes y adopten otras tendencias de la moda femenina?» Se publicaron varias contestaciones (o sea, cartas a la editora). Vas a leer esas contestaciones dirigido/a por tres propósitos distintos.

*Paso 1. Como siempre, es importante saber lo que quiere decir el título. ¿Sabes lo que significa el verbo **embellecerse**? Está relacionado con el adjetivo **bello**. Y claro, **se** al final del verbo implica una acción reflexiva. ¿A quién se refiere **ellos**? Escoge las respuestas correctas. ☞→

embellecerse = a. darse belleza a sí mismo

                b. admirarse a sí mismo

                c. cambiarse de ropa

ellos = a. las lectoras de *Tú*

                b. los hombres de 50 años de edad

                c. los chicos de 14 a 18 años de edad

*Paso 2. Lee lo más rápido posible lo que dice cada persona porque, por el momento, el propósito de leer es sólo sacar cada opinión en términos generales, no específicos. Indica a continuación la opinión de cada persona en cuanto a si creen que los hombres deben embellecerse.

SÍ	NO	HASTA CIERTO PUNTO	
☐	☐	☐	1. Anónima, E.E.U.U.
☐	☐	☐	2. Belkys B., Puerto Rico
☐	☐	☐	3. María de los Ángeles, México
☐	☐	☐	4. Adriana Alvira, Colombia
☐	☐	☐	5. Catherine D., E.E.U.U.
☐	☐	☐	6. Susana López, Venezuela
☐	☐	☐	7. Clara L. Pérez, Perú
☐	☐	☐	8. Laura Hidalgo, México
☐	☐	☐	9. Julissa P., Venezuela
☐	☐	☐	10. Estrella Martínez P., Ecuador
☐	☐	☐	11. Zoila Saco, Colombia
☐	☐	☐	12. Lucía Montes, Panamá

Paso 3. Lee las opiniones una vez más con el propósito de buscar a la persona cuya opinión es similar a la tuya. Escribe su nombre aquí.

_____

*Paso 4. Para verificar tu comprensión. Lee de nuevo las opiniones pero esta vez, lee con más atención. Ahora, el propósito de leer es comparar y evaluar las opiniones. Luego contesta las siguientes preguntas.

1. ¿Creen María de los Ángeles y Adriana Alvira que es importante hacer distinción entre los sexos?
2. ¿Quiénes tienen las opiniones más liberales?
3. ¿Quiénes tienen las opiniones más conservadoras?
4. En tus propias palabras, ¿a qué se refieren los porcentajes en los resultados finales?

Paso 5. Para entregar. Contesta la pregunta que se hizo a estas mujeres, «¿Te parece bien que los hombres se apliquen cremas, se hagan permanentes, se maquillen, se pinten el pelo, usen aretes y adopten otras tendencias de la moda femenina?». Empieza el párrafo así:

Estoy de acuerdo con _____. Como ella, creo que

_____

_____

_____

_____

_____

_____

_____

_____

_____

B

Comer mucho, *cazar* poco

Estrategia: ¿Cuál es la opinión del autor (de la autora) del artículo sobre el tema? ¿Cómo expresa esa opinión?

Cada escritor(a) tiene una opinión sobre lo que escribe. A veces se deja ver su opinión, mientras que otras veces no. Lee las siguientes oraciones que son equivalentes en cuanto a lo que trata de comunicar el autor.

Ramón siempre llega tarde.
La tardanza es un defecto que Ramón no puede erradicar.
Ramón tiene dificultad en llegar a tiempo.
La puntualidad no es—ni será nunca—algo importante para
  Ramón.

Aunque cada oración dice algo sobre Ramón y la tardanza, ¿dirías tú que una oración es más *objetiva* que las otras? ¿que una de ellas más bien parece un juicio? ¿Por qué?

Es importante percibir la actitud u opinión del autor (de la autora) de un artículo para poder evaluar el contenido de un escrito y determinar si uno está o no de acuerdo con lo que dice. En la página 7 aparece un breve artículo que se titula «Comer mucho, *cazar* poco». Este artículo pretende presentar los resultados de una investigación científica sobre la reacción de los hombres al ver lo que las mujeres comen. En los siguientes Pasos, vas a examinar la actitud de su autor(a). A lo largo del artículo, el autor (la autora) usa un tipo de lenguaje (que se aprecia, por ejemplo, en la elección de adjetivos, la puntuación, una manera especial de decir las cosas, etcétera) para dejar ver su punto de vista, que se hace muy obvio en las cuatro últimas oraciones.

*Paso 1. Lee las cuatro oraciones finales del artículo y determina si su autor es hombre o mujer. Subraya tres cosas en el texto que apoyen tu observación.

*Paso 2. Lee el artículo buscando y subrayando las siguientes frases y oraciones que contribuyen a comunicar el tono del autor de la autora.

    a. ¿Están preparadas?

    b. un apetito digamos... *saludable*

    c. *en la vida real*

    d. Pues que inviten a cenar a un canario.

Ahora, escribe la letra de la frase al lado de una de las palabras y frases abajo para indicar el tono de la oración (o la actitud de la autora). Es posible que se aplique más de una letra a cada adjetivo o frase.

_____ de desaprobación   _____ de aprobación

_____ de burla   _____ sarcástico

_____ de enfado   _____ de disgusto

_____ humorístico   _____ de frustración

_____ de apoyo   _____ ofendido

Nota: Al hablar de actitudes, las interpretaciones posibles son muchas.

*Paso 3. La oración que la autora usa para resumir los resultados del estudio es «¡Triunfó cuando comía menos!». Búscala y subráyala en el artículo. ¿Por qué usaría la autora una palabra como **triunfar** en lugar de resumir los resultados con una oración como la siguiente? «La mayoría de los hombres indicó que la mujer era más femenina cuando comía menos.» Pon un círculo alrededor de la letra que indica la(s) razón(es) más probable(s).

    a. La autora cree que los hombres son estúpidos.

    b. La autora cree que los resultados son sexistas.

    c. La autora se burla de los participantes en la investigación.

    d. La autora enfatiza que los resultados son relevantes a la vida cotidiana.

*Paso 4. Para verificar tu comprensión. Contesta las siguientes preguntas.

    1. ¿Dónde se llevó a cabo la investigación?

    2. ¿Cuántos hombres participaron en la investigación?

    3. ¿Qué tenían que hacer los participantes?

    4. ¿Qué comía la chica cuando parecía «más femenina»?

Paso 5. Para entregar. Expresa tu opinión por escrito con respecto a los resultados de la investigación. Piensa en lo que haces tú cuando sales por primera vez con una persona.

(Comparto / No comparto) la opinión de la autora de «Comer mucho, *cazar* poco». _____

_____

_____

_____

_____

_____

_____

_____

_____

Paso 6. Optativo. Vuelve a leer el título del artículo. En una lección anterior viste que a veces el título puede servir para anticipar el contenido de un artículo. ¿Por qué no ayuda nada el título de este artículo a anticipar su contenido? Ahora que sabes algo del contenido del artículo, ¿dirías que el título mismo refleja la actitud de la autora o el tono del artículo? Vuelve a leer la lista de palabras en el Paso 2 e indica cuál es el tono del título.

C

¿Cómo piensan los hombres?

Estrategia: ¿Cuál es la relación entre los cuadros y gráficos que acompañan un texto y el contenido del mismo?

Los cuadros y gráficos son un tipo de resumen visual que suelen contener cifras (números). Se pueden usar para guiar, facilitar y resumir la lectura. Si comienzas por leer los cuadros y gráficos, podrás asimilar la información más eficientemente. En otros casos, estas *ayudas visuales* pueden funcionar como las fotos, es decir que pueden ayudarte a anticipar el contenido del artículo. Y en otros casos pueden servir para resumir hechos muy importantes, facilitando así la asimilación de muchos datos que aparecen en el texto del artículo. Esta función de los cuadros y gráficos llega a ser aun más importante cuando el artículo es largo o denso y cuando está repleto de datos y detalles.

El artículo «¿Cómo piensan los hombres?», que aparece en la página 9, es uno de estos artículos. Vas a utilizar los cuadros y gráficos para que se te haga fácil su lectura. El texto amplía la información ofrecida en los cuadros y gráficos, ya que ofrece al lector una interpretación de los datos, en este caso, comentando primeramente si los resultados obtenidos eran los esperados o no.

*Paso 1. Antes de leer el texto, lee solamente la primera oración. Indica cuál de las siguientes oraciones representa el estereotipo de los hombres.

a. _____ Los hombres son sensibles y comprensivos.

b. _____ Los hombres son sexomaníacos y materialistas.

¿Estás de acuerdo con estas imágenes?

Paso 2. Antes de leer el texto, examina con atención los cuadros y gráficos. Lee las preguntas que se hacen y mira las respuestas, especialmente las más frecuentes. Marca las respuestas más comunes con E (Esperadas) o con I (Inesperadas) de acuerdo con tu propia opinión respecto a las imágenes que se presentan del hombre.

*Paso 3. Lee el texto con atención buscando la línea donde se empieza a comentar la respuesta más común para cada pregunta.

*Paso 4. De los nueve resultados obtenidos, escribe E junto a aquellos que el autor (la autora) considera esperados e I junto a aquellos que él (ella) considera inesperados.

*Paso 5. Para verificar tu comprensión. Contesta las siguientes preguntas.

1. Da tres ejemplos del texto que demuestran cómo los hombres no son sexomaníacos.
2. El autor (la autora) indica que una de sus mayores sorpresas fue la importancia otorgada a la familia. Da tres ejemplos de esto.
3. ¿Cómo reaccionaron los hombres ante la idea de ganar menos que sus esposas?
4. ¿Cuántos se trasladarían a otra ciudad por el trabajo de sus esposas?
5. ¿En qué país se publicó el artículo?

Paso 6. Para entregar. Primero, busca en el texto las palabras y frases que indiquen resultados inesperados. Describe los casos en que tu evaluación de los resultados (en el Paso 2) coincide con la del autor (de la autora) del artículo. Utiliza el siguiente modelo.

El autor (la autora) del artículo y yo coincidimos en la evaluación de (muchos / algunos / muy pocos) resultados. Por ejemplo, _____

_____

_____

_____

_____

_____.

También, _____

_____

_____

_____.

Y además, _____

_____

_____

_____.

Paso 7. Optativo. En un artículo anterior, «Comer mucho, *cazar poco*», examinaste la actitud de la autora del artículo ante los resultados de una investigación. En el presente artículo, la actitud del autor (de la autora) se puede resumir en una oración sencilla: *Me sorprenden estos resultados.* ¿Qué usos del lenguaje hay en este artículo que reflejan esta actitud? Da por lo menos tres ejemplos.

D

En el lugar que corresponde, un poema por Eliana Rivero

Estrategia: ¿Qué función tiene el sujeto del verbo? ¿Por qué necesitas identificarlo?

En español, el orden de las palabras es flexible. Es decir que el sujeto del verbo puede aparecer antes del verbo o después de éste. Las dos oraciones siguientes son aceptables en español pero la oración *b* no es aceptable en inglés por la posición del sujeto, Jaime.

    a. ¿Crees que Jaime lo hizo?
    b. ¿Crees que lo hizo Jaime?

También, como en español se utilizan formas morfológicas para indicar el sujeto, no es necesario mencionar el sujeto una vez que éste se entiende. Las dos siguientes oraciones son gramaticales en español, pero el uso del pronombre **yo** es innecesario en la oración *b*. En inglés, en cambio, el uso del pronombre es obligatorio.

a. Hoy leí un poema conmovedor.

b. Hoy yo leí un poema conmovedor.

Para seguir el hilo de un texto, ya sea una exposición o una poesía, es necesario entender con qué o con quién está vinculado el verbo, es decir, hay que saber cuál es el sujeto. En el poema «En el lugar que corresponde» (página 11), Eliana Rivero explora lo que significa ser una mujer intelectual. Para seguir más fácilmente los versos del poema, te será necesario entender cuáles son los sujetos de algunos verbos. Si sabes identificar los sujetos, podrás entender más fácilmente las ideas expresadas.

*Paso 1. Lee el título, la dedicatoria y los versos 1 a 11. Luego contesta las siguientes preguntas, que tienen que ver con datos importantes.

1. ¿Qué relaciones existen entre Rosario y la autora del poema?
2. ¿A quién va dedicado el poema? ¿Qué relaciones existen entre esta persona y la poeta?

*Paso 2. Ahora vas a vincular los verbos con los sujetos apropiados para entender el poema más fácilmente. Lee el poema y contesta las siguientes preguntas mientras lees.

1. En los versos 1 a 8 se usan las formas que corresponden a la primera persona singular, **yo** (cumplí, seguí, lucí, he permutado). ¿Quién es el **yo** de estos verbos? ¿la autora, Margarita o Rosario?
2. ¿A cuál de las tres mujeres se refiere el **yo** del verso 10?
3. ¿Cuál es el sujeto del verbo **se llama** en los versos 13 y 14?
4. En los versos 16 y 17, la autora usa las formas verbales **empleas** y **naciste**. Éstas corresponden aquí a **una emplea** y **una nació,** o sea que no se refieren a nadie en particular. ¿Cuál es el sujeto de **sabes** en el verso 23?
5. Identifica el sujeto del verbo **escuchó** en el verso 24.
6. En el verso 27 aparece el verbo **definen.** ¿Cuál es el sujeto?

Paso 3. Ya que has identificado y vinculado los sujetos con los verbos que les corresponden, lee el poema entero desde el principio hasta el fin. ¿Cómo te sientes después de leerlo?

*Paso 4. Para verificar tu comprensión. Contesta las siguientes preguntas.

1. En la primera parte del poema, la autora recuerda a su hermana mayor. ¿Aprueba la autora su actitud?
2. En tus propias palabras, ¿qué es **la libertad**?
3. Según la autora, ¿cómo reacciona el hombre después de una discusión académica de una mujer?

➪➜

4. En el poema se tratan varios temas. Escribe una oración que resuma lo que dice Rivero sobre
   a. lo que significa como mujer ser intelectual
   b. el papel de la mujer en la sociedad
   c. las relaciones entre hermanas mayores y menores
5. Usando tus propias palabras, describe el conflicto entre la parte física y la parte intelectual de una mujer, tema del que habla Eliana Rivero en los dos últimos versos del poema.

Paso 5. Para entregar. «En el lugar que corresponde», Eliana Rivero confronta algunos estereotipos (actitudes, imágenes preconcebidas, etcétera). Ahora, escribe tres estereotipos de la mujer como intelectual no mencionados en el poema. Además, y esto es de suma importancia, da ejemplos que prueban la *falsedad* de estos estereotipos. Los ejemplos pueden ser de personas a quienes conoces personalmente.

Estereotipo 1: _____

_____

_____

_____

_____

_____

Estereotipo 2: _____

_____

_____

_____

_____

_____

Estereotipo 3: _____

_____

_____

_____

_____

_____

Paso 6. Optativo. Anteriormente has visto que los títulos pueden reflejar o no el contenido del texto. ¿Y los poemas? ¿Refleja el título de este poema los temas que trata la poeta?

LECTURA ◎◎◎◎◎◎◎◎◎◎◎◎◎◎◎◎◎◎◎◎

5 mitos masculinos (que ellos detestan)

Anticipación

Paso 1. Lee el comentario en cursiva (*No somo seres...*) en la página 11, y nota que todos los verbos, excepto uno, están en la primera persona del plural. Entre las siguientes conjeturas, ¿cuál es muy probable? Puede haber más de una respuesta.

1. El artículo contará probablemente la historia de una persona determinada.
2. Las mismas personas que hacen el comentario (en cursiva) continuarán *hablando* en el artículo.
3. Quienes hacen este comentario suponen que representan a un grupo de personas.

Paso 2. En la misma parte del artículo, ¿cuál de los siguientes es más probable que sea el sujeto de los verbos en la primera persona del plural?

nosotros = a. los hombres
             b. las mujeres
             c. los hombres y las mujeres
             d. ciertas personas en particular

Paso 3. La palabra **mito** es un cognado, pero quizás no lo reconozcas como tal. Si no sabes el significado de esta palabra, ojea rápidamente la información que se presenta bajo Mito 1. Ahora, ¿cuál de las siguientes sería la mejor definición de la palabra **mito**?

a. Es sinónimo de **estereotipo** o **imagen**.
b. Es algo en que muchos creen, pero que no es verdad.
c. Significa **ejemplo** o **modelo**.

Paso 4. Busca los cinco mitos y subráyalos. No es necesario leer el artículo en este momento. Luego empareja cada mito con una de las afirmaciones a continuación.

a. _____ Me gusta escribir poesía. Mi película favorita es *The Way We Were*.
b. _____ Me pongo a dieta de vez en cuando para mantener el peso. No corro porque no me gusta. Juego al voleibol una vez a la semana con un grupo de amigos.
c. _____ Entre amigos o entre parejas, hay secretos que no se le cuentan al resto del mundo.
d. _____ No sé mucho de motores—no soy mecánico. Para mí, reparar un motor es cuestión de llamar a un mecánico.
e. _____ No recuerdo de un día para otro cómo se visten mis amigos. La única vez que alguien me llama la atención es cuando lleva la misma camisa por cinco días.

Paso 5. Al leer este artículo, ten en cuenta las estrategias que has practicado en esta lección. Trata de aplicarlas para entender mejor el artículo.

> leer con un propósito
> identificar la actitud u opinión del autor
> relacionar representaciones visuales con el texto
> vincular el sujeto con el verbo

Exploración

Paso 1. Lee el artículo sección por sección (mito por mito) recordando las estrategias que has aprendido en lecciones previas. Subraya las palabras o frases clave que explican por qué cada mito es un mito. Compara lo que has subrayado con lo que hizo otra persona.

Paso 2. Con otra persona, usa las palabras y/o frases que subrayaron en el Paso 1 para escribir cinco oraciones en que rechazan esos mitos. Ya has visto algunas oraciones modelo en el Paso 4 de Anticipación. El propósito aquí es crear oraciones usando tus propias palabras.

Paso 3. Compara tus oraciones del Paso 2 con las de tus compañeros de clase. ¿Está de acuerdo la clase con la definición de lo que es mito y de lo que es verdad?

Síntesis

Paso 1. Llena el siguiente cuadro. Deberías de ser capaz de hacerlo sin volver a leer el artículo, utilizando solamente los apuntes de **Anticipación** y **Exploración** y también lo que recuerdas de memoria.

EL MITO	LA VERDAD	LA EVIDENCIA

EL MITO	LA VERDAD	LA EVIDENCIA

Paso 2. Para entregar. Usando la información del cuadro, haz un resumen de la lectura. Titula el resumen «Los mitos y verdades del hombre». _____

_____

_____

_____

_____

_____

_____

_____

_____

_____

_____

_____

actividades

Actividad 1. Firma aquí, por favor

Paso 1. Busca entre tus compañeros de clase a los que estén de acuerdo con las afirmaciones a continuación. Asegúrate de hacerles una pregunta, según el modelo, y no le hagas dos preguntas seguidas a la misma persona. Cuando encuentres a alguien que esté de acuerdo con la afirmación, pídele que firme en el lugar apropiado.

MODELO: —¿Crees que un hombre debe cambiarse el color del pelo?
—No.
—Yo sí. Gracias. Voy a buscar a otra persona.

1. A mí me parece aceptable que   Firma: _____
   un hombre se cambie el color
   del pelo.

2. Opino que los hombres no   Firma: _____
   deben llevar aretes.

3. Creo que lo que lleva un   Firma: _____
   hombre refleja su
   masculinidad.

4. Pienso que la cantidad de   Firma: _____
   comida que una mujer come
   no tiene nada que ver con su
   feminidad.

5. En la primera cita,   Firma: _____
   normalmente no como mucho
   para no causar mala
   impresión.

6. Creo que los hombres no   Firma: _____
   piensan tanto en el
   matrimonio y la familia como
   lo dicen en las entrevistas.

7. Los hombres que conozco se   Firma: _____
   preocupan por su apariencia
   física tanto como las mujeres
   que conozco.

8. Opino que las mujeres son   Firma: _____
   víctimas de más estereotipos
   ofensivos que los hombres.

Paso 2. Averigua cuántos estudiantes en la clase están de acuerdo con cada afirmación en el Paso 1. Utiliza la información para llegar a una conclusión. ¿Cuál de las siguientes declaraciones capta los valores de la clase?

☐ En esta clase, somos más progresistas que tradicionales.
☐ Somos bastante tradicionales.
☐ No es posible categorizar esta clase porque hay gran variedad de opiniones.

Actividad 2. 5 mitos femeninos que *ellas* detestan

Paso 1. Trabajen en grupos de tres o cuatro personas, preferiblemente del mismo sexo. Cada grupo debe escribir cinco mitos femeninos que ellas detestan (a imitación de los cinco mitos masculinos).

MODELO: Mito 1. Las mujeres atletas no son muy femeninas.

Paso 2. Un voluntario de un grupo de hombres debe escribir sus cinco mitos en la pizarra. Lo mismo debe hacer una voluntaria de un grupo de mujeres. ¿Cuántos de los mitos de cada grupo son iguales?

Paso 3. Los otros grupos de hombres deben indicar en la pizarra el número de personas que mencionó cada mito que está en la pizarra.

Paso 4. Ahora, añadan a la lista que está en la pizarra todos los otros mitos que los hombres han escrito. Luego, indiquen el número de personas que mencionó estos otros mitos.

Paso 5. Los grupos de mujeres deben hacer los Pasos 3 y 4 también.

Paso 6. Llenen la siguiente tabla con los cinco mitos mencionados por el mayor número de personas en los dos grupos de ambos sexos. ¿Qué porcentaje de mujeres está de acuerdo con las opiniones de los hombres? (¿100%, 80%, 60%, etcétera?)

LOS CINCO MITOS FEMENINOS

SEGÚN LOS HOMBRES	SEGÚN LAS MUJERES

Paso 7. Optativo. Haz una encuesta entre tus amigos y amigas fuera de clase y trae los resultados a la clase. ¿Hay coincidencias en los resultados de los dos grupos?

Actividad 3. La masculinidad y la feminidad

Paso 1. Divídanse en grupos de tres o cuatro, escogiendo compañeros y compañeras que compartan las mismas opiniones hacia los estereotipos. Luego, el profesor (la profesora) le va a asignar a cada mitad de la clase uno de los siguientes cuadros. Escriban en el cuadro que les toque las características que Uds. asocian con la masculinidad y la feminidad o con lo que significa ser hombre y con lo que significa ser mujer.

CUADRO A. LA MASCULINIDAD Y LA FEMINIDAD

Pertenecer al sexo masculino es...	Pertenecer al sexo femenino es...
Pertenecer al sexo masculino no es...	Pertenecer al sexo femenino no es...

CUADRO B. SER HOMBRE Y SER MUJER

Ser hombre quiere decir que uno...	Ser mujer quiere decir que una...
Ser hombre quiere decir que uno no...	Ser mujer quiere decir que una no...

Paso 2. Cada grupo debe escribir sus características en la pizarra. ¿Cuáles son las diferencias y semejanzas entre las ideas de todos los grupos?

Paso 3. Comenten los siguientes temas refiriéndose a las características que están en la pizarra.

      la libertad individual   los estereotipos
      la sociedad en que vivimos   los mitos
      los prejuicios

Ideas para escribir una composición

En esta lección has leído varios textos sobre:

a. las opiniones de varias mujeres hispanas con respecto al hecho de que los hombres se embellecen.
b. el concepto masculino de la feminidad.
c. las actitudes varoniles hacia la vida.
d. un poema sobre lo que significa, como mujer, ser intelectual.
e. cinco mitos masculinos que ellos detestan.

También en esta lección,

a. has analizado las actitudes de la clase para determinar si son liberales o conservadoras.
b. has propuesto cinco mitos femeninos que ellas detestan y has comparado los que los hombres propusieron con los que las mujeres propusieron.
c. has identificado características de la masculinidad y la feminidad, comentándolas desde el punto de vista social.

Ahora, vas a escribir una composición basada en la información que obtuviste en las lecturas y las actividades. El propósito de la composición es escoger cinco mitos o estereotipos y comentarlos de acuerdo con tus propias experiencias. Si piensas en tu propia vida ¿qué mitos y estereotipos puedes decir que son falsos? Puedes utilizar el siguiente título, si quieres, o inventar uno.

      Los mitos y estereotipos, según mis experiencias

Paso 1. Primero, tienes que pensar en los mitos y estereotipos que te interesan. Escribe aquí los cinco mitos o estereotipos que vas a comentar en la composición.

1. _____

2. _____

3. _____

4. _____

5. _____

Paso 2. ¿Qué experiencias personales incluirás con relación a cada mito o estereotipo? Apunta algunas ideas aquí.

1. _____

2. _____

3. _____

4. _____

5. _____

Paso 3. Una vez que decidas qué experiencias vas a incluir, tienes que pensar en qué orden las vas a presentar. ¿Cuál de las siguientes sugerencias te parece buena para esta composición?

☐ presentar todos los mitos y estereotipos primero y después presentar las experiencias personales

☐ presentar primero todas las experiencias personales y luego los mitos y estereotipos

☐ presentar un mito o estereotipo seguido a continuación por las experiencias personales pertinentes al mito y luego presentar otro mito, y así sucesivamente

☐ presentar las experiencias personales seguidas por el mito o estereotipo pertinente a ellas y luego presentar otras experiencias con otro mito, y así sucesivamente

☐ ¿otra sugerencia? _____

Paso 4. El tono que el autor imprime a lo que escribe es un rasgo importante de cualquier escrito. El tono puede ser humorístico, sarcástico, de desaprobación, de burla, serio, neutral, etcétera. Compara el tono del artículo «5 mitos masculinos» con el de «El lugar que corresponde» y «Comer mucho, *cazar* poco». ¿Qué tono vas a adoptar en tu composición?

Paso 5. El párrafo introductorio es parte importante de cualquier composición. Como vas a relacionar tus experiencias personales con los mitos y estereotipos, sería bueno iniciar la composición dando alguna información sobre los mitos. Puedes expresar tu propia opinión en el párrafo introductorio. Al escribir, piensa en las siguientes preguntas.

¿Cómo se define **el mito o el estereotipo**?
¿De dónde vienen?
¿Cuál es la actitud de la sociedad hacia ellos?
¿Qué efectos tienen en la sociedad o en el individuo?

Paso 6. Escribe el borrador por lo menos dos días antes de entregarle la composición al profesor (a la profesora). Escribe aproximadamente unas 250 palabras. A continuación tienes una lista de palabras y frases útiles.

a diferencia de	*different from*
al contrario	*on the contrary*
en contraste con	*in contrast to*
no obstante	*nevertheless*
tan... como	*as . . . as*
tanto... como	*as . . . as*

Paso 7. Es necesario escribir una buena conclusión. Una posibilidad es sugerir cómo se pueden eliminar o por lo menos combatir los mitos y estereotipos.

Paso 8. Redacta el borrador, siguiendo los pasos indicados, un día antes de entregar la composición.

I. INFORMACIÓN
- □ el contenido
  ¿Es evidente que has leído las lecturas y has participado en las actividades?
- □ el tono
  ¿Qué palabras y frases utilizaste para dar el tono?
- □ el párrafo introductorio
  ¿Es el contenido del párrafo introductorio relevante al resto del contenido?
- □ organización de las ideas
  ¿Has puesto las ideas en el orden apropiado según el énfasis que les quieres dar?

II. LENGUAJE
- □ los verbos
  Pon una marca (✓) sobre cada verbo y un círculo alrededor del sujeto del verbo. ¿Es correcta la forma verbal? ¿Le será fácil al lector vincular el sujeto con el verbo?
- □ los artículos definidos (el, la, los, las)
  Pon un asterisco (*) sobre cada artículo definido. Mira el sustantivo que acompaña. ¿Es la forma correcta?

Paso 9. Haz los cambios necesarios. Pregúntale al profesor (a la profesora) si quiere que le entregues los borradores de la composición y si quiere que escribas la composición a máquina. Luego, entrégale la composición al profesor (a la profesora).

Paso 10. Optativo. Mira el esquema para evaluar las composiciones que está en el apéndice y evalúate a ti mismo/a. Si has seguido los Pasos 1 a 9, debes salir bien.

La familia

ejercicios

Varios

Estrategia: ¿Cuál es la relación entre el título y el texto?

Muchas veces, el título de un artículo o de una selección te puede dar información sobre su contenido. Es decir, si entiendes bien lo que dice el título, podrás anticipar algo del contenido de lo que vas a leer. Claro, algunos títulos realmente no te dan ninguna pista. ¿Cuál de estos dos títulos en la Lección 1 dice más acerca del contenido de la lectura?

«¿Por qué dan vueltas los perros antes de acostarse?»
«Enrique y sus lagartos»

Es evidente que, al leer el primer título, podrás deducir que lo que vas a leer es un artículo que se propone contestar la pregunta. La lectura contendrá una respuesta a la pregunta que plantea el título. En cambio, el segundo título realmente no te da datos sobre el contenido de la lectura. Al leerlo, no sabes si se trata de un artículo o de un cuento, si va a hablar de un hombre y sus mascotas o de un hombre que se dedica a la taxidermia o de otra cosa. En el caso de la segunda lectura, es necesario mirar las fotos con atención para tener una mejor idea del contenido del artículo.

En este ejercicio, vas a ver cómo se pueden usar los títulos para anticipar la información que contiene una lectura.

*__Paso 1.__ Lee los cuatro títulos que siguen y luego contesta las preguntas que van después.

    A. «Mis padres eran alcohólicos»

    B. «¿Es mamá y trabaja?»

    C. «Mi gran pesadilla: Visitar a sus padres»

    D. «Padres, hijos y amiguitos»

    1. ¿En qué lectura(s) esperas encontrar... ?

        a. _____ alguna historia personal

        b. _____ que el autor hable en primera persona

        c. _____ un enfoque en la situación actual de muchas mujeres

    2. ¿Qué título realmente no te da muchos detalles sobre el contenido de la lectura?

Después de revisar tus respuestas, piensa en las pistas que te guiaron para anticipar el contenido de las lecturas.

__Paso 2.__ Escribe tres cosas que esperas encontrar en los artículos que llevan los títulos que leíste en el Paso 1.

    A. «Mis padres eran alcohólicos»

        1.

        2.

        3.

    B. «¿Es mamá y trabaja?»

        1.

        2.

        3.

    C. «Mi gran pesadilla: Visitar a sus padres»

        1.

2.

3.

D. «Padres, hijos y amiguitos»

1.

2.

3.

*Paso 3. Lee los cuatro párrafos en las páginas 13–14 extraídos de las cuatro lecturas mencionadas en el Paso 1. Empareja cada párrafo con un título.

Paso 4. Para entregar. Indica si la información que anticipaste en el Paso 2 realmente apareció en los párrafos sacados de los artículos. Utiliza el siguiente modelo.

MODELO: Esperaba encontrar una historia personal en «Padres, hijos y amiguitos» pero el artículo no se trata de eso.

B

De padres a hijos: Pasión por los toros

Estrategia: ¿Qué significa esta palabra?

En la Lección 1, viste cómo se puede deducir el significado de una palabra por medio de varias pistas: porque se trata de un cognado, el contexto en que aparece y otras. A veces, una palabra forma parte de una expresión o un conjunto de palabras. En este caso, el objeto no es deducir lo que significa una sola palabra sino ver lo que significa una serie de palabras. Y muchas veces estas *frases* se usan en sentido figurado y no literal. En el artículo «De padre a hijos: Pasión por los toros», que aparece en la página 13, vas a ver cómo funciona esta idea.

Paso 1. Lee el artículo rápidamente para tener una idea general de lo que trata. Al terminar, busca y subraya las siguientes frases.

1. entrados en carnes
2. traje de luces

¿Qué quiere decir **entrados**? (¿Reconoces el verbo **entrar** en esta palabra?) ¿Qué quiere decir **carnes**? Ahora, ¿crees que la intención del autor del artículo es decir *entered in meats*? Haz un análisis parecido con la frase **traje de luces.** ¿Crees que la intención del autor es decir *lights suit*?

***Paso 2.** Vuelve a leer el contexto en que aparecen estas frases. Utilizando las preguntas a continuación, trata de deducir el significado de cada expresión. (Posiblemente te sea necesario leer más allá del contexto inmediato en que aparecen para poder contestar las preguntas a continuación.)

1. **entrados en carnes**
   a. Esta frase se utiliza como una descripción en la lectura. ¿A quién o a quiénes describe?
   b. ¿Cuántos años tienen?
   c. ¿Qué frase sigue a esa expresión en la lectura? ¿Comprendes lo que quiere decir?
   d. Ahora, trata de dar aquí una equivalencia de la frase en español.

   _____

2. **traje de luces**
   a. ¿Qué verbo es sinónimo de **meterse**? (A propósito, **lograron** es semejante a **pudieron.**)
   b. El autor usa el adjetivo **estrechísimo** y no **estrecho** ni **muy estrecho.** ¿En qué quiere poner énfasis al usar este adjetivo ☜➔

para describir el traje de luces? (Posiblemente ayude
visualizar a un torero.)

c. Ahora, trata de dar aquí una equivalencia de la frase en
español.

_____

*Paso 3. Para verificar tu comprensión. Lee el artículo otra vez y luego
contesta las siguientes preguntas.

1. ¿Cómo se llaman los dos padres y cuántos años tienen?
2. ¿Cómo se llaman los dos hijos y cuántos años tienen?
3. ¿A qué carrera (profesión) se han dedicado estos padres e hijos?
4. ¿Qué adjetivos se utilizan para describir los diferentes estilos de
don Paco y don Miguel? (Pista: ¿Qué significa la palabra
cuernos?)

 Paso 4. Para entregar. Repasa los Pasos 1 y 2. Luego, busca en el
artículo las siguientes frases y trata de escribir una equivalencia en
español. La equivalencia no tiene que ser palabra por palabra, sino que
debería tener el mismo sentido que la frase original.

salir al ruedo: _____

_____

_____

arrancaba el alarido del público: _____

_____

_____

ensartara: _____

_____

_____

C 🌀🌀🌀🌀🌀🌀🌀🌀🌀🌀🌀🌀🌀🌀🌀🌀🌀🌀

Las mentiras y los niños

Estrategia: ¿Puedes decirme de qué se trata ese artículo?

Cuando le hablas a alguien sobre lo que acabas de leer, usas tus propias
palabras para hacerlo. Es decir, no haces citas textuales ni memorizas
lo que dice el artículo para luego contarle a alguien lo que leíste. Algo
de esto ya lo has visto anteriormente en la Lección 1 cuando intentabas
expresar en tus propias palabras las ideas principales de algo que leíste.
Así, cuando le cuentas a otra persona lo que acabas de leer, sueles
hablar de las ideas principales, agregando detalles cuando y como sea
necesario y también resumes el contenido usando tus propias palabras.

Uno de los beneficios que obtienes al hacer esto es que *un resumen* te ayuda a comprimir la información y *portarla* en la cabeza. De esta manera la puedes relacionar con otra información, la puedes comparar con la información que contienen otros artículos, etcétera.

Paso 1. En un momento vas a leer el artículo «Las mentiras y los niños», que se encuentra en la página 14. Antes de leer, piensa en el título. ¿Qué esperas encontrar en este artículo? ¿Sabes el significado de **mentiras**?

*Paso 2. Ahora lee rápidamente el artículo. Recuerda que ya tienes ciertas estrategias para deducir el significado de muchas palabras; o pásalas por alto por el momento. Después de leer, mira la siguiente oración que resume el contenido del primer párrafo. Subraya las dos oraciones del primer párrafo en que se basa este resumen.

Tener un niño de 3 años que dice mentiras no significa que el mismo niño, 13 años más tarde, siga diciendo mentiras.

*Paso 3. En la Columna A aparecen fragmentos de algunas oraciones del primer párrafo de la lectura. En la Columna B, aparecen otras maneras de expresar las mismas ideas de la Columna A. Empareja las ideas equivalentes de cada columna. Para hacer esto, busca las frases originales en la lectura para ver en qué contexto aparecen.

COLUMNA A	COLUMNA B
1. comprueban	_____ a. causará problemas
2. Piensan sin duda	_____ b. creen
3. les dará grandes dolores de cabeza	_____ c. saben que es verdad
	_____ d. creen que existe
4. no distinguen	_____ e. no ven la diferencia
5. dan por hecho	entre

Ahora puedes hablar de la información del artículo usando palabras que ya conoces.

*Paso 4. Indica cuál de las siguientes oraciones resume mejor el contenido del segundo párrafo. Lee de nuevo el segundo párrafo si es necesario.

1. _____ El papel de los padres es insistir en que el niño diga la verdad todo el tiempo.

2. _____ Si quieres que tu niño diga la verdad, tú le debes decir la verdad a tu niño.

3. _____ Aunque mienta, hay que enseñarle al niño que las mentiras son feas.

*Paso 5. Para verificar tu comprensión. Contesta las siguientes preguntas.

1. En general, ¿creen los padres que es problema grave que los niños mientan?
2. ¿A qué edad pueden los niños empezar a distinguir entre la fantasía y la realidad?
3. La autora del artículo no cree que las mentiras de los niños sean un grave problema. Busca las dos oraciones (una en cada párrafo) en que se manifiesta este punto de vista.

Paso 6. Para entregar. Cada una de las siguientes oraciones sirve para aclarar la información que le precede. Busca estas oraciones en el texto. Luego, usando tus propias palabras, escribe la información que estas oraciones corroboran.

1. Sencillamente, dan por hecho...

_____

_____

_____

2. Esto es: conteste las preguntas del niño...

_____

_____

_____

D

Fragmento de *Historia de una escalera,* un drama por Antonio Buero Vallejo

Estrategia: ¿Qué ocurre en esta obra? ¿De qué se trata?

Al ver la representación de una obra en un teatro, se puede observar los gestos de los actores y sus acciones, escuchar el tono de voz que emplean, etcétera. Pero al *leer* una obra teatral, falta esta dimensión. Por eso, el lector tiene que depender de varios elementos de la obra que le ayudan a visualizar la obra puesta en escena, tal como el dramaturgo quería que la viera. Entre estos elementos están el diálogo, la descripción del escenario (llamada la escenografía) y las acotaciones, que son las notas para indicar las acciones de los personajes en la escena.

Más adelante vas a leer una escena del tercer acto de *Historia de una escalera,* una obra en tres actos escrita por el dramaturgo español Antonio Buero Vallejo (1916–   ). La obra se estrenó en Madrid en 1949 y es la historia de los conflictos de cuatro familias en tres épocas diferentes: 1919, 1929 y 1949. También trata de las ambiciones, tragedias y otros aspectos de la vida con los cuales casi todos podemos relacionarnos. La escena que vas a leer, como todas las escenas de la obra, tiene lugar en las escaleras de un edificio de apartamentos. Los Pasos que siguen te ayudarán a entender la escena sin que leas la obra entera.

*Paso 1. Ojea la primera parte del texto (I), en la página 15, y escribe aquí el nombre de los cuatro personajes.

1. _____   2. _____

3. _____   4. _____

*Paso 2. Estos cuatro personajes son miembros de una familia. Debajo de cada nombre que escribiste en el Paso 1, escribe si se trata de la madre, el padre o un hermano. Es decir, ¿cuál es el parentesco de estos personajes con el joven Fernando?

*Paso 3. En el primer acto de esta obra, el lector se entera de que el personaje llamado Fernando estuvo enamorado de alguien con quien no llegó a casarse. En lugar de eso se casó por dinero con otra mujer. La mujer con la que se casó se llama _____.

Lee el diálogo y busca el nombre de la persona sobre la cual están discutiendo. Esta persona es la hija de la mujer que Fernando amaba, con la que no se casó. Las dos tienen el mismo nombre; se llaman

_____.

*Paso 4. En una escena anterior se reveló que Fernando, hijo y Carmina, hija se habían estado viendo en secreto. En esa escena, Carmina le dice a Fernando que sus padres lo habían descubierto y que la habían amenazado y golpeado. Le prohibieron volver a verlo. Su conversación fue escuchada por otro personaje que está en la presente escena. ¿Quién crees que era? _____

*Paso 5. Quizás hayas notado que el diálogo se interrumpe con acotaciones entre paréntesis. Estas acotaciones contienen indicaciones de varios tipos: a) señalan cómo debe moverse o qué debe hacer un actor; b) indican cómo el actor debe declamar el texto; c) dan al lector detalles necesarios para interpretar o entender la obra; y d) incluyen indicaciones de los tres tipos anteriores. Señala tú qué tipo de indicaciones conllevan las dos oraciones a continuación.

_____   la primera acotación: (FERNANDO, *el padre, abre la puerta.*)

_____   la última acotación de la primera parte (*Que interviene con acritud.*) ☞→

Ahora revisa el diálogo y haz lo mismo con el resto de las acotaciones de la primera parte.

*Paso 6. Para verificar tu comprensión. Repasa los pasos previos y luego lee la escena entera desde el principio hasta el fin. Después (y para verificar tu comprensión de la trama de la escena), indica el orden (del 1 al 5) en que tienen lugar los siguientes hechos.

_____ Fernando, hijo confiesa que ha desobedecido a sus padres.

_____ Fernando, hijo y Carmina se hablan en secreto.

_____ Elvira llega a la puerta del apartamento.

_____ Manolín le dice a su papá que vio a Fernando con Carmina.

_____ Fernando, el padre, abre la puerta.

Ya que sabes cuáles son los hechos que ocurren en la escena, los puedes utilizar para hacer una narración o comentarlos usando tus propias palabras.

Paso 7. Para entregar. Busca el adjetivo (o los adjetivos) que mejor describa las diferentes relaciones entre los personajes: antagónicas, amorosas, etcétera. Luego escribe un párrafo para describir las relaciones entre los personajes y menciona los hechos de la obra que apoyan tu opinión. (¡OJO! No te olvides de unir tus oraciones con palabras como **mientras tanto, también, a diferencia de, en cambio,** etcétera para pasar de una idea a otra.)

RELACIONES: Manolín y Fernando, hijo
Elvira y Fernando, hijo
Fernando, padre y Fernando, hijo

Es evidente que las relaciones entre Manolín y Fernando, hijo

son _____ porque en la obra _____

_____

Mientras tanto, entre Elvira y Fernando...

_____
_____
_____
_____
_____
_____
_____
_____
_____

Paso 8. Optativo. Lee el resto de la escena (II). Al final, ¿llegan Fernando, padre y Elvira a comprender el punto de vista de su hijo? Explica tu respuesta.

_____

_____

_____

_____

_____

_____

_____

_____

_____

_____

LECTURA

¿Qué significa, para ti, tu padre?

Anticipación

Paso 1. Lee el título y el subtítulo de este artículo (página 15). ¿Tienes alguna idea de qué trata?

☐ Unos padres hablan de cómo es su vida como padres.
☐ Unos hijos hablan de lo que piensan de sus padres.
☐ ¿Otra idea? _____

Paso 2. Ahora, indica a quién se dirige este artículo leyendo nada más que el párrafo introductorio (en letras cursivas). ¡OJO! ¿Entiendes lo que dice la última oración del párrafo? El pronombre **usted** es una pista importante. _____

Este artículo se dirige a

☐ los jóvenes adolescentes
☐ las madres
☐ los padres
☐ los psicólogos

Paso 3. El artículo está organizado de una manera especial: el autor usa cuatro preguntas para crear secciones. Escribe las preguntas en el cuadro que aparece a continuación. Luego, contesta cada una hablando de tu propio padre. Puedes dar tu respuesta a cada pregunta con sólo una oración. (Si no tienes padre o no quieres referirte al tuyo, contesta pensando en lo que un amigo o una amiga contestaría sobre el suyo.)

PREGUNTA	MI RESPUESTA PERSONAL
1.	
2.	
3.	
4.	

Guarda esta información para más tarde.

Paso 4. A continuación hay una lista de las estrategias que has practicado en esta lección. Todas te servirán para captar las ideas contenidas en el artículo.

> utilizar el título para anticipar el contenido
> deducir el significado de una frase (un conjunto de palabras)
> resumir el contenido usando tus propias palabras
> entender el porqué de las acciones de un drama

Exploración

Paso 1. Lee la sección sobre la pregunta «¿Qué significa... ?». Trabajando en pares o en grupos, hagan una lista de los cinco papeles que tienen los padres mencionados en la sección. El segundo es un modelo. Mientras leen, subrayen las palabras u oraciones que les ayudarán a recordar lo que dice cada persona.

1. _____
2. ofrecer apoyo emocional y moral
3. _____
4. _____
5. _____

Paso 2. Trabajando en los mismos grupos que formaron en el Paso 1, lean la sección «¿Cuáles serían los tres defectos… ?» A continuación aparecen, divididos en tres grupos, todos los defectos mencionados. Usando sus propias palabras, den ejemplos específicos de cómo se manifiesta cada *defecto*.

1. la incomprensión

2. el papel económico

3. la falta de comunicación

Paso 3. Lee las dos últimas secciones del artículo. Trata de extraer las ideas básicas que propone cada persona, resúmelas en una oración y escríbelas en el cuadro que aparece a continuación. (¡IMPORTANTE! No es necesario que te fijes en los detalles. No copies las palabras del texto sino escribe las ideas usando tus propias palabras.)

PERSONA	IDEA EXPRESADA
Gerardo	
Melanie	
César	
Ángeles	
Maité	
Rocío	

Paso 4. Lee todo el artículo desde el principio hasta el fin. ¿Cuál de los

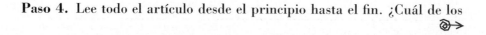

jóvenes latinos tiene ideas semejantes a las que expresaste tú en el Paso 3 de Anticipación? _____

Síntesis

Paso 1. En las secciones «¿Qué significa para ti tu padre?» y «¿Cómo podría ser el papá ideal?» los jóvenes dan la versión idealizada de cómo quisieran que fueran sus padres. En las otras secciones, «¿Cuáles serían los tres defectos… ?» y «¿Si pudieras cambiar algo en tu papá qué cambiarías?», expresan lo que realmente son sus padres. Utiliza los datos que tienes en Exploración para llenar el siguiente cuadro.

LO IDEAL	LO REAL

Paso 2. Para entregar. Utiliza el cuadro para escribir una breve composición de dos párrafos sobre las dificultades de ser padre. Compara los papeles idealizados con la realidad. Puedes usar el título «¿Qué significa ser padre?», si quieres.

_____

_____

_____

_____

_____

_____

_____

_____

_____

_____

actividades

Actividad 1. ¿Qué significa, para ti, ... ?

Paso 1. No sólo el padre sino también la madre desempeña varios papeles en la vida de los hijos. En grupos de tres, preparen una lista de por lo menos tres papeles que desempeñan las madres.

1. _____
2. _____
3. _____

Paso 2. Cada grupo debe escribir su lista en la pizarra. Luego, entre todos, comparen y evalúen las listas, usando estas preguntas como guía.

1. ¿Cuáles son los papeles que se mencionaron más?
2. ¿Cuáles son los papeles tradicionales y cuáles son los que impone la sociedad contemporánea?

Paso 3. Comparen los papeles de la madre con los identificados por los jóvenes adolescentes de la lectura «¿Qué significa, para ti, tu padre?». ¿En qué se parecen y en qué se diferencian los papeles de las madres de los de los padres?

Actividad 2. Otros asuntos

Paso 1. A continuación aparecen cuatro preguntas que se han tomado de los temas explorados en las lecturas de esta lección. Lee las preguntas y luego escoge el tema que te interese más.

¿Qué problemas tiene que confrontar la madre que trabaja fuera de casa?

¿En qué sentido es una pesadilla visitar a los padres de tu pareja?

¿Siempre te dicen la verdad tus padres?

¿Esperan tus padres que sigas la carrera de uno de ellos?

Paso 2. Busca en la clase a tus compañeros que han escogido el mismo tema. Divídanse en grupos de tres o cuatro. Luego, comenten y contesten la pregunta. Cada persona debe contribuir por lo menos con una idea. Cada miembro del grupo debe tomar apuntes para utilizarlos en el Paso 3.

Paso 3. Ahora, deben formar nuevos grupos de cuatro. Esta vez, todos los miembros de este grupo deben haber trabajado en preguntas distintas.

Paso 4. Compartan entre Uds. lo que hablaron en el Paso 2. De las cuatro preguntas, ¿cuál presenta los problemas más graves? ¿Están de acuerdo los otros grupos con la opinión de su grupo?

Paso 5. Optativo. ¿Cuáles son los problemas más graves que tienen que superar Fernando, hijo y Carmina, hija, de *Historia de una escalera*?

Actividad 3. ¿Tienes *química* con tus padres?

Paso 1. Contesta cada una de las siguientes ocho preguntas. Señala con un círculo la letra de la respuesta que mejor describa tu reacción.

1. Un amigo de la familia te dice que, cada día que pasa, te pareces más a tu papá/mamá.
   a. El comentario te molesta mucho.
   b. Le das las gracias por el comentario.
   c. Le comentas que, en tú opinión, te pareces más a otro pariente.

2. El día de tu cumpleaños, tus padres te regalan un suéter de un color espantoso.
   a. No te lo pones nunca.
   b. Les das las gracias pero les preguntas si puedes cambiarlo por otro.
   c. Nunca les dices a tus padres que no te gusta el suéter y te lo pones solamente cuando sales con ellos.

3. En una reunión de familia, tus padres aprovechan cada oportunidad para hablar de tus notas (sean buenas o malas).
   a. Tienes vergüenza y se lo dices a tus padres.
   b. No les dices nada. Es mejor dejarles hablar.
   c. Sales de la casa para evitar una discusión.

4. Te vas con un amigo (una amiga) a pasar un fin de semana en su casa de playa. Antes de salir, tus padres te piden que los llames por teléfono cuando llegues.
   a. Eso te irrita. Los acusas de no tener confianza en ti.
   b. Les dices que crees que es una molestia, pero los vas a llamar.
   c. Les dices que sí y los llamas en cuanto llegas.

5. ¿Sabes cómo, dónde y cuándo se conocieron tus padres?
   a. Sí, pero no recuerdas los detalles.
   b. No, y nunca se lo has preguntado.
   c. Sí, y sabes hasta el color de la ropa que llevaban y el tiempo que hacía.

6. Tu mamá quiere presentarte al hijo (a la hija) de unos amigos. ¿Aceptas tú?
   a. ¡Nooooo! El gusto de tu mamá es muy distinto del tuyo.
   b. Es posible. La noche puede resultar o desastrosa o divina. Nunca se sabe.
   c. Sí. Ella está mucho más tranquila cuando sales con gente conocida.

7. Las fotografías de tus padres...
   a. pues, no tienes ninguna.
   b. están en un rincón de tu cuarto (poco visibles).
   c. se las enseñas a tus amigos.
8. Las vacaciones con tu familia son
   a. in–ter–mi–na–bles.
   b. soportables pero siempre buscas la oportunidad de estar solo/a.
   c. divertidísimas.

Paso 2. Suma tus puntos según la letra que escogiste en cada caso.

1. a. 0   b. 2   c. 1
2. a. 0   b. 1   c. 2
3. a. 1   b. 2   c. 0
4. a. 0   b. 1   c. 2
5. a. 1   b. 0   c. 2
6. a. 0   b. 1   c. 2
7. a. 0   b. 1   c. 2
8. a. 0   b. 1   c. 2

Paso 3. ¿Tienes *química* con tus padres? ¿Qué revela tu puntuación?

16–11   ¡Felicidades! Te llevas bien con tus padres. Disfrutas de su compañía. Congenias con ellos.

10–6   Quieres a tus padres... pero te cuesta convivir con ellos. Cambia un poco para estar en armonía con ellos.

5–0   ¡Qué desastre! ¡Definitivamente no te llevas bien con tus padres! ¿Piensas que ellos siempre tienen la culpa? ¿Tratas de convivir con ellos? Debes descubrir la raíz del conflicto.

Paso 4. Haz una encuesta en la clase para ver cuántas personas se colocan en cada categoría. Usa el siguiente cuadro para hacerlo.

	HOMBRES	MUJERES
los que tienen *química* con sus padres		
los que necesitan cambiar un poco		
los que tienen relaciones desastrosas con sus padres		

Paso 5. En conclusión. ¿Cuál de las siguientes afirmaciones se puede hacer acerca de tu clase? ☞→

a. Los hombres se llevan mejor con sus padres que las mujeres.
b. Las mujeres se llevan mejor con sus padres que los hombres.
c. Los hombres y las mujeres se llevan igualmente (bien o mal) con sus padres.
d. Ni los hombres ni las mujeres se llevan bien con sus padres.

e. ¿Otra idea? _____

Paso 6. Optativo. ¿En qué categoría estaría Fernando, hijo, el personaje de *Historia de una escalera*? ¿Hay alguien en la clase que tenga algo en común con él?

Ideas para escribir una composición

En esta lección has leído varios textos:

a. con el fin de relacionar el título con el contenido del texto.
b. sobre lo que deben hacer los padres cuando los niños mienten.
c. sobre dos generaciones de toreros.
d. sobre las escenas de un drama sobre las relaciones complejas entre dos generaciones de dos familias españolas.
e. sobre los papeles y los defectos de los padres según un grupo de jóvenes mexicanos.

También en esta lección:

a. has identificado y evaluado los papeles de la madre y también los has comparado con los del padre.
b. has comentado cuatro problemas que afectan a diferentes miembros de la clase.
c. has evaluado tus relaciones con tus padres y has comparado sus relaciones con las de los demás.

Ahora, vas a escribir una composición basada en la información que obtuviste en las lecturas y las actividades. El propósito de la composición es analizar las relaciones que tienes con una persona que es importante en tu vida. La importancia que tiene puede deberse a la influencia positiva que ejerce en tu vida o, al contrario, a lo negativo de la influencia.

Paso 1. Escribe el nombre de una persona importante en tu vida e indica el tipo de las relaciones que hay entre Uds.

nombre: _____

tipo de relaciones: _____   ☙→

Describe con una oración la importancia que tiene esta persona en tu vida. Vas a utilizar este dato en el párrafo introductorio de tu composición.

_____

_____

Paso 2. ¿Qué significa para ti esta persona? Es decir, ¿qué papeles desempeña en tu vida?

a. _____

b. _____

c. _____

d. _____

Paso 3. ¿Qué cualidades o defectos ves en esta persona? Da tres ejemplos específicos.

a. _____

_____

b. _____

_____

c. _____

_____

Paso 4. Compara el efecto que tienen los siguientes títulos

«El papel de mi padre en mi vida»
«¡Cómo detesto a mi papá!»

El título de una composición tiene varias funciones; entre ellas están

a. sugerir el enfoque u objetivo de la composición
b. captar la atención del lector
c. reflejar el tono de la presentación

Escribe aquí un título para cada función. El título te puede ayudar a tomar otras determinaciones.

a. _____

b. _____

c. _____

Paso 5. Una vez que determines qué información vas a incluir, tienes que pensar en cómo vas a organizarla. ¿Cuál de las siguientes sugerencias te parece buena para hacer esta composición?

☐ presentar los papeles y luego las características
☐ presentar las características y luego los papeles

☐ presentar un papel y la(s) característica(s) relacionada(s) con él

☐ presentar alternativamente cada característica con el papel relacionado con ella

☐ ¿otra sugerencia? _____

Paso 6. Escribe el borrador por lo menos dos días antes de entregarle la composición al profesor (a la profesora). Escribe aproximadamente unas 250 palabras. A continuación tienes una lista de palabras y frases útiles.

ejemplifica	*exemplifies*
quiere decir	*means*
se caracteriza por	*is characterized by*
se parece a	*he/she/it looks like, is like, resembles*
significa	*means*

Paso 7. Piensa en la conclusión. Aquí tienes unas sugerencias para concluir la composición. ¿Cuál te parece más apropiada para tu composición?

resumir los aspectos principales (papeles y características)

recomendar una acción

reiterar y enfatizar las ideas expuestas en el párrafo introductorio

comentar sobre las implicaciones de las relaciones que tienes con esa persona

Paso 8. Redacta el borrador, siguiendo los pasos indicados, un día antes de entregar la composición.

I. INFORMACIÓN

☐ el contenido

¿Son suficientes los ejemplos? ¿Demuestran o apoyan lo que quieres decir?

☐ el título

¿Qué función tiene? ¿Es adecuado?

☐ la conclusión

¿Qué función tiene? ¿Te gusta la impresión que da?

☐ organización de las ideas

¿Has puesto las ideas en el orden apropiado según el énfasis que les quieres dar?

II. LENGUAJE

☐ los verbos

Pon una marca (✓) sobre cada verbo. ¿Le será fácil al lector vincular el sujeto con el verbo? ¿Debe llevar el verbo un acento escrito?

☐ los sujetos

Pon un asterisco (*) sobre los sujetos de los verbos. ¿Has repetido el sujeto innecesariamente?

Paso 9. Haz los cambios necesarios. Pregúntale al profesor (a la profesora) si quiere que le entregues los borradores de la composición y si quiere que escribas la composición a máquina. Luego, entrégale la composición al profesor (a la profesora).

Paso 10. Optativo. Mira el esquema para evaluar las composiciones que está en el apéndice y evalúate a ti mismo/a. Si has seguido los Pasos 1 a 9, debes salir bien.

La comida

ejercicios

A

Algas marinas: Un nuevo alimento gourmet se cultiva en granjas especiales...

Estrategia: ¿Qué haces cuando se trata de un artículo largo? ¿Cómo puedes averiguar y retener información sobre varios temas de la manera más eficiente?

Si divides un artículo largo en secciones, de acuerdo con el tema que se trate en cada una de ellas, puedes controlar más fácilmente la cantidad de información con que quieres trabajar por cada momento. También, si resumes cada sección después de leerla, podrás retener los datos más importantes mientras lees la sección siguiente. Ya has leído un artículo sección por sección, «Cinco mitos que ellos detestan», pero ahora vas a practicar esto como estrategia principal.

«Algas marinas: Un nuevo alimento gourmet se cultiva en granjas especiales... » (página 21) es un artículo un poco largo pero bastante fácil de leer. Este artículo trata una serie de temas relacionados con un negocio emprendido por dos biólogos marinos británicos. Aunque el artículo es fácil de leer, es difícil recordar todos los datos leyéndolo de una sola vez desde el principio hasta el final. Por eso, es conveniente hacer pausas y un breve resumen de cada tema porque esto te ayudará a hacer inventario de lo que ya sabes.

Parte II

*Paso 1. Antes de aplicar la estrategia, es importante averiguar si entiendes lo que dice el título. Escoge la categoría correcta para cada palabra.

1. alga
   a. animal   b. planta   c. mineral
2. granja
   a. persona   b. lugar   c. cosa

*Paso 2. Después de la sección introductoria, este artículo examina tres temas relacionados con las granjas de algas marinas, lugares donde se cultivan las algas. Por eso, se puede dividir el artículo en tres secciones correspondientes a los tres temas.

   I. El cultivo y procesamiento de las algas marinas
   II. El valor nutritivo y económico de las algas
   III. La comercialización de las algas

Lee el artículo rápidamente para saber dónde se encuentra cada tema. Luego, busca la parte donde el autor empieza a desarrollar el tema y escribe el nombre de la sección al lado del párrafo.

*Paso 3. Vuelve al principio del artículo y lee la sección introductoria poniendo más atención a los detalles. ¿Cuál de las siguientes oraciones resume mejor la introducción?

   a. En Inglaterra, dos científicos llevan ya casi una década investigando el cultivo de algas marinas y ahora llevan ventaja en la explotación del cultivo de esta planta como alimento.
   b. Gracias a dos investigadores británicos, hay una revolución en los restaurantes europeos ya que las algas marinas son el plato más popular.
   c. Dos científicos británicos han desarrollado la primera y única granja comercial de algas marinas causando gran furor en todo el continente europeo e inclusive en el Oriente.

Paso 4. Ahora, lee el artículo entero, sección por sección. Después de leer cada sección, escribe dos o tres oraciones que resuman el contenido. Es importante hacer este resumen antes de pasar a la próxima sección. (¡OJO! No te olvides de usar otras estrategias, como, por ejemplo, mirar las fotos y leer lo que hay al pie de éstas, deducir el significado de palabras por el contexto, etcétera.)

   I. El cultivo y procesamiento de las algas marinas

   _____
   _____
   _____
   _____
   _____

II. El valor nutritivo y económico de las algas

_____

_____

_____

_____

III. La comercialización de las algas

_____

_____

_____

_____

*__Paso 5.__ Para verificar tu comprensión. Repasa los pasos ya hechos y luego lee de nuevo el artículo entero. Si puedes contestar las siguientes preguntas sin referirte al texto, ya has comprendido lo suficiente.

1. ¿Qué han hecho los dos científicos?
2. ¿Dónde se cultivan las algas?
3. ¿Cuáles son los pasos en el procesamiento de las algas?
4. ¿Por qué dicen que las algas se encuentran entre los vegetales más ricos del mundo en elementos nutritivos?
5. ¿Cuánto dinero esperan ganar los británicos con su cosecha de algas?
6. ¿En qué comidas van los tres tipos de algas producidas en la granja británica?

◈ __Paso 6.__ Para entregar. Utiliza las frases que escribiste en el Paso 4 para hacer un resumen del artículo entero. ¡OJO! Hay que crear un párrafo coherente y no simplemente una serie de oraciones desconectadas.

_____

_____

_____

_____

_____

_____

_____

_____

_____

_____

B

Alimentos *biológicos*

Estrategia: ¿Están siempre claros los conceptos que expone un autor? ¿Cómo puedes definir tú un concepto que el autor mismo no define?

Frecuentemente el autor no define explícitamente un concepto sino que da ejemplos o detalles—y a veces ambos—relacionados con ese concepto. Con todos estos datos, tú mismo/a puedes formular una definición del concepto que el autor no proporciona.

En «Alimentos *biológicos*», en la página 21, el autor habla sobre «la agricultura *biológica*» pero no ofrece una definición específica de lo que es o en qué consiste. A lo largo del artículo se definen términos relacionados con este tipo de agricultura y también se dan ejemplos específicos de la misma. A partir de estos términos y ejemplos, puedes formular una definición de lo que es «la agricultura *biológica*».

Paso 1. Aquí están las definiciones de algunas palabras y frases que aparecen en el artículo. Búscalas en el texto y subráyalas. Utiliza el contexto y las siguientes definiciones para entender su significado.

> el auge = el punto culminante, de mayor intensidad
> venderse como rosquillas = venderse mucho
> estar en boga = estar de moda, conforme al gusto del momento
> el cultivo = el alimento
> rechazar = no aceptar
> la andadura = se refiere a todo aquello involucrado en la
>   agricultura biológica

*Paso 2. Lee ahora todo el artículo. De las siguientes palabras, ¿cuáles representan ideas aceptadas (A) por y cuáles representan ideas rechazadas (R) por la agricultura biológica?

_____ natural	_____ artificial	_____ saludable
_____ las químicas	_____ los fertilizantes	_____ los conservantes
_____ ecológico	_____ el medio ambiente	_____ los aditivos
_____ la nutrición	_____ el procesamiento	_____ los nutritivos intactos
_____ las pesticidas	_____ los medicamentos	_____ los alimentos gourmet

*Paso 3. En los tres últimos párrafos del artículo se dan tres ejemplos de productos biológicos. ¿Cuáles son?

    1. _____   2. _____   3. _____

***Paso 4.** Para verificar tu comprensión. Repasa los pasos ya hechos y luego lee de nuevo todo el artículo. Si puedes contestar las siguientes preguntas sin referirte al texto, ya has comprendido lo suficiente.

1. ¿Qué es un alimento biológico?
2. ¿Qué alimentos biológicos se menciona que hay en España?
3. ¿Por qué está adquiriendo la agricultura biológica un auge notable?

Paso 5. Para entregar. Se puede encontrar en el artículo una definición de lo que es un cultivo biológico y ejemplos de algunos alimentos biológicos, pero no se encuentra una definición de lo que es **la agricultura biológica.** Escribe tu propia definición de esta frase utilizando las palabras del Paso 2 (y otras que quieras) y los ejemplos del **Paso 3.**

_____
_____
_____
_____
_____

C

Alimentos irradiados: Frescos por muchos años

Estrategia: ¿En torno a qué preguntas se presenta la información en un artículo? ¿Cómo pueden servirte de guía en tu lectura estas preguntas?

Las cinco preguntas básicas del periodismo son: **¿quién?, ¿qué?, ¿cuándo?, ¿dónde?** y **¿por qué?** Éstas son las preguntas que los escritores usan como guía para su redacción. Tú también puedes usar estas preguntas y otras (**¿cómo?,** por ejemplo) para guiar tu lectura. Si comienzas por buscar la respuesta a estas preguntas básicas, te será más fácil entender lo que dice el artículo cuando lo leas desde el principio hasta el fin.

En la página 24 está el artículo «Alimentos irradiados: Frescos por muchos años». Es un breve artículo que trata del uso de la irradiación como método para conservar la comida. No vas a dividir este artículo en varios temas y secciones como lo hiciste con «Algas marinas... ». Tratándose de este texto, te será más útil responder a las preguntas básicas del periodismo. Este procedimiento de responder a algunas de estas preguntas básicas sobre el artículo te permitirá prestar atención a otros hechos y características del texto cuando leas el artículo entero.

*Paso 1. Las siguientes palabras te ayudarán a comprender mejor la lectura. Las palabras de la columna A se encuentran en el primer párrafo de la lectura. Lee el contexto en que se usan. Luego, empareja la palabra de la columna A con su significado en la columna B.

A	B
1. _____ la ciruela	a. el refrigerador
2. _____ la nevera	b. con frecuencia
3. _____ a menudo	c. una fruta

Paso 2. Lee el artículo rápidamente. Al leer, busca las respuestas a las siguientes preguntas. Al llenar la tabla, tendrás la información más básica sobre el tema de los alimentos irradiados.

¿Qué?	la irradiación de alimentos _____
	_____
¿Por qué?	_____
	_____
¿Dónde?	_____
	_____
¿Quién?	_____
	_____
¿Cómo?	_____
	_____

*Paso 3. Ya que tienes la información básica, vuelve al principio del artículo y lee el artículo entero pero con más atención. Asegúrate de que la información en la tabla es correcta. Corrige los errores.

*Paso 4. Para verificar tu comprensión. Repasa los pasos ya hechos y luego lee de nuevo todo el artículo. Si puedes contestar las siguientes preguntas sin referirte al texto, ya has comprendido lo suficiente.

1. ¿Qué problema solucionaría la irradiación de alimentos?
2. ¿En qué sentido limpia la comida la irradiación?
3. ¿En qué forma es beneficioso para el medio ambiente el uso de la irradiación?
4. ¿Por cuántos años se puede conservar el pollo irradiado?
5. ¿Qué productos alimenticios se permite irradiar en España? ¿Se irradian los productos en España o son importados así?

Paso 5. Para entregar. Contesta las siguientes preguntas que tienen que ver con otros aspectos del artículo además de la información básica.

1. Este artículo empieza con una narración en primera persona. Indica por lo menos tres aspectos de la lengua española que indican que es una narración en primera persona.

    a. _____

    b. _____

    c. _____

2. Este artículo cambia de una narración en primera persona a una exposición en tercera persona. ¿Dónde ocurre el cambio?
    a. entre el primero y el segundo párrafo
    b. entre el segundo y el tercer párrafo
    c. entre el tercero y el cuarto párrafo

3. El título es «Alimentos irradiados: Frescos por muchos años».

    ¿Cuántos años son **muchos**? _____

    _____

4. Escribe una definición de lo que es un *alimento irradiado*.

    _____

    _____

D

Fragmento de *Ciudades desiertas,* una novela por José Agustín

Estrategia: ¿Cómo puedes distinguir entre la voz narrativa y el diálogo entre los personajes?

En muchas novelas y cuentos, además de la narración, los personajes dialogan. Normalmente el diálogo se aisla de la narración, como en el siguiente ejemplo sacado de «La siesta del martes» del escritor Gabriel García Márquez. ¿Puedes distinguir entre el diálogo de los personajes y la narración además de identificar a los personajes?

> La mujer dejó de comer.
> —Ponte los zapatos—dijo.
> La niña miró hacia el exterior. No vio nada más que la llanura desierta por donde el tren empezaba a correr de nuevo, pero metió en la bolsa el último pedazo de galleta y se puso rápidamente los zapatos. La mujer le dio la peineta.
> —Péinate—dijo.
> El tren empezó a pitar mientras la niña se peinaba...

El diálogo se indica con —. Además, cuando la mujer le habla *a* la niña, usa formas verbales en **tú**. Ya que la narración, en cambio, describe a los personajes, se usan en ella formas verbales en tercera persona.

Ciudades desiertas es una novela escrita por José Agustín (1945–   ), un escritor mexicano, y publicada en 1990 en México, D.F. En la novela Agustín no separa el diálogo de la narración. Esto de separar la narración del diálogo es trabajo del lector. La trama de esta novela tiene lugar en Arcadia, un pequeño pueblo universitario en el medioeste de EE.UU. El fragmento que vas a leer tiene que ver con una conversación que algunos amigos de varios países tienen en un bar. En la escena, Eligio, un actor mexicano, critica la esterilidad de la cultura estadounidense, dando como ejemplo las diferencias entre la comida mexicana y la de EE.UU.

Paso 1. La selección se encuentra en la página 25 y, como lo verás, la prosa es continua—el autor no separa el diálogo de la narración. Para facilitar la lectura, lo primero que debes hacer es distinguir entre los dos. Inventa un sistema para marcar la división entre el diálogo y la narración y aplícaselo al texto. Por ejemplo:

> usar comillas (« ») para señalar diálogo
> usar corchetes ([ ]) para señalar la narración
> subrayar el diálogo
> fotocopiar la selección y luego recortar y montar el diálogo y la
>   narración

¡OJO! Toma en cuenta que no sólo quieres distinguir entre el diálogo y la narración sino también entre quién habla y lo que dice.

Es buena idea buscar primero las formas verbales en **tú**. Como los personajes son todos amigos, van a utilizar las formas informales. El narrador va a hablar *sobre* los personajes y por eso va a utilizar formas en tercera persona. Viste esto en el ejemplo de la novela de García Márquez.

*__Paso 2.__ Ahora que ya puedes distinguir entre la narración y el diálogo te va a ser más fácil analizar el texto y entender lo que critica Eligio. Entre las líneas 52 y 99, Eligio menciona varias comidas mexicanas. Escribe esos nombres aquí. Luego, indica con un asterisco (*) las comidas que describe en forma más o menos detallada.

a. _____   g. _____

b. _____   h. _____

c. _____   i. _____

d. _____   j. _____

e. _____   k. _____

f. _____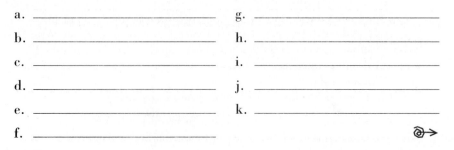

Indica que comprendes lo que son las comidas que Eligio menciona en detalle, usando tus propias palabras para describirlas.

_____

_____

_____

_____

_____

***Paso 3.** Entre las líneas 104 y 120 Eligio critica la comida de EE.UU. y también critica la actitud de los estadounidenses hacia lo extranjero. ¿Cuáles son las comidas que menciona?

a. _____ c. _____

b. _____ d. _____

Paso 4. Ahora tienes los datos suficientes para entender bien toda la selección. Repasa la división entre la narración y el diálogo y luego lee el texto completo, del principio hasta el final.

***Paso 5.** Para verificar tu comprensión. Después de haber hecho los Pasos 1 a 3 y leído el texto completo, debes poder contestar las siguientes preguntas sobre su contenido. Si no recuerdas los detalles, lee el texto de nuevo.

1. ¿Dónde están? ¿En qué país? ¿En qué lugar específicamente?
2. En general, ¿de qué temas hablan?
3. ¿Qué efecto busca Eligio al describir detalladamente las tres comidas mexicanas?
4. ¿Consigue Eligio lo que se proponía?

Paso 6. Para entregar. ¿Tiene razón Eligio? Contesta las siguientes preguntas y a la vez comenta tus respuestas.

1. ¿Te suena horrible lo de la comida mexicana? ¿Por qué sí o por qué no?

_____

_____

_____

_____

2. ¿Piensas que EE.UU. son el ombligo del mundo? ¿Por qué sí o por qué no?

_____

_____

_____

_____

111

3. ¿Cuánto sabes de lo que pasa fuera de EE.UU., es decir, con relación a la política internacional? ¿Cómo lo sabes?

_____

_____

_____

_____

4. ¿Tiene razón Eligio? ¿Por qué sí o por qué no?

_____

_____

_____

_____

LECTURA

¡Científicos israelíes consideran que los camellos pueden ser una solución a las hambrunas del desierto!

Anticipación

Paso 1. Lee el título. Sabes lo que significa la palabra **hambre.** La palabra **hambrunas** es derivada de **hambre.** Nota que las hambrunas necesitan solucionarse; es decir, son problemáticas. ¿Qué significa **hambrunas?**

Escribe aquí el significado: _____.

Paso 2. Según el título, los camellos pueden ser una solución a las hambrunas del desierto. ¿Qué sabes de los camellos? Trabajando con un compañero o una compañera de clase, indiquen si las siguientes oraciones son verdaderas, falsas o si no saben.

CIERTO	FALSO	NO SABEMOS	
☐	☐	☐	1. Los camellos pueden vivir por mucho tiempo sin beber agua porque guardan agua en sus gibas. (¡OJO! Los camellos tienen dos gibas.)
☐	☐	☐	2. El camello es muy grande y fuerte, y puede llevar cargas pesadas, como los burros.
☐	☐	☐	3. La hembra del camello es la camella. Produce leche de muy buena calidad: rica en proteínas y vitaminas.

☐ ☐ ☐ 4. Los camellos realmente no necesitan beber mucha agua.

☐ ☐ ☐ 5. Se puede encontrar muchos camellos en Israel.

Paso 3. Ahora, lee de nuevo el título. Lee además los subtítulos, ve las fotos y lee lo que dice al pie. Después, completa la siguiente oración.

La solución que ofrecen los camellos es _____

_____ .

Por medio de la siguiente escala, indica tu reacción a la solución que ofrecen los camellos.

				¡QUÉ SOLUCIÓN MÁS LÓGICA!
¡QUÉ RARO!				ESO YA LO HABÍA
¡NO ME LO CREO!		ES INTERESANTE		PENSADO YO.
1	2	3	4	5

Compara tu reacción con la del resto de la clase. ¿Cuál fue la reacción de la mayoría? Escribe el número. _____

Paso 4. En esta lección has practicado varias estrategias que puedes aplicar a la lectura de este artículo.

dividir en secciones un artículo y hacer un resumen de cada
    sección para facilitar su comprensión
aclarar conceptos y definirlos
guiar la lectura por medio de las preguntas básicas del periodismo

También practicaste la estrategia de hacer la distinción entre la narración y el diálogo.

⊚ Exploración

Paso 1. Este artículo es bastante largo, pero ya tienes varias estrategias que te servirán para leer los artículos largos y retener la información que contienen.

leer sección por sección (o párrafo por párrafo, si es necesario)
subrayar palabras o frases clave, o ambas
escribir oraciones que resumen la información
apuntar las ideas principales

Antes de empezar a leer, divide el artículo en secciones usando la lógica. (Es más lógico dividir el artículo en cuatro secciones.) Luego lee cada sección aplicando las estrategias que te parezcan más apropiadas.

Paso 2. En grupos de cuatro personas, traten de hacer el resumen de cada sección. Cada persona debe resumir una sola sección mientras las otras escuchan y comparan sus apuntes con lo que oyen. ¿Están de acuerdo con el resumen que hizo esa persona?

Paso 3. Ahora, en grupos, contesten las preguntas a continuación. ¿Sirven los resúmenes que hicieron en el Paso 2?

1. Sección 1 (Introducción). Según el Dr. Yeuven Ragil, en períodos de sequía se origina un círculo vicioso de sucesos. Pongan en orden cronológico los siguientes.

   a. _____ Mueren muchas plantas.

   b. _____ No terminan las terribles sequías.

   c. _____ No hay suficiente comida para la gente.

   d. _____ Las vacas y las cabras se comen todas las plantas que quedan.

   e. _____ No llueve por mucho tiempo.

   f. _____ Muchos países envían alimentos y asistencia médica.

2. Sección 2, «Los camellos constituyen... ». ¿A qué se refieren los siguientes números?

   a. 200 _____

   b. 12 _____

   c. 40 _____

3. Llena el espacio en blanco con la palabra apropiada.

   > El camello es un animal adaptado a la vida del desierto. Sus ventajas son numerosas. Puede sobrevivir _____ _____ sin tomar agua pero cuando lo hace, toma cantidades increíbles (4 litros equivalen a más de un galón). Se alimenta de cualquier _____ que crece en el _____. Lo extraordinario es que no se come las _____ de las plantas, sólo las hojas y los tallos. Por eso las plantas sobreviven también.

4. Secciones 2 y 3, «Los camellos constituyen... » y «¡La leche de la hembra...!». Indica si las oraciones son verdaderas o falsas.

CIERTO	FALSO	
☐	☐	1. El plan del Dr. Ragil es trasplantar embriones de las camellas que son buenas productoras de leche a las camellas que producen menos.
☐	☐	2. Una desventaja del plan es que la leche de camella no es tan rica en proteínas y vitaminas como la leche de vaca.
☐	☐	3. El calor por unos días no afecta la leche de camella; no es necesario refrigerarla.
☐	☐	4. Otro producto de la leche de camella es un queso de sabor excelente.

5. Sección 4, «¡Los experimentos han comenzado... !». ¿Qué importancia tiene cada una de las siguientes ideas y cómo están relacionadas entre sí?

    1. el papel de la Organización de las Naciones Unidas para el Desarrollo

_____

_____

    2. la reacción de los campesinos del norte de África

_____

_____

    3. lo que está pasando en el desierto Negev

_____

_____

Síntesis

Paso 1. Con uno o dos compañeros de clase, lean de nuevo el artículo. Utilicen el siguiente bosquejo como guía. Pueden apuntar algunos detalles; éstos les servirán en el Paso 2.

  I. El problema
    A. la sequía
    B. el círculo vicioso
  II. El camello
    A. características que le permiten sobrevivir en el desierto
    B. características de la leche de camella
 III. El Dr. Ragil
    A. su plan
    B. sus experimentos

Paso 2. Para entregar. Utiliza el bosquejo del Paso 1 para escribir una composición de dos párrafos. El título de la composición es «Los camellos: Solución a las hambrunas del desierto». Puedes empezar la composición con lo siguiente.

No es suficiente enviar alimentos y asistencia médica a las áreas del norte de África afectadas por la sequía porque la sequía no se detiene. La solución _____

_____

_____

_____

_____

_____

_____

_____

_____

_____

_____

_____

_____

_____

_____

_____

actividades

Actividad 1. ¿Cómo reaccionas?

Paso 1. ¿Qué te parece la idea de comer o tomar los alimentos siguientes? Indica tu reacción según la siguiente escala.

1	2	3	4	5
Sí, me gustaría probarlo.		Sí, pero sólo un poquito.		Sólo si fuera absolutamente necesario.

1. _____ un vaso de leche de camella

2. _____ un café con leche de camella

3. _____ carne irradiada

4. _____ carne irradiada guardada por ocho años

5. _____ una ensalada verde con algas marinas

6. _____ una sopa de algas marinas

7. _____ frutas irradiadas

8. _____ frutas cultivadas con fertilizantes y otras sustancias químicas

9. _____ una salsita de chumiles

10. _____ monos de Veracruz

11. _____ tacos de viril

Paso 2. Compara tus reacciones con las de dos compañeros o compañeras de clase. ¿Están de acuerdo en tus preferencias?

Paso 3. Comparen sus reacciones con las del resto de la clase. ¿Cuáles son los alimentos que la mayoría quisiera probar? ¿Cuáles son los alimentos que la mayoría probaría sólo si fuera necesario? (Se puede hacer un perfil de la clase calculando el promedio para cada alimento. El profesor [La profesora] o una persona voluntaria debe escribir los alimentos en la pizarra y luego, calcular el promedio para cada uno.)

Paso 4. En conclusión. Escojan la oración que mejor describa las reacciones de la clase.

    ☐ Comer es una aventura y somos aventureros.
    ☐ Somos un poco conservadores en nuestros gustos.
    ☐ Para sobrevivir después de una guerra nuclear, comeríamos de todo.
    ☐ Antes morir que probar ciertos alimentos.
    ☐ ¿Otra sugerencia? _____.

Paso 5. Optativo. En grupos de tres, hagan una lista de algunas comidas que se comen en diferentes partes de EE. UU. y que pueden ser consideradas *extrañas* por personas de otros lugares de este mismo país. (Algunos ejemplos de estas comidas son los sesos de ardilla, las ostras crudas y las *ostras montañesas*.) Presenten su lista a la clase. ¿Hay personas que han probado estas comidas? ¿Hay algunas comidas que se mencionan en las listas de todos los grupos? ¿Cuáles son éstas?

Actividad 2. ¿Son alimentos biológicos?

Paso 1. Vuelve a leer «Alimentos *biológicos*» para recordar la definición de lo que es un alimento biológico. Escríbela aquí.

_____

_____

Paso 2. Formen grupos de dos o tres compañeros para debatir el tema de la clasificación de cada alimento como alimento biológico. (¡OJO! Para buscar más información pertinente a los argumentos, vuelve a leer los artículos «Algas marinas... », «Alimentos irradiados: Frescos por muchos años» y «¡Científicos israelíes... !»)

  A. Si no se utilizan sustancias químicas en el cultivo de los alimentos irradiados, ¿son éstos alimentos biológicos o no?

    Argumentos a favor: _____

    _____

    Argumentos en contra: _____

    _____

  B. No se usan sustancias químicas en el cultivo de las algas marinas pero sí se utiliza luz artificial para controlar su maduración. ¿Son estas algas alimentos biológicos?

Argumentos a favor: _____

_____

Argumentos en contra: _____

_____

C. El plan del Dr. Ragil consiste en incrementar la fertilidad de las camellas con sustancias nutritivas y medicamentos para aumentar la producción de leche. ¿Es esta leche un alimento biológico?

Argumentos a favor: _____

_____

Argumentos en contra: _____

_____

Paso 3. Comparen sus argumentos con los del resto de la clase. ¿Quieren añadir otros argumentos a los que ya tienen?

Paso 4. ¿A qué conclusiones llega la clase? ¿Son biológicos los alimentos mencionados o no?

Paso 5. ¿Es necesario cambiar o modificar la definición de lo que es un alimento biológico? Si la respuesta es afirmativa, se debe escribir la nueva definición en la pizarra.

Actividad 3. ¿Con qué alimentos te identificas?

Paso 1. La clase entera debe mencionar todas las características de los siguientes alimentos y escribirlos en el cuadro. Para ayudarles, ya hay una característica para cada uno en el cuadro.

---

algas marinas: productos del mar

alimentos biológicos: libres de sustancias químicas

---

alimentos irradiados: se conservan por más tiempo

leche de camella: muy saludable y nutritiva

comida mexicana: muy variada

Paso 2. Escoge tres alimentos con los cuales te identificas. Luego escribe tres descripciones de ti mismo/a utilizando las características atribuidas a cualquier alimento del Paso 1. Sigue los modelos que aparecen a continuación.

MODELOS: Soy una patata irradiada porque la patata es un alimento básico y yo soy así. También, me pienso conservar por largo tiempo.

o Soy un vino puro y natural porque el vino es mi bebida favorita. Me gustan las cosas naturales. Soy una persona pura.

1. _____

2. _____

3. _____

Paso 3. Entrégale las descripciones al profesor (a la profesora), quien va a leer algunas para la clase. ¿Puedes adivinar quién las escribió?

Paso 4. Optativo. ¿Con qué alimento identificas al profesor (a la profesora)? Con unos compañeros, escriban una descripción del profesor (de la profesora).

Ideas para escribir una composición

En esta lección has leído varios textos sobre

a. el cultivo y uso de las algas marinas en alimentos gourmet.

b. el cultivo de alimentos en España sin aditivos y sustancias químicas.

c. el uso de la irradiación en España y otras partes del mundo para conservar alimentos.

d. las diferencias culturales.

e. la aplicación de avances tecnológicos genéticos al problema de las hambrunas en el desierto.

También en esta lección,

a. has dicho cómo reaccionas a la idea de comer algunos alimentos.

b. has aplicado una definición a varios casos con el fin de evaluar la definición.

c. has caracterizado varios alimentos y te has identificado con tres de ellos.

Ahora, vas a escribir una composición basada en la información que obtuviste en las lecturas y las actividades. El propósito de la composición es definir lo que significa **dieta nacional** y aplicar la definición al caso de EE.UU. (o al de tu país natal). Puedes utilizar el siguiente título, si quieres, o inventar uno.

¿Hay una dieta nacional estadounidense?

Recuerda que, en español y en inglés, la palabra **dieta** puede referirse a las prácticas y costumbres de comer en general, por ejemplo, al tipo de comida que uno come en general. No significa solamente privarse de comer para adelgazar.

Paso 1. Primero, tienes que escribir tu propia definición de la frase **dieta nacional,** es decir, una caracterización de la dieta de un país entero. A continuación tienes una lista de palabras y frases útiles para escribir definiciones.

consiste en	se conoce como
consta de	significa/quiere decir
se caracteriza por	sirve para

la dieta nacional: _____

_____

_____

_____

Paso 2. Al aplicar la definición al caso de EE.UU., tienes que pensar en las costumbres estadounidenses. Pon una marca (✓) al lado de las ideas que puedes incluir en la composición.

☐ la variación regional
☐ la comida étnica
☐ la parte económica
☐ la variación de productos según la estación (el verano, el invierno...)
☐ la comida rápida
☐ las madres que trabajan fuera de casa
☐ los restaurantes internacionales (mexicanos, chinos, etcétera)
☐ los horarios (¿a qué hora se come y por qué?)
☐ la responsabilidad de preparar la comida, ¿quién la tiene?
☐ los productos regionales

Además de estas ideas, ¿en qué otras puedes pensar? ¿Tienes experiencias personales pertinentes al tema?

a. _____

b. _____

c. _____

Paso 3. Puedes utilizar un bosquejo para organizar la información que vas a incluir. ¿Qué conceptos representan las ideas que quieres incluir? Al identificar los conceptos, escríbelos al lado de los números romanos en el bosquejo que aparece a continuación. Luego, al lado de las letras, escribe las ideas que seleccionaste en el Paso 2.

¿Hay una dieta nacional estadounidense?

I.

A.

B.

II.

A.

B.

III.

    A.

    B.

Paso 4. Escribe el borrador por lo menos dos días antes de entregarle la composición al profesor (a la profesora). Escribe aproximadamente unas 350 palabras.

Paso 5. Redacta el borrador, siguiendo los pasos indicados, un día antes de entregar la composición.

I. INFORMACIÓN
  - ☐ el contenido
    ¿Es evidente que has leído las lecturas y que has participado en las actividades?
    ¿Has aplicado la definición?
    ¿Apoyan las ideas la conclusión?
  - ☐ la definición
    ¿Qué palabras y frases utilizaste?
    Después de haber escrito la composición, ¿es necesario modificar la definición?
  - ☐ organización de las ideas
    ¿Has puesto las ideas en el orden apropiado según el énfasis que les quieres dar?

II. LENGUAJE
  - ☐ los verbos
    Pon una marca (✓) sobre cada verbo.
    ¿Es correcta la forma verbal?
  - ☐ el orden de palabras
    Conecta cada verbo con su sujeto usando una flecha (➡).
    ¿Cuántas veces precede el sujeto al verbo?
    ¿Es posible variar el orden en algunos casos?

Paso 6. Haz los cambios necesarios. Pregúntale al profesor (a la profesora) si quiere que le entregues los borradores de la composición y si quiere que escribas la composición a máquina. Luego, entrégale la composición al profesor (a la profesora).

Paso 7. Optativo. Mira el esquema para evaluar las composiciones que está en el apéndice y evalúate a ti mismo/a. Si has seguido los Pasos 1 a 6, debes salir bien.

La salud

ejercicios

¡Evite el infarto!

Estrategia: ¿Qué es un mapa conceptual? ¿Cómo te ayuda a organizar la información contenida en una lectura?

Al leer, muchas veces es necesario al final organizar y recordar lo que uno ha leído. Algunas personas sacan apuntes; es decir, escriben en un papel o en una ficha palabras clave, frases importantes, oraciones de resumen, etcétera. Otra manera de organizar y recordar la información es por medio de un bosquejo visual, que se llama un **mapa conceptual.**

Un **mapa conceptual** es una representación gráfica de la información contenida en una lectura. El mapa se forma de la siguiente manera: se escribe el tema principal dentro de un círculo en el centro de un papel (o, si se hace en clase, en la pizarra).

La depresión: causas

Luego, se añaden palabras o frases que representan la información que uno ha aprendido sobre el tema. Se usan *ramas* para conectar estas palabras o frases tanto entre sí como con el tema principal.

Ahora vas a aprender a usar un mapa conceptual para organizar y recordar la información contenida en un artículo.

Paso 1. En el artículo «¡Evite los infartos!» (página 29), ¿entiendes bien lo que quiere decir el título? ¿Qué quiere decir **infarto**? ¿Sabes lo que significa **evite**? Busca estas palabras en un diccionario si no las entiendas. ¿Comprendes ahora el título?

*Paso 2. Lee rápidamente el artículo con el objeto de extraer el tema principal. Escríbelo aquí con tus propias palabras. (¡OJO! Se puede deducir cuál es el tema sin leer todo el artículo.) Es importante tener claro cuál es el tema del artículo antes de continuar.

_____

_____

_____

_____

_____

*Paso 3. A continuación hay una lista de palabras que aparecen en el artículo. ¿Puedes deducir su significado? Indica al lado de cada palabra si dedujiste su significado por lo que ya sabías del tema o por el contexto.

1. corazón _____

2. propenso _____

3. riesgo _____

4. antecedentes _____

5. presión sanguínea _____

6. se padece _____

Paso 4. Toma el tema del Paso 2 y escríbelo dentro de un círculo en el centro de una hoja. Ahora, lee el artículo con atención. Por cada factor relacionado con el tema, añade una rama al mapa conceptual hasta tener un mapa completo, incluyendo detalles, palabras nuevas, etcétera. (OPTATIVO: Si quieres, compara tu mapa con el de otras personas en la clase.)

***Paso 5.** Para verificar tu comprensión. Repasa los pasos ya hechos. Si puedes contestar las siguientes preguntas sin referirte al texto, ya has comprendido lo suficiente.

1. ¿Son los exámenes cardíacos completos sólo para pacientes que han sufrido infartos o son también para las personas que cuidan de su salud?
2. ¿Cuáles son las características del individuo propenso a un ataque cardíaco?
3. Explica con tus propias palabras la relación entre la genética y las probabilidades de sufrir un infarto.
4. Explica con tus propias palabras la relación entre una vida sedentaria y las probabilidades de sufrir un infarto.
5. ¿Qué régimen de vida recomienda el Dr. Roller? (¡OJO! Hay que buscar la respuesta entre varios factores mencionados por el doctor.)

Paso 6. Para entregar. Escribe un breve resumen del artículo, de aproximadamente 100 palabras, usando nada más que tu mapa conceptual. No deberías leer el artículo de nuevo. Entrégale al profesor (a la profesora) el resumen junto con el mapa conceptual.

B

La infelicidad atrae a los virus

Estrategia: ¿Cómo puedes expresar ideas complejas con palabras sencillas?

Ocurre a veces que la lectura que se presenta contiene muchos detalles y así las ideas parecen un poco complejas. Saber extraer las ideas de un texto y ser capaz de expresarlas en lenguaje sencillo es una habilidad importante. Por ejemplo, la idea central del siguiente párrafo no es muy compleja, pero la información que la apoya sí lo es. Lee este párrafo sobre los longevos, que son aquellas personas que viven muchos años, es decir, que no mueren hasta una edad muy avanzada.

> Considerar que la longevidad en Vilcabamba se debe solamente a los elementos naturales de la zona sería limitado, pues aunque las óptimas condiciones ambientales de la región constituyen un factor a tener en cuenta al analizar el fenómeno, estas condiciones no son de ninguna forma excepcionales o propias únicamente de esta zona. ¡Muchas regiones americanas reúnen muchas características naturales similares, y no cuentan con tantos longevos!

¿Puedes expresar las mismas ideas aquí con lenguaje más sencillo? Pues, algo como lo siguiente sería apropiado: *Los elementos naturales de la zona de Vilcabamba no son suficientes para explicar por qué la gente de allí vive muchos años. Hay lugares con los mismos elementos y las personas que llegan a muy viejas no son tantas como en Vilcabamba.*

La idea central del artículo «La infelicidad atrae a los virus» (página 29) es fácil de entender, pero las ideas secundarias y la información contenida se expresan mediante un lenguaje complejo. Si puedes extraer estas ideas y expresarlas de una manera menos complicada, podrás utilizar la información con más facilidad.

*Paso 1. Lee el título y las tres oraciones en letra cursiva que lo siguen. ¿Cuál de las siguientes declaraciones da mejor idea de lo que se va a tratar en el artículo?

☐ a. Las personas que están en huelga son más propensas a enfermarse.

☐ b. Hay relación entre el sistema inmunológico y el estado de humor y la moral de una persona.

☐ c. Existen nuevos tratamientos con hormonas para combatir las enfermedades causadas por los virus.

Antes de buscar la respuesta en el apéndice, lee el primer párrafo para verificar si es correcta tu selección.

*Paso 2. Lee todo el artículo. A continuación hay tres referencias a la información contenida en el artículo. Al leer, subraya la información pertinente a cada referencia sólo si esa información tiene que ver con la relación entre las emociones y el sistema inmunológico.

la psiconeuroinmunología (párrafo 2) _____

_____

_____

el trabajo de Temoshock (párrafo 4) _____

_____

_____

el trabajo de Gottschalk (párrafo 5) _____

_____

_____

Después de leer todo el artículo, vuelve a la información subrayada y repítela con tus propias palabras.

*Paso 3. Ya que has leído el artículo y has dicho de qué se trata con tus propias palabras, ¿cuál de las siguientes oraciones te parece que lo resume mejor?

   a. La psicoterapia puede curar la mente y el cuerpo a la vez.
   b. No se puede curar el cuerpo a través de la psicoterapia pero hoy en día se toma en cuenta el papel de la salud mental en la salud física.
   c. Los avances científicos incluyen avances en el entendimiento de nuestras emociones.

*Paso 4. Para verificar tu comprensión. Repasa los pasos ya hechos. Si puedes contestar las siguientes preguntas sin referirte al texto, ya has comprendido lo suficiente.

   1. Explica el significado de lo siguiente: «En algunos casos el amor o el cariño serán aún más efectivos que los fármacos... ».
   2. ¿Qué dice la ley de Grimm?
   3. Explica la reacción bioquímica que ocurre cuando se siente una emoción placentera.
   4. Con respecto a la esperanza de vida de alguien que tiene el SIDA, ¿es mejor tener una personalidad agresiva y extrovertida o ser tímido e introvertido?
   5. ¿Hay hospitales que hagan psicoentrevistas para determinar el estado emotivo de los candidatos a paciente?
   6. Define con tus propias palabras la **psiconeuroinmunología**.

Paso 5. Para entregar. Expresa con tus propias palabras la idea central y la información dada en el artículo que la apoya. Da ejemplos de los varios factores que apoyan la idea central. ➨→

La idea central expresada en «La infelicidad atrae a los virus» es

_____

_____

_____

Para apoyar la idea central, se mencionan varios factores: _____

_____

_____

_____

_____

_____

_____

_____

_____

_____

C

Los tiburones: ¿Clave para curar el cáncer y el SIDA?

Estrategia: ¿Cómo puedes utilizar el título para enfocar tu lectura desde un punto específico y extraer solamente cierta información?

Normalmente los artículos contienen muchos detalles y datos sobre el tema central, además de otros temas secundarios. Algunas veces leemos para sacar solamente alguna información específica de un artículo. Es decir que es necesario concentrarse en buscar y extraer sólo la información pertinente a nuestro propósito.

En «Los tiburones: ¿Clave para curar el cáncer y el SIDA?» (página 31), el autor del artículo da detalles que te ayudan a contestar la pregunta que sirve de título; la respuesta a la pregunta es el tema central. Además, el autor presenta información sobre otros temas secundarios. Si te concentras en el título, puedes sacar la información pertinente solamente a este tema.

*Paso 1. Busca los tres nombres siguientes en el artículo y subráyalos: **Dr. Gruber, Dr. Luer y Dr. Hitt.** Luego, lee lo que hacen los doctores para poder completar las siguientes oraciones.

1. __A__ El Dr. Gruber quiere
   a. entender la conducta de los tiburones.
   b. proteger a los tiburones de los cazadores.
   c. establecer un centro para estudiar a los tiburones.

2. __A__ El Dr. Luer quiere
   a. llevar a cabo experimentos utilizando los tiburones.
   b. establecerse como experto en la biología marítima.
   c. proteger a los tiburones de los cazadores.

3. __C__ El Dr. Hitt quiere
   a. colaborar con el Dr. Gruber, a quien respeta mucho.
   b. investigar el sistema inmunológico de los tiburones infectados del SIDA.
   c. descubrir un tratamiento contra el SIDA.

*Paso 2. Presta atención a las actividades del Dr. Hitt. Específicamente, al leer la última parte del artículo, utiliza las siguientes preguntas para que puedas extraer la información pertinente al papel del tiburón en la curación del cáncer y el SIDA.

1. ¿Cuáles son las dos características de la sangre del tiburón pertinentes a encontrar una vacuna contra el SIDA?

SÍ	NO	
☑	☐	a. Es más espesa que la sangre humana.
☑	☐	b. Los anticuerpos son menos especializados.
☑	☐	c. Contiene más anticuerpos generalizados.
☐	☑	d. Contiene más proteína que la sangre humana.

2. ¿Cuál es el proceso propuesto para inventar una vacuna? Haz la correspondencia entre cada acción de la columna A con su correspondiente objeto en la columna B.

   A
   1. __C__ inyectar
   2. __E__ estimular
   3. __D__ extraer
   4. __B__ estudiar
   5. __A__ sintetizar

   B
   a. una vacuna efectiva contra el SIDA
   b. la estructura molecular de los anticuerpos
   c. sustancias de los fluidos de personas con SIDA
   d. de los tiburones los anticuerpos producidos
   e. la producción de anticuerpos generalizados contra el SIDA

*Paso 3. Para verificar tu comprensión. Repasa los pasos ya hechos y luego lee todo el artículo para poder contestar las siguientes preguntas. Si las puedes contestar sin referirte al texto, ya has comprendido lo suficiente.

1. ¿Cuál es el enfoque del trabajo del Dr. Gruber?
2. ¿Qué propósito (un tanto cruel) tiene el trabajo del Dr. Luer?

descubrir un tratamiento contra SIDA

3. El Dr. Hitt les pone inyecciones a los tiburones. ¿Qué propósito tienen estas inyecciones?

4. Debido a los experimentos de Luer y Hitt, ¿contraerían el cáncer y el SIDA los tiburones?

Paso 4. Para entregar. En un párrafo, contesta con tus propias palabras la pregunta que presenta el título: ¿Son los tiburones la clave para curar el cáncer y el SIDA? Debes referirte a los datos dados en el artículo para apoyar tu opinión.

_____

_____

_____

_____

_____

_____

_____

_____

_____

D

«La peste», un fragmento de *Memoria del fuego* por Eduardo Galeano

Estrategia: ¿Cómo puedes interpretar bien el propósito de un autor?

Los escritores no solamente describen eventos y sucesos; muchas veces los comentan también. Sus comentarios sirven de crítica pero la crítica puede tener varias formas. El escritor puede emplear el sarcasmo o el humor para hablar de los eventos y sucesos que describe. Por ejemplo, en el artículo «Comer mucho, *cazar* poco» en la Lección 2, su autora utiliza el sarcasmo para comentar los resultados de una investigación científica.

> ¿Qué les tenemos que decir a los chicos que nos consideran poco *femeninas*? Pues que inviten a cenar a un canario.

En contraste, la autora de la siguiente carta a la editora en «Tu veredicto: Ahora ellos se embellecen», también en la Lección 2, utiliza el humor para comentar lo que hacen los hombres.

> A ninguna mujer le gustaría que su novio se hiciera los mismos trata-mientos que ella. ¡Por Dios! A mí me parecería que estoy con mi *doble*.

El efecto del sarcasmo es distinto del efecto del humor. Debido al tono sarcástico, creemos que los hombres son imbéciles. En contraste, debido al tono humorístico creemos que los hombres están confundidos. Para entender bien el propósito del autor o autora de un artículo, es necesario saber interpretar bien sus palabras.

El texto que vas a leer se titula «La peste» y es un capítulo de *Memoria del fuego*. Su autor, el escritor Eduardo Galeano, nació en Uruguay en 1940 y empezó su carrera como periodista. *Memoria del fuego* es una trilogía de libros en que se narra la historia de Latinoamérica. A la cabeza de cada texto que compone la trilogía se indica el año y el lugar en que ocurrió lo que narra el autor. Lo que vas a leer ocurrió en 1719 en Potosí. Para escribir *Memoria del fuego* Galeano consultó varios documentos históricos y otras fuentes de información. Lo escrito en letra cursiva indica que es una transcripción literal de algo que él leyó en las obras que consultó.

*Paso 1. Para anticipar el contenido, piensa en las diferencias entre la manera de pensar en 1719 y hoy. Una de las diferencias es que hoy en día los fenómenos naturales se explican científicamente y no a base de supersticiones, como ocurría en 1719. Escribe dos razones que expliquen la existencia de los cometas y la de las enfermedades y plagas. Una debe ser basada en la ciencia y la otra en la superstición.

	LOS COMETAS	LAS ENFERMEDADES Y PLAGAS
ciencia		
superstición		

Paso 2. Este texto (página 33) no es largo pero tiene profundidad. Lee todo el texto. Al leerlo, compara las creencias supersticiosas de 1719 con las creencias científicas de hoy.

*Paso 3. Galeano describe la peste de 1719 de una manera humorística, pero su humor es sutil. Para captar ese humor, contesta las siguientes preguntas.

a. ¿Qué dudaba un cura? _____

_____

b. ¿Cuáles son los cuatro adjetivos utilizados para describir los trajes y costumbres franceses? Primero, escribe el adjetivo.

Segundo, con tus propias palabras, explica su significado.

1. _____

_____

2. _____

_____

3. _____

4. _____

_____

c. Hoy en día se sabe que la peste es una enfermedad contagiosa causada por un bacilo. Pero en 1719, el médico don Matías Ciriaco y Selda explicó la causa y el efecto de la peste en otros términos. Según él, ¿qué causó la peste? ¿Qué efecto tiene en el cuerpo?

LA CAUSA: _____

_____

_____

EL EFECTO: _____

_____

_____

*Paso 4. El autor escribe ciertos datos en letra cursiva; como ya sabes, la letra cursiva indica que se trata de una transcripción literal. Lee esta información y deduce qué función tiene el haber señalado estos datos y no otros.

*Paso 5. Para verificar tu comprensión. Contesta las siguientes preguntas sin leer el texto de nuevo. Si las puedes contestar, has comprendido lo suficiente.

1. ¿Cuáles son las dos advertencias que la gente de Potosí no escucha?
2. Por medio de los siguientes seis verbos, conjugados en el pretérito, el autor de esta narración nos dice lo que pasó. Escribe una oración con tus propias palabras con cada uno de ellos.
   a. envió   b. nació   c. persistió
   d. festejó   e. se lanzaron a bailar   f. fulminó
3. ¿Qué hace la gente de Potosí para merecer la peste?
4. Según el texto, la peste representa
   a. nada más que una enfermedad como otras
   b. la venganza de Dios
   c. el conflicto entre la cultura india y la europea
5. ¿Por qué fueron víctimas de la peste los indios?

Paso 6. Para entregar. Escribe un párrafo sobre el humor en «La peste». Puedes utilizar la siguiente oración para empezar el párrafo.

Aunque el tema de la peste, una enfermedad grave que produce muchas víctimas, es muy serio, este escritor, sin embargo, lo trata de una manera humorística. _____

_____

_____

_____

_____

En conclusión, el resultado de tratar un tema serio de una manera humorística es _____

_____

_____

Paso 7. Optativo. La historia de la peste puede compararse con la historia del SIDA. ¿Qué semejanzas hay entre las dos enfermedades?

_____

_____

_____

_____

_____

LECTURA 〰〰〰〰〰〰〰〰〰〰〰〰〰〰〰〰〰

El caso de los longevos de Vilcabamba (Ecuador)

Anticipación

Paso 1. Lee el título y el subtítulo de este artículo (página 33). Luego, mira las fotografías para poder deducir el significado de **longevos**. ¿Cuál de las siguientes frases representa mejor su significado?

   a. personas jubiladas (ya no trabajan)
   b. personas muy ancianas (tienen muchos años)
   c. personas pobres (no tienen dinero)
   d. personas de estatura muy alta (miden más de 2 metros [7 pies])

Paso 2. La palabra **longevidad** es un cognado del inglés. Es la circunstancia de vivir muchos años. Probablemente ya sabes de algunos factores relacionados con la longevidad. Haz una lista de tres factores y luego compara tu lista con las del resto de la clase. ¿Quieres añadir otras ideas?

MI LISTA	IDEAS DE MIS COMPAÑEROS
1. _____	1. _____
2. _____	2. _____
3. _____	3. _____

Paso 3. Según los miembros de la clase, ¿qué edad se debe tener para ser considerado **longevo**?

Paso 4. Al leer el artículo, trata de aplicar las estrategias que aprendiste en esta lección.

> hacer un mapa conceptual
> expresar ideas complejas con palabras más sencillas
> concentrarte en cierta información
> entender los comentarios del autor

Exploración

Paso 1. Este artículo es largo pero no muy complicado. Se presta muy bien para la elaboración de un mapa conceptual. El artículo se divide en siete secciones. Primero, lee el artículo sección por sección. Al final de cada sección, haz un mapa conceptual de esa sección utilizando las palabras y frases clave que encuentres. (Al final, vas a tener siete mapas.)

Paso 2. Después de leer todo el artículo, vuelve a las listas que hiciste en el Paso 2 de Anticipación. ¿Cuántas de estas ideas encontraste en el texto?

Paso 3. Usando los mapas conceptuales, indica si cada afirmación es cierta o falsa.

CIERTO	FALSO	
☐	☐	1. La longevidad es exclusiva de los habitantes de Vilcabamba.
☐	☐	2. No se sabe mucho sobre los longevos; raramente son objeto de estudio.
☐	☐	3. Vilcabamba está cerca de la línea ecuatorial.
☐	☐	4. Es un pueblo pequeño.
☐	☐	5. El clima es insoportablemente caliente.
☐	☐	6. Las condiciones higiénicas son deficientes.
☐	☐	7. La dura vida agrícola que llevan los habitantes de la región causa el estrés.

Paso 4. Escoge la respuesta correcta para cada pregunta.

1. Todos los siguientes se cuentan entre los factores que explican la longevidad en Vilcabamba, menos uno. ¿Cuál es?
   a. la naturaleza de la zona
   b. la raza
   c. la dieta alimenticia
   d. la actitud optimista de los habitantes

2. Todas las siguientes son características físicas de los vilcabambanos, menos una. ¿Cuál es?
   a. Caminan erguidos.
   b. No tienen problemas en ver y oír.
   c. No pierden los dientes.
   d. No sufren de osteoporosis.
   e. No se les cae el pelo.

Paso 5. La llegada de la civilización puede ser algo beneficioso para Vilcabamba, pero a la vez puede amenazar la actual manera de vivir de sus habitantes. Indica los beneficios y peligros que puede tener para los vilcabambanos cada aporte de la civilización que aparece en el cuadro.

APORTES DE LA CIVILIZACIÓN	BENEFICIO(S)	PELIGRO(S)/RIESGO(S)
1. el ómnibus / medios de transporte mecanizados		a. la contaminación del aire b. aumento del estrés
2. los hospitales y las medicinas comerciales		
3. los alimentos en conserva		

Paso 6. ¿A qué conclusión llega el autor?

_____

_____

Síntesis

Paso 1. Utilizando los mapas conceptuales, resume el contenido de cada sección en una oración.

A. Introducción

_____

_____

B. ¡Vilcabamba es un paraíso casi aislado del mundo!

_____

_____

C. La naturaleza... factores genéticos... estilo de vida... ¿Dónde se encuentra la clave del fenómeno?

_____

_____

D. Una vida sana... ¡un cuerpo sano!

_____

_____

E. La actitud ante la vida, ¡un elemento decisivo en la longevidad!

_____

_____

F. La llegada irremisible del «mundo civilizado» ¿ha afectado a la población?

_____

_____

G. Conclusión...

_____

_____

 Paso 2. Para entregar. Con las oraciones que escribiste en el Paso 1, escribe un párrafo en respuesta a la pregunta planteada en el subtítulo: ¿son compatibles la civilización y la longevidad? ¡OJO! Un párrafo no consiste en agrupar oraciones no conectadas; también tienes que ligar las ideas para dar cohesión al párrafo. Para eso, utiliza palabras y frases como **por eso, en cambio, por lo general, se caracteriza por, al contrario, no obstante,** etcétera.

_____

_____

_____

_____

_____

_____

_____

_____

_____

actividades

Actividad 1. La civilización y la longevidad

Paso 1. En otro papel, escribe tu propia definición de **civilización** y, por ahora, no se la enseñes a nadie. (Utilizarás la definición en el Paso 5.)

Paso 2. ¿Son compatibles la civilización y la longevidad? Indica tu opinión.

- ☐ Sí, son compatibles en que los beneficios médicos que aporta la civilización se relacionan directamente con la longevidad.
- ☐ Sí, son compatibles pero hay menos probabilidades de alcanzar la longevidad en áreas civilizadas.
- ☐ No, no son completamente compatibles. Los que viven vidas muy largas viven en áreas aisladas de la civilización.
- ☐ No, no son compatibles porque el estrés y la violencia son parte integral de la civilización.
- ☐ ¿Otra sugerencia? _____

¿Cuántos de la clase han indicado la misma opinión?

Paso 3. Forma un grupo con dos o tres de los que comparten tu opinión y escriban las razones por las cuales tienen tal opinión.

1. _____
2. _____
3. _____
4. _____

Paso 4. Ahora, busca a un compañero (una compañera) de clase cuya opinión es diferente de la tuya y forma un grupo. Cada uno debe exponer las razones que apoyan su opinión. ¿Quieres cambiar ahora de opinión?

Paso 5. Ahora saquen sus definiciones de **civilización** y compárenlas con las de sus compañeros. ¿Son similares o diferentes? ¿Tienen diferentes opiniones acerca de la relación entre la longevidad y la civilización porque sus definiciones de lo que es **civilización** son también diferentes?

Paso 6. Para concluir la actividad, la clase entera, de común acuerdo, debe formular una definición de lo que es **la civilización**. SUGERENCIA: Pueden empezar por hacer un mapa conceptual, poniendo un círculo alrededor de la palabra **civilización**.

Actividad 2. Y en tu vida...

Paso 1. Evalúa las probabilidades que tienes de experimentar cada uno de los siguientes en tu vida.

¿Qué probabilidades tienes de... ?

	MUY PROBABLE		PROBABLE		IMPROBABLE
sufrir un infarto	5	4	3	2	1
alcanzar la longevidad	5	4	3	2	1
padecer de cáncer	5	4	3	2	1
contraer el virus que causa el SIDA	5	4	3	2	1

Paso 2. En este paso debe participar toda la clase. Averigüen si hay diferencias entre los sexos en cuanto a las respuestas dadas en el Paso 1. ¿Cuál es la respuesta promedio entre los hombres y la respuesta promedio entre las mujeres con relación a cada una de las preguntas? Después de calcular los promedios, determinen si, en cuanto a la salud, hay diferencias entre los sexos.

Paso 3. Comenten la relación entre cada factor a continuación y las cuestiones de salud planteadas en el Paso 1.

> una dieta alimenticia
> una actitud optimista
> la genética

Actividad 3. ¿A quiénes conocen Uds.?

Paso 1. Busca a alguien en la clase que conozca a una persona que tiene las siguientes características. No puedes hacer dos preguntas seguidas a la misma persona, no importa si consigues una firma o no. Si la persona contesta que sí, dile «Firma aquí, por favor».

¿Conoces a alguien que...

1. haya muerto a causa del SIDA? _____

2. tenga más de 100 años? _____

3. haga experimentos con animales en un laboratorio? _____

4. haya sufrido un infarto? _____

5. haya tenido un examen cardíaco completo? _____

6. les tenga miedo a los tiburones? _____

7. tenga el virus que causa el SIDA? _____

8. sea completamente feliz y
tenga una salud perfecta? _____

Paso 2. Calcula cuántos miembros de la clase conocen a alguien por cada una de las características en el Paso 1. En general, ¿Con cuál de las características tienen los miembros de la clase más experiencia?

a. la longevidad
b. el infarto
c. el SIDA

De las tres, ¿cuál les preocupa más? ¿Coinciden sus experiencias y preocupaciones?

Ideas para escribir una composición

En esta lección has leído varios textos sobre:

a. los factores que contribuyen al infarto.
b. la relación entre el estado físico y el estado moral.
c. algunos experimentos para encontrar una cura para el cáncer y el SIDA.
d. los efectos desastrosos como resultado del contacto entre los europeos y los indios.
e. los factores que contribuyen a la longevidad.

También en esta lección:

a. has comentado si son compatibles la civilización y la longevidad.
b. has examinado tu propia salud y has podido determinar si hay diferencias entre los hombres y las mujeres en cuanto a la salud.
c. has expresado tus preocupaciones acerca del infarto, la longevidad y el SIDA.

Ahora, vas a escribir una composición basada en la información que obtuviste en las lecturas y las actividades. El propósito de la composición es evaluar la importancia de los factores que contribuyen a la longevidad.

Paso 1. Si vas a escribir sobre la longevidad, debes saber definirla. Escribe aquí tu definición.

longevidad = _____

Una manera de empezar la composición es con esa definición.

Paso 2. Primero tienes que pensar en el contenido de la composición. A continuación tienes una lista de los factores que encontraste en esta lección. Lee la lista y escoge los factores que vas a incluir en la composición.

- ☐ la genética
- ☐ la dieta alimenticia
- ☐ la manera de vivir (sedentaria o activa)
- ☐ el estrés
- ☐ la actitud ante la vida (optimista o pesimista)
- ☐ las drogas (alcohol, nicotina, cocaína, etcétera)
- ☐ la violencia
- ☐ un nuevo virus (como el que causa el SIDA)
- ☐ los avances tecnológicos
- ☐ el cáncer
- ☐ el SIDA

¿Quieres añadir un factor que no se mencionó en la lección? ¿algo que sabes por experiencia personal?

Paso 3. También es necesario pensar en la organización del contenido. Repasa los factores que quieres incluir en la composición y ponlos en cierto orden. Puedes escoger entre las siguientes sugerencias o hacer algo original.

- ☐ del más importante al menos importante
- ☐ del menos importante al más importante
- ☐ por orden cronológico
- ☐ poner primero los factores que tienen que ver con la civilización y luego los factores que tienen que ver con el individuo
- ☐ poner primero los factores individuales y luego los factores relacionados con la civilización
- ☐ poner primero los factores que afectan a la mayoría de las personas y luego los que afectan sólo a ciertas personas
- ☐ ¿otra sugerencia? _____

Paso 4. Las siguientes palabras y frases te ayudarán a expresar la importancia o la falta de importancia de los varios factores.

sobre todo	en contraste con
claro que	a diferencia de
sin duda	al contrario
tan... como	en cambio
tanto... como	
de suma importancia	

Paso 5. Escribe el borrador por lo menos dos días antes de entregarle la composición al profesor (a la profesora). Al leer lo que has escrito, debes pensar en un título apropiado. Escribe aproximadamente unas

350 palabras. Puedes escoger entre los siguientes o escribir uno que refleje mejor el contenido de tu composición.

a. Cómo alcanzar la longevidad
b. El caso de los longevos en EE.UU.
c. ¿Son compatibles la civilización y la longevidad?
d. Los factores clave para la longevidad
e. _____

Paso 6. Redacta el borrador, siguiendo los pasos indicados, un día antes de entregar la composición.

I. INFORMACIÓN
  □ el contenido
    ¿Es evidente que has leído las lecturas y que has participado en las actividades?
  □ los factores que escogiste
    ¿Son buenos los ejemplos? ¿Es explícita la relación entre el factor que mencionas y la longevidad?
  □ la organización de las ideas
    ¿Has puesto las ideas en el orden apropiado según el énfasis que quieres dar?

II. LENGUAJE
  □ los verbos
    Pon una marca (✔) sobre cada verbo. ¿Es correcta la forma verbal?
  □ los adjetivos
    Subraya cada adjetivo. ¿Concuerda con el sustantivo que describe?
  □ las palabras para poner énfasis
    Pon un círculo alrededor de cada palabra o frase que utilizaste para poner énfasis en la importancia de un factor (Paso 4). ¿Son suficientes? ¿Enfatizan lo que quieres expresar?

Paso 7. Haz los cambios necesarios. Pregúntale al profesor (a la profesora) si quiere que le entregues los borradores de la composición y si quiere que escribas la composición a máquina. Luego, entrégale la composición al profesor (a la profesora).

Paso 8. Optativo. Mira el esquema para evaluar las composiciones que está en el apéndice y evalúate a ti mismo/a. Si has seguido los Pasos 1 a 7, debes salir bien.

El futuro

ejercicios

**Fragmento de *El árbol de la ciencia*,
una novela por Pío Baroja y Nessi**

Estrategia: Vas a leer un fragmento de un capítulo de *El árbol de la
ciencia*, novela semiautobiográfica del escritor español Pío Baroja y
Nessi (1872–1956). Aunque la novela fue publicada en 1911, su marco
temporal se sitúa entre 1887 y 1896. Comprende nueve años de la vida
del protagonista, Andrés Hurtado, desde sus días como estudiante de
medicina en Madrid a lo largo de sus posteriores experiencias personales
en varias partes de España. Las novelas de Pío Baroja se consideran
ricas fuentes de información sobre la vida y momentos de aquel período.

La escena que vas a leer es una conversación entre Andrés y su tío,
Iturrioz. Es muy posible que el tema de su conversación sea relevante
para ti. Para que puedas entender más fácilmente la interacción entre
Andrés e Iturrioz, los pasos te dirigen a leer el fragmento en tres partes.

***Paso 1.** Lee la primera parte del capítulo de la novela (líneas 1–36,
páginas 37–38). Luego, llena la siguiente tabla.

¿Quiénes?	Andrés y su tío Iturrioz
¿Dónde?	
¿Cuándo?	por la tarde
¿Qué?	los dos dicen sobre las carreras

*Paso 2. Utiliza la siguiente escala para decir en qué grado describen a Andrés y a su tío las siguientes características.

1	2	3	4	5
Lo describe muy bien.				No tiene nada que ver con él.

ANDRÉS	ITURRIOZ	
2	2	intelectual
3	3	activo
4	1	serio
___	___	tiene sentido del humor
___	___	filosófico

*Paso 3. Iturrioz le hace tres preguntas a su sobrino. ¿Cuáles son las respuestas de Andrés?

    a. ¿Qué carrera piensa hacer Andrés?
    b. ¿Qué plan personal tiene?
    c. ¿Qué plan filosófico tiene?

*Paso 4. Lee ahora la parte comprendida entre las líneas 37 y 51 en la cual Iturrioz y Andrés hablan del plan filosófico de Andrés. La **síntesis** a la que se refiere es la explicación del Universo. Para que comprendas mejor esta parte del capítulo, necesitas saber que Kant y Schopenhauer son los filósofos alemanes que Iturrioz critica; Hobbes es el filósofo inglés que Iturrioz recomienda.

Después de leer las líneas indicadas, indica si las siguientes descripciones se aplican a los filósofos alemanes (A) o a los franceses e ingleses (FI).

_____ sentido práctico

_____ un alcohol que emborracha

_____ carros pesados

_____ alejarle a uno de la vida

¿Cuál de los filósofos prefiere Andrés? _____

*Paso 5. En la parte comprendida entre las líneas 52 y 62, Andrés da su opinión de la vida. Busca la palabra que utiliza para describir la vida y escríbela aquí: _____. Ahora busca la frase que utiliza para describir la existencia y escríbela aquí: _____ _____. ¿Es su actitud hacia la vida positiva o negativa?

*Paso 6. El filósofo francés René Descartes dijo «Pienso, luego existo» para indicar la importancia del pensamiento en la vida. Andrés también piensa y, en la parte comprendida entre las líneas 52 y 62, expresa el conflicto que siente entre el pensar y la vida.

Ahora lee otra vez de la línea 52 a la 62. Luego, indica cuáles de las siguientes declaraciones describen la actitud de Andrés hacia la vida.

	SÍ	NO
1. Es importante saber en qué dirección va la vida.	☐	☐
2. La vida es una maravilla; la existencia es un milagro.	☐	☐
3. Pensar sería un placer si viviéramos en un mundo ideal.	☐	☐
4. Vivir es, a fin de cuentas, una experiencia positiva.	☐	☐

Paso 7. Repasa las respuestas que corresponden a los Pasos 1 a 6. Luego, lee todo el fragmento antes de empezar las actividades.

actividades

Actividad 1. ¿En dónde has ido a buscar... ?

Paso 1. Iturrioz le pregunta a Andrés «¿Y en dónde has ido a buscar esa síntesis?» con referencia a su plan filosófico. ¿Qué influye en tu plan filosófico? ¿En dónde lo buscas? En la siguiente escala pon un círculo alrededor del número que indica con qué frecuencia cada fuente influye en tu plan filosófico.

	NUNCA	RARAS VECES	DE VEZ EN CUANDO	A VECES SÍ	CON MUCHA FRECUENCIA
1. la familia	1	2	3	4	5
2. los profesores	1	2	3	4	5
3. los amigos	1	2	3	4	5
4. la gente mayor	1	2	3	4	5
5. los libros	1	2	3	4	5
6. las películas	1	2	3	4	5
7. la televisión	1	2	3	4	5
8. la religión	1	2	3	4	5
9. las organizaciones	1	2	3	4	5
10. ¿_____?	1	2	3	4	5

Paso 2. Comparte tus respuestas con la clase. Escribe aquí las tres fuentes que más influyen en el plan filosófico de la clase entera.

a. _____

_____

b. _____

_____

c. _____

_____

¿Coinciden estas tres fuentes con las que has indicado tú?

Paso 3. Repite el Paso 1 pero esta vez piensa en cuando tenías 14 años de edad. Pon una X sobre el número que indica con qué frecuencia cada fuente influía en tu plan filosófico a esa edad.

Paso 4. Repite el Paso 2. ¿Cuáles son las tres fuentes que más influían en el plan filosófico de la clase entera?

a. _____

_____

b. _____

_____

c. _____

_____

¿Coinciden estas tres fuentes con las que has indicado tú?

Paso 5. En esta actividad debe participar toda la clase. Comparen y contrasten las fuentes que han escrito en los Pasos 2 y 4. ¿Han cambiado Uds.?

Paso 6. Ahora, piensa en el futuro. ¿Cuáles serán las tres fuentes que crees que tendrán más influencia en ti en diez años?

a. _____

b. _____

c. _____

Comparte tu lista con la clase. ¿Cambiarán mucho las influencias?

Actividad 2. Las profesiones

Paso 1. A continuación hay tres listas de profesiones, en orden alfabético. Como clase, añadan a éstas las carreras y profesiones que quieren hacer los miembros de la clase, distribuyéndolas para que sea igual el número de profesiones en cada lista. (¡OJO! Sería más conveniente escribirlas en la pizarra.)

A	B	C
abogados	deportistas profesionales	músicos
actores	ingenieros	policías
dentistas	médicos	políticos

Paso 2. Ahora, divídanse en grupos de tres o cuatro. El profesor (La profesora) les asignará una de las anteriores listas de profesiones. Cada grupo escribirá dos oraciones para cada profesión: una en la que critica algún aspecto de la profesión y otra en la que afirma algún aspecto positivo de ésta. (Para tener un modelo, lee de nuevo el párrafo comprendido entre las líneas 17 y 22 en el cual Iturrioz critica a los profesores.)

Paso 3. Cada grupo va a compartir sus oraciones con la clase. En cuanto a la carrera que tú quieres hacer, apunta las críticas que se hacen de ésta. ¿Son justificadas esas críticas? Si lo son, explica por qué quieres hacer esta carrera. Si no lo son, defiéndela.

Actividad 3. ¿Qué es la independencia?

Paso 1. Andrés dice que quiere vivir con el máximo de independencia pero ¿qué es la **independencia**? Escribe por lo menos tres cosas, conceptos o personas que asocias con **independencia**.

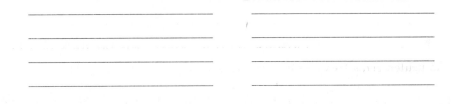

Paso 2. Comparte lo que escribiste con la clase, añadiendo a la lista en el Paso 1 lo que han dicho los otros.

Paso 3. Con dos o tres compañeros o compañeras, escriban una definición de lo que es **independencia** tomando en cuenta las ideas expresadas por Uds. y las que dio el resto de la clase. Luego, escriban su definición en la pizarra. La clase entera debe comentar las varias definiciones y, al final, escoger la mejor.

Paso 4. Según esta definición, ¿te ofrece tu carrera el máximo de independencia?

composición *Ideas para escribir un diálogo*

Paso 1. Has leído el diálogo entre un joven y su tío. Has discutido varias influencias en tus planes personales y filosóficos. También examinaste los aspectos positivos y negativos de la carrera que piensas hacer. Finalmente, exploraste el concepto de **la independencia.** Ahora, basado en la información que obtuviste en la lectura y a través de las actividades, vas a escribir un diálogo entre tú y otra persona en que discuten uno de los planes, o el filosófico o el personal o el profesional. Debes enfatizar en el diálogo lo que va a pasar en el futuro.

Paso 2. ¿Con quién vas a discutir el plan? Escribe aquí su nombre y las relaciones que existen entre Uds. Por ejemplo: Ana Martínez, mi tía. Somos amigos.

_____

Indica cómo te trata y cómo influye en ti esa persona.

	SÍ	NO	A VECES
Esta persona			
me critica	☐	☐	☐
me apoya	☐	☐	☐
me molesta	☐	☐	☐
me entiende	☐	☐	☐
me irrita	☐	☐	☐
me aconseja	☐	☐	☐

Paso 3. Repasa las actividades anteriores. Tomando en cuenta lo que se ha comentado, escribe algunas ideas que puedes incluir en el diálogo.

a. _____

b. _____

c. _____

d. _____

Paso 4. Escribe el diálogo, limitándote a unas 150 palabras aproximadamente. Usa lenguaje conversacional y menciona lo siguiente.

a. las relaciones entre la otra persona y tú
b. dónde se encuentran
c. cuándo quieres poner en práctica tus planes
d. si estás satisfecho/a con tu vida

Paso 5. Después de escribir el diálogo, reúnete con un compañero o una compañera de clase. Intercambien los diálogos. ¿Pueden hacerse sugerencias mutuas para mejorarlos? Haz los cambios necesarios y luego entrégale el diálogo al profesor (a la profesora).

ejercicios

B

Fragmento de *Historia de una escalera,* un drama por Antonio Buero Vallejo

Ahora vas a leer dos escenas más de *Historia de una escalera,* una obra teatral en tres actos escrita por el dramaturgo español Antonio Buero Vallejo. Estos actos son parte de la misma obra que leíste en la Lección 3. La primera escena que vas a leer, cuyos acontecimientos tienen lugar en 1919, cierra el primer acto de la obra. Los acontecimientos en la segunda escena, que es la última de la obra, ocurren en 1949. Se trata de la historia de los conflictos de dos familias, sus relaciones, sus planes, sus sueños. Estas escenas, como todas las de la obra, tienen como escenario las escaleras del edificio de varios pisos en que viven los personajes.

Paso 1. Repasa la escena de *Historia de una escalera* en la Lección 3 para orientarte un poco. La última escena del primer acto está dividida en tres partes que corresponden al pasado, el presente y el futuro de los dos personajes, Fernando y Carmina. Lee ahora la parte que tiene que ver con el pasado de Fernando y Carmina (líneas 1–28, páginas 39–40).

*****Paso 2.** Empareja los números de las líneas del drama (columna B) con las ideas expresadas en ellas (columna A).

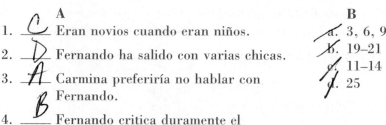

A

1. _C_ Eran novios cuando eran niños.

2. _D_ Fernando ha salido con varias chicas.

3. _A_ Carmina preferiría no hablar con Fernando.

4. _B_ Fernando critica duramente el ambiente en que viven.

B

a. 3, 6, 9

b. 19–21

c. 11–14

d. 25

*Paso 3. En esta parte hay un cambio en la actitud de Carmina hacia Fernando. ¿Qué hace Carmina que sugiere que siente algo por él?

    a. Lo empieza a tutear.
    b. Lo besa.
    c. Le dice que lo quiere.

*Paso 4. Lee la segunda parte de esta escena (líneas 30–51). ¿Quiénes son los otros dos personajes de quienes hablan Fernando y Carmina? ¿Qué relaciones existen entre las dos parejas? _Elvira y Urbano_

*Paso 5. ¿Qué hace Carmina? Indica qué es lo que hace ella en esta parte de la escena.

    ☐ a. Besa a Fernando.
    ☑ b. Lo tutea.
    ☑ c. Se sienta con él.
    ☑ d. Le dice que lo quiere.
    ☑ e. Se sonríe.
    ☐ f. Ríe.
    ☑ g. Habla en broma.
    ☐ h. Critica el lugar donde viven.

Paso 6. Lee el resto de la escena (líneas 52–73).

*Paso 7. A continuación aparecen tres de los motivos de queja de Fernando. Escribe una oración para cada caso, explicando con tus propias palabras de qué se queja Fernando.

    a. su situación económica: _Fernando quiere salir su pobreza de estos sucios ambientes_

    b. los vecinos: _Fernando quiere salir las chismes y las peleas que ocurio entre los vecinos_

    c. los padres: _Fernando quiere salir de los padres que abruman con torpeza_

*Paso 8. Describe con tus propias palabras cómo figura Carmina en los planes de Fernando. _Carmina, en los planes de Fernando será la mujercita de él_

*Paso 9. En la última parte de la escena (en la página 151), Fernando le da un golpe a la lechera que, al caer, deja una mancha blanca en el suelo. ¿Qué simboliza este hecho?

#4-8 para Martes

a. Indica una vida futura feliz para Fernando y Carmina.

b. Indica una vida futura infeliz para Fernando y Carmina.

*Paso 10. Lee toda la escena considerando los siguientes temas.

a. el concepto del amor de los personajes

b. oportunidades educativas que tiene la clase baja

c. oportunidades económicas

d. el papel de cada miembro de la familia

¿Es Fernando un hombre típico del año 1919? ¿Es Carmina una mujer típica de la época?

Paso 11. Antes de leer la escena del tercer acto, debes saber que Fernando y Carmina *no* se casan entre sí. Fernando se casa con Elvira por dinero mientras que Carmina se casa con Urbano. Cada pareja tiene hijos. El hijo de Fernando y Elvira se llama Fernando. La hija de Carmina y Urbano se llama Carmina. Ninguno de los planes que tiene Fernando da resultado.

Paso 12. Ahora, vuelve a la Lección 3 y lee de nuevo la escena. Esa escena precede a la que vas a leer.

*Paso 13. La escena que vas a leer (páginas 41–42) es la última del drama. Primero, lee las acotaciones (las líneas que aparecen en letra itálica) y luego indica con una V las declaraciones que son verdaderas.

a. _____ Fernando, hijo, y su padre discuten sus planes.

b. _____ Carmina, hija, sale de su casa sin que nadie lo sepa.

c. _____ Los hijos están enamorados.

d. _____ Los padres piensan en el pasado.

e. _____ Los hijos saben que sus padres los están observando.

f. _____ Los padres interrumpen la discusión entre sus hijos.

*Paso 14. Ahora, lee toda la escena. En esta escena Fernando, hijo, habla de los siguientes temas. Escribe una oración con tus propias palabras, explicando lo que él encuentra problemático con relación a cada tema.

a. el ambiente: _____

_____

b. los padres: _____

_____

Paso 15. Compara el amor que Fernando, padre, expresa por Carmina, madre, con el amor que Fernando, hijo, expresa por Carmina, hija.

_____

_____

Paso 16. Explica las diferencias entre las dos Carminas en cuanto a sus relaciones con los dos Fernandos.

_____

_____

Paso 17. Compara la descripción de los padres al final del primer acto (líneas 70–72) con la de los hijos al final del drama (123–126). ¿Cuál será el futuro de los hijos? ¿Será su vida igual a la de sus padres?

_____

_____

actividades

Actividad 1. De hijos y padres

Paso 1. En grupos de cinco, contesten las siguientes preguntas. Apunta las respuestas de tus compañeros.

> ¿Viven tus abuelos con tus padres?
>
> ¿Viven tus abuelos en la misma ciudad en que viven tus padres?
>
> ¿Es probable que tú vivas, después de graduarte, en la misma ciudad en que viven tus padres?
>
> ¿Cuentas con la educación para obtener lo que te propones en el futuro?
>
> ¿Figura una pareja en los planes que tienes para el futuro?

Paso 2. Escriban un perfil del grupo basado en las respuestas a las preguntas del Paso 1. Utilicen las siguientes palabras como guía.

sin excepción   a diferencia de
la mayoría de nosotros   por un lado... por el otro...
en general   en conclusión
con excepción de una persona

Paso 3. Comparen su perfil con los que hicieron los otros grupos. ¿Qué tienen en común?

Paso 4. Optativo. La clase en común debe preparar un perfil de Fernando, hijo. ¿Qué respuestas daría él a las preguntas del Paso 1? ¿Qué tiene en común Fernando con la clase?

Actividad 2. ¿Se repite la historia?

Paso 1. Los hechos en *Historia de una escalera* comienzan en el año 1919. Muchas cosas han cambiado entre 1919 y el presente. Identifica las cinco áreas de la siguiente lista en las que se han visto los mayores cambios.

- ☐ el papel del hombre en la familia
- ☐ el papel de la mujer en la sociedad
- ☐ las oportunidades educativas para las clases media y baja
- ☐ las oportunidades económicas
- ☐ el porqué de casarse
- ☐ la idea de la libertad del individuo
- ☐ la liberación de la sociedad
- ☐ las obligaciones del individuo hacia sus padres
- ☐ las relaciones entre vecinos

Paso 2. Compara tus respuestas con las de tus compañeros de clase para determinar cuáles son las áreas en que se han visto los mayores cambios.

Paso 3. Vuelvan a la lista en el Paso 1 e indiquen las cinco áreas en las que sus padres han visto los mayores cambios. Utilicen los siguientes modelos para comparar la opinión de sus padres con la de Uds.

A diferencia de nuestros padres, _____.

Al igual que nuestros padres, _____.

Nuestra generación _____

mientras que la de nuestros padres _____.

En comparación con nosotros, _____.

Paso 4. Ahora, comparen la presente generación con la futura. ¿Cuáles serán las áreas en que se verán los mayores cambios? Utilicen los siguientes modelos.

A diferencia de nuestra generación, _____.

Al igual que nosotros _____.

Nuestra generación _____

mientras que la futura _____.

En comparación con nosotros, _____.

Paso 5. ¿A qué conclusión llegaron? ¿Ocurren los mayores cambios en las mismas áreas generación tras generación? Es decir, ¿se repite la historia?

Paso 6. Optativo. En tu opinión, ¿se repetirá en Fernando, hijo, la historia de su padre o será una historia distinta?

Actividad 3. Romeo y Julieta

Paso 1. Entre todos los de la clase, hagan una lista de todas las historias de amor que recuerden, ya se trate de películas, novelas, dramas, poemas, cuentos folklóricos o historias verdaderas. Categoricen cada historia por su final, trágico o feliz.

HISTORIAS DE AMOR	
final trágico	**final feliz**
a. *Romeo y Julieta*	a.
b.	b.
c.	c.
d.	d.

Paso 2. Repasen la lista del Paso 1 e identifiquen las historias en que los padres o las familias tienen un papel importante. Por ejemplo, en la historia de *Romeo y Julieta*, el problema principal tiene que ver con el conflicto entre las familias de los dos protagonistas.

Paso 3. Trabajen en grupos de 3 ó 4. Escojan una de las historias de amor e inventen un diálogo (de diez a quince líneas) en el que los personajes hablan de su conflicto. Al final, van a leer su diálogo al resto de la clase para que sus compañeros adivinen qué historia describen. ¡OJO! No se debe mencionar los nombres de los personajes en el diálogo.

composición
Ideas para escribir un cuarto acto

Paso 1. Escribe una escena (de aproximadamente página y media) del *cuarto acto* de *Historia de una escalera*. Imagínate que han pasado 20 años y que la escena tiene lugar en 1969. En el diálogo, tienes que mencionar

    a. lo que les ha pasado a Fernando, padre, y a Carmina, madre
    b. lo que les ha pasado a Fernando, hijo, y a Carmina, hija
    c. la situación económica de los personajes
    d. cómo son las relaciones entre los personajes y sus familias

Paso 2. Aquí tienes unas ideas para considerar.

    a. ¿Se casan los hijos de ambos entre sí o con otras personas?

    b. ¿Se oponen los padres al matrimonio de los hijos?

    c. ¿Tiene Fernando, hijo, éxito profesional? ¿y en su vida personal?

    d. ¿Se convierte Carmina, hija, en feminista?

    e. ¿Tienen hijos Fernando, hijo, y Carmina, hija?

Paso 3. No te olvides de escribir las acotaciones apropiadas.

Paso 4. Antes de entregar la escena, es importante verificar que el drama funciona. Es necesario que tú, como autor(a) (dramaturgo/a), escuches tu obra. Unos compañeros de clase pueden leer la escena mientras tú escuchas. ¿Suena natural el diálogo? ¿Es lógico? Luego, invierte los papeles. Esta vez tú lees las obras de tus compañeros.

Paso 5. Haz los cambios necesarios y entrégale la escena al profesor (a la profesora).

ejercicios

«Nostalgia», un poema por José Santos Chocano

Ahora vas a leer un poema, «Nostalgia», por el poeta y escritor peruano José Santos Chocano (1875–1934). La poesía, dramas y cuentos de Chocano tienen como punto de partida la América Latina. «Nostalgia» es parte de una colección de poemas titulada *¡Fiat lux!* que fue publicada en 1908. Vas a leer el poema por partes para que comprendas y aprecies mejor las imágenes que el poeta crea.

*__Paso 1.__ La palabra **nostalgia** ¿tiene que ver con el futuro o con el pasado?

*__Paso 2.__ Lee del primero al cuarto verso y luego los dos últimos (35 y 36, página 43). El poeta repite los versos. ¿Para qué se repiten?

    a. para dar énfasis a las ideas expresadas en las oraciones

    b. para tener 28 versos (el doble de los versos de un soneto)

    c. para imitar las canciones populares, que casi siempre tienen refranes

*Paso 3. Basándote sólo en estos versos, indica cuáles de las siguientes palabras y frases describen el tono que crees que tiene el poema.

a. meditativo   d. alegre   g. de desesperación
b. animado   e. de cansancio   h. de enojo
c. melancólico   f. pensativo   i. solemne

*Paso 4. Lee ahora del verso 1 al 18. Luego, empareja las palabras relacionadas con la naturaleza (columna A) con los conceptos que representan (columna B).

A	B
1. _____ raíces	a. la profundidad, el poder, la fuerza
2. _____ frutos	b. la permanencia, la base, la estabilidad
3. _____ río	c. lo que ha alcanzado en su vida, sus logros
4. _____ nube	d. vano, efímero, pasajero, de poca duración
5. _____ ave	
6. _____ leño	
7. _____ humo	
8. _____ árbol	

*Paso 5. Lee ahora del verso 19 al 26. ¿Qué asocias con los senderos en las montañas?

SÍ   NO
☐ ☐ a. peligrosos
☐ ☐ b. llanos
☐ ☐ c. estrechos
☐ ☐ d. difíciles de atravesar
☐ ☐ e. los centros urbanos
☐ ☐ f. aislados
☐ ☐ g. los ascensores
☐ ☐ h. solitarios
☐ ☐ i. las vacas
☐ ☐ j. con muchas curvas
☐ ☐ k. los pendientes peligrosos
☐ ☐ l. las vistas panorámicas
☐ ☐ m. el cemento

*Paso 6. Lee del verso 27 al 36. Indica con una V las oraciones que son verdaderas.

a. _____ El poeta ya no quiere viajar más.

b. _____ Piensa en su familia y sus amigos.

c. _____ A los invitados les gusta ver el álbum de fotografías de sus aventuras.

d. ____ Quiere sentarse en una silla y contarles a todos lo que le ha pasado.

e. ____ Está en una fiesta para celebrar el nuevo viaje que va a hacer.

f. ____ Viajó con gusto por tres años (mil y una noches).

Paso 7. ¿Cuál de las palabras y frases del Paso 3 describe mejor el tono del poema? ¿Hay otras que crees que también describan el tono?

Paso 8. Lee todo el poema, en voz alta si es posible, con el tono apropiado.

Paso 9. ¿Con qué tiene que ver el poema «Nostalgia»? ¿con el futuro, con el pasado o con los dos? Contesta completando las siguientes oraciones.

El poema «Nostalgia» tiene que ver con _____

porque el poeta _____

y también _____.

actividades

Actividad 1. ¿He vivido poco? ¿Me he cansado mucho?

Paso 1. Al final del poema se repiten los versos tres y cuatro. Éstos capturan el sentimiento nostálgico del poema. ¿Qué puedes decir acerca de los últimos años de tu vida? Escribe dos oraciones, basadas en las del poema, en que expresas algunos sentimientos nostálgicos. (¡OJO! Guarden lo que escriben en las Actividades 1–3. Lo utilizarán en **Composición: Ideas para escribir un poema.**)

_____

_____

_____

Paso 2. Compara tus oraciones con las de dos compañeros/as de clase. Expliquen qué aspectos de su vida captan las oraciones.

Paso 3. Ahora, escribe tus oraciones en la pizarra. ↻→

Paso 4. Utilizando tus propias oraciones como comienzo o como fin, organiza algunas de las oraciones que escribieron en la pizarra tus compañeros de clase para crear un poema de 6 a 8 versos. ¿Expresa tu poema una perspectiva positiva, negativa o neutral?

Paso 5. Escucha atentamente los poemas que leen en voz alta tus compañeros de clase. ¿Quieres leer el tuyo?

Paso 6. Optativo. En vez de hacer el Paso 5, firma al dorso del papel en que escribiste tu poema y entrégaselo al profesor (a la profesora), quien va a exhibir todos los poemas en el salón de clase. Lee los poemas de tus compañeros. Luego, entre todos voten por los tres mejores.

Actividad 2. No vive de veras

Paso 1. Chocano empieza su poema dándonos una idea del tiempo: «Hace ya diez años que recorro el mundo». Como habla de diez años pasados, habla nostálgicamente. Completa la siguiente oración. Como tú te vas a referir a los diez próximos años, tu perspectiva no es nostálgica sino de anticipación (hacia el futuro). (¡OJO! Guarden lo que escriben en las Actividades 1–3. Lo utilizarán en **Composición: Ideas para escribir un poema.**)

    Dentro de diez años, yo _____.

Compara tu oración con las que escribió el resto de la clase.

Paso 2. Ahora, modifica los versos 3 y 4 («¡He vivido poco! ¡Me he cansado mucho!») adoptando una perspectiva hacia el futuro.

    ¡Viviré _____!

    ¡ _____!

Compara tus oraciones con las que escribió el resto de la clase.

Paso 3. En el verso 5, el poeta dice «Quien vive de prisa no vive de veras». Trabajando con tres o cuatro compañeros de clase, completen la siguiente oración poniendo lo que verdaderamente piensan y sienten Uds.

    Quien _____ no vive de veras.

Paso 4. Escriban su oración en la pizarra y compárenla con las que escribió el resto de la clase. ¿Cuáles son los temas?

Actividad 3. El sendero abrupto

Paso 1. ¿Por qué se compara la vida con un camino? (Lee de nuevo los versos 19–26 de «Nostalgia».) Haz una lista de todas las asociaciones que puedas hacer entre la vida y un camino. Luego, comparte tu lista con uno o dos compañeros/as de clase, apuntando lo que escribieron. (¡OJO! Guarden lo que escriben en las Actividades 1–3. Lo utilizarán en **Composición: Ideas para escribir un poema.**)

MIS IDEAS	LAS IDEAS DE MIS COMPAÑEROS/AS
1. _____	1. _____
2. _____	2. _____
3. _____	3. _____
4. _____	4. _____

Paso 2. Comenten por qué es fácil asociar la vida con un camino. Luego, completen la siguiente oración.

En un camino, así como el la vida, nosotros _____
_____.

Paso 3. Ahora, escribe tú solo/a dos o tres oraciones que describan el camino de tu vida. Utiliza las siguientes preguntas como guía.

a. ¿Qué tipo de camino es? ¿Es un sendero abrupto? ¿una carretera?
b. ¿En qué punto del camino te encuentras? ¿al principio? ¿a mitad?
c. ¿Con qué animal puedes comparar el camino?

_____

_____

_____

_____

_____

_____

Paso 4. Lee tu descripción a la clase y escucha atentamente mientras tus compañeros leen las suyas. ¿En general, en qué tipo de camino están Uds.? ¿En qué punto se encuentran? ¿Con qué animales han comparado el camino?

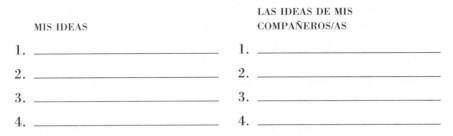

composición
Ideas para escribir un poema

Paso 1. Has escrito varios poemas breves como parte de las Actividades 1–3. Ahora, los vas a combinar para formar un poema completo.

Paso 2. Aquí tienes unas sugerencias. ¡OJO! No son nada más que sugerencias.

     a. Empezar con la descripción del camino en que te encuentras ahora.

     b. Describir lo que va a pasar dentro de diez años.

     c. Describir a quien no vive de veras.

     d. Concluir el poema.

Paso 3. Recuerda darle un título apropiado al poema.

Paso 4. Lee el poema en voz alta. ¿Qué te parece? Si no te parece bien, cambia algunas palabras o modifica el orden en que has puesto los versos.

Paso 5. Entrégale el poema al profesor (a la profesora).

Evaluation Criteria for Compositions

	Points
Content (Information Conveyed)	
• minimal information; information lacks substance (is superficial); inappropriate or irrelevant information; or not enough information to evaluate	19
• limited information; ideas present but not developed; lack of supporting detail or evidence	22
• adequate information; some development of ideas; some ideas lack supporting detail or evidence	25
• very complete information; no more can be said; thorough; relevant; on target	30
Organization	
• series of separate sentences with no transitions; disconnected ideas; no apparent order to the content; or not enough to evaluate	16
• limited order to the content; lacks logical sequencing of ideas; ineffective ordering; very choppy; disjointed	18
• an apparent order to the content is intended; somewhat choppy; loosely organized but main points do stand out although sequencing of ideas is not complete	22
• logically and effectively ordered; main points and details are connected; fluent; not choppy whatsoever	25
Vocabulary	
• inadequate; repetitive; incorrect word use; literal translations; abundance of invented words; or not enough to evaluate	16
• erroneous word use or choice leads to confused or obscured meaning; some literal translations and invented words	18
• adequate but not impressive; some erroneous word usage or choice, but meaning is not confused or obscured	22
• broad; impressive; precise and effective word use and choice	25
Language	
• one or more errors in use and form of the grammar; frequent errors in subject/verb agreement; non-Spanish sentence structure; erroneous use of language makes the work mostly incomprehensible; no evidence of having edited the work for language; or not enough to evaluate	13
• some errors in subject/verb agreement; some errors in adjective/noun agreement; erroneous use of language often impedes comprehensibility; work was poorly edited for language	15
• occasional errors in subject/verb or adjective/noun agreement; erroneous use of language does not impede comprehensibility; some editing for language evident but not complete	17
• very few errors in subject/verb or adjective/noun agreement; work was well edited for language	20

Total points _____ /100

Developed by James F. Lee and David L. Paulson.

Respuestas

Lección 1 *Las mascotas*

A. Animales de compañía

Paso 1. 1. e 2. k 3. l 4. f 5. d 6. a 7. c 8. h 9. j 10. i 11. b 12. g

Paso 2. 1. Hay más de veinte millones de animales de compañía en España. 2. Se mencionan perros, gatos, canarios y peces de acuario. 3. Mientras la Fundación Purina pagó por la investigación, la empresa Metra Seis la realizó. 4. Se publicaron en Natura. 5. Hay menos animales de compañía en España que en el resto de Europa.

B. Necesitamos muchos amigos, ¡apúntate!

Paso 1. a. apuntarse = hacerse apuntar para alguna cosa, como, por ejemplo, como participante en una organización, subscripción, etcétera b. mandato c. Llamar la atención del lector o de la lectora.

Paso 2. b

Paso 3. 1. a 2. d 3. h 4. c 5. b 6. e 7. g 8. f

Paso 4. 1. ASEP es una organización nueva. 2. Es una asociación para los criadores de los periquitos ondulados australianos standard inglés. 3. Quieren actuar como actúan en Inglaterra. 4. Han tenido una asociación en Inglaterra por más de un siglo (cien años).

C. ¿Por qué los perros dan vueltas antes de acostarse?

Paso 2. La información sobre el instinto en el párrafo 1 es un comentario. La información sobre la etología en el párrafo 2 es una definición.

Paso 3. Las palabras importantes del párrafo 1 son: el instinto, estado salvaje, domésticos, se "acuerdan"; y las del párrafo 2: señalizar, propiedad particular

Paso 4. 1. El texto da dos razones. 2. La etología es la ciencia que estudia el comportamiento de los animales. Tiene que ver con el instinto porque hay comportamientos instintivos; sin embargo, la etología es más amplia que el instinto. 3. Ya no es necesario si crees que los perros dan vueltas por instinto. Es necesario si crees que dan vueltas para señalizar su mini-territorio.

D. El Perro que deseaba ser un ser humano

Paso 1. ¿Quién? un perro ¿Cuándo? no hace mucho tiempo ¿Dónde? en la casa de un rico mercader; en la ciudad de México

Paso 2. 1. *paws* 2. *tail* 3. *to salivate, drool* 4. *moon* 5. *to howl*

Paso 4. 1. Era animal de compañía de un rico mercader mexicano. 2. Dice que el Perro vivía no hace mucho tiempo. Implica que ya no vive. 3. Después de muchos esfuerzos, no se convirtió en un ser humano.

Lección 2 *Él y ella*

A. Tu veredicto: Ahora ellos se embellecen

Paso 1. a y c

Paso 2. 1. sí 2. hasta cierto punto 3. no 4. no 5. hasta cierto punto 6. hasta cierto punto 7. sí 8. sí 9. no 10. hasta cierto punto 11. no 12. no

Paso 4. 1. sí 2. Anónima y Laura Hidalgo. 3. Julissa, Zoila, Adriana y, tal vez, Lucía 4. 5% sí está a favor de la libertad completa. 45% está a favor de la libertad hasta cierto punto. 50% está a favor de hacer distinción entre los sexos.

B. Comer mucho, *cazar* poco

Paso 1. Su autor es una mujer. En las cuatro últimas oraciones usa la primera persona del plural, incluyéndose a sí misma. Indican lo mismo los sujetos de las oraciones "Las chicas comemos" y "tenemos". Usa un pronombre objeto de primera persona del plural: "nos consideran".

Paso 2. a. de burla, de desaprobación, ofendido b. de desaprobación, humorístico c. de burla, de disgusto d. de enfado, ofendido, de disgusto, sarcástico

Paso 3. b y c son posibles.

Paso 4. 1. en Pennsylvania 2. participaron cien hombres. 3. Juzgar la feminidad de una mujer mientras comía cuatro platos diferentes. 4. La más femenina, según los participantes, comía una ensalada y tomaba agua mineral.

C. ¿Cómo piensan los hombres?

Paso 1. La imagen presentada en b es más común que la presentada en a.

Paso 3. 1. 29 2. 39 3. 54 4. 58 5. 73 6. 88 7. 103 8. 111 9. 138

Paso 4. Los resultados no esperados fueron a las preguntas 1, 7, 8, 9. Los resultados esperados fueron a las preguntas 2, 3, 4, 5, 6.

Paso 5. 1. Son varios los ejemplos, entre ellos: a. que para los hombres el sexo es de poca importancia y el matrimonio es de suma importancia; b. que la fidelidad es tan importante para el hombre como lo es para la mujer; c. que el sexo no es la causa principal de las peleas conyugales. 2. El matrimonio es importante para el hombre. Ser mejor padre es importante. Sólo 9% no se casaría con la misma persona. 3. 58. 80% dice que no le molestaría ganar menos que sus esposas. 4. Un buen número (alrededor de 50%) se trasladarían. 5. Se publicó en México, porque en la última línea el autor pregunta si lo mismo sucede en México. Eso indica que los lectores son mexicanos.

D. En el lugar que corresponde

Paso 1. Rosario es su hermana mayor. 2. El poema va dedicado a Margarita, quien aparentemente es hermana de la autora (porque habla de *nuestra* hermana, Rosario).

Paso 2. 1. Rosario 2. a la autora 3. la libertad 4. Margarita 5. el hombre mencionado en el verso 19 6. dos pestañas, una boca y unos pechos

Paso 4. 1. no 2. La respuesta varía de persona a persona, según su concepto de la libertad. Tus palabras no serán las mismas, pero puedes comparar lo que escribiste con lo siguiente: Libertad es darse cuenta de las varias decisiones que tienes que tomar y aceptar las consecuencias. 3. El hombre comenta su apariencia física pero no lo que dijo. 4. a. Lo que define a la mujer no es su intelecto sino su cuerpo. b. La mujer puede elegir su propio papel pero las consecuencias son serias. c. En muchas familias tradicionales la hermana mayor tiene muchas responsabilidades mientras que las menores parecen tener más libertad y oportunidades. 5. Tus palabras no serán las mismas, pero puedes comparar lo que escribiste con lo siguiente: Muchos no piensan en las mujeres como seres intelectuales. Solamente las juzgan por su apariencia física.

Lección 3 *La familia*

A. Varios
Paso 1. 1a. a, c 1b. a, c 1c. b 2. d
Paso 3. 1-d 2-b 3-c 4-a

B. Pasión por los toros
Paso 2. 1a. Describe a don Miguel y a don Paco. 1b. Don Miguel tiene como 60 años y don Paco tiene como 50. 1c. La frase indica que ya han pasado la juventud. Entrados en carnes significa que los dos han engordado. 2a. Ponerse es sinónimo de meterse. 2b. Se dice que el traje de luces es estrechísimo porque es un traje que queda muy ceñido, como la ropa deportiva Spandex. Un traje de luces es el que visten los toreros.
Paso 3. 1. Los padres se llaman Miguel y Paco y tienen como 60 y 50 años, respectivamente. 2. Los hijos se llaman Mike y Rafi y tienen 18 años. 3. Los cuatro son toreros. 4. El estilo de don Paco es descrito como clásico y purista. El de don Miguel es tremendista.

C. Las mentiras y los niños
Paso 2. La segunda y la cuarta oración del primer párrafo.
Paso 3. 1-c 2-b 3-a 4-e 5-d
Paso 4. 2
Paso 5. 1. Sí, muchos padres creen que las mentiras representan un problema grave. 2. Tienen que cumplir por lo menos cuatro años de edad. 3. La au-

tora dice "Eso es todo." y "Y nada más." (Son las últimas oraciones de cada párrafo.)

D. Historia de una escalera
Paso 1. Nombres: Manolín, Fernando, hijo, Fernando, Elvira
Paso 2. Manolín = hijo, Fernando = hijo, Elvira = madre
Paso 3. Elvira; Carmina
Paso 4. Manolín
Paso 5. a, b
Paso 6. 4, 1, 5, 3, 2

Lección 4 *La comida*

A. Algas marinas
Paso 1. 1. b. Las algas son plantas que viven en el fondo de los mares y océanos. 2. b. Una granja es un lugar destinado al cultivo de las algas. Se asocian las granjas más frecuentemente con el cultivo del maíz y el trigo y con la cría de ciertos animales de corral como pollos, vacas, puercos, etcétera.
Paso 2. I. Empieza en el segundo párrafo. II. Empieza en el sexto párrafo. III. Empieza en el octavo párrafo.
Paso 3. a
Paso 5. 1. Los dos científicos británicos han desarrollado la primera granja comercial para la explotación de algas marinas. 2. Las algas se cultivan en Escocia. 3. Primero, llevan las algas a un laboratorio donde controlan la formación de las semillas. Segundo, después de un año, ponen las semillas en tanques donde empiezan a germinar. Tercero, trasplantan los filamentos a la granja submarina donde permanecen durante siete meses. 4. Las algas son ricas en minerales y vitaminas. También contienen proteínas pero su contenido de grasa es bajo. 5. La industria japonesa ganó 10 mil millones de dólares. Se supone que por eso los británicos esperan ganar mucho. 6. Las algas se utilizan en ensaladas, sopas y estofados. Se comen fritas como otro vegetal y también en forma de puré.

B. Alimentos "biológicos"
Paso 2. A = aceptadas, R = rechazadas

A	natural
R	las químicas
A	ecológico
A	la nutrición
R	los pesticidas
R	artificial
R	los fertilizantes
A	el medio ambiente
A	el procesamiento
R	los medicamentos
A	saludable
R	los conservantes
R	los aditivos
A	los nutritivos intactos
A	los alimentos *gourmets*

Paso 3. un aceite virgen de oliva, un arroz, un vino
Paso 4. 1. Un alimento biológico es el que se cultiva libre de fertilizantes químicos y no lleva conservantes ni aditivos. Es un cultivo perfectamente natural. 2. Los tres productos españoles que se mencionan son el aceite de oliva, el arroz y el vino. 3. La popularidad de la agricultura biológica tiene que ver con los problemas del medio ambiente. Ahora se sabe que hay que proteger el medio ambiente. Si evitamos el uso de fertilizantes químicos, no le haremos daño al medio ambiente.

C. Alimentos irradiados: Frescos por muchos años
Paso 1. 1. c 2. a 3. b
Paso 3. *¿Por qué?* para conservar por más tiempo los alimentos y eliminar las sustancias que los deterioran (descomponen) *¿Dónde?* en todo el mundo, especialmente en unos veinte países, entre ellos los Estados Unidos, España, la ex-Unión Soviética, Sudáfrica, Bélgica, Dinamarca y Japón *¿Quién?* George Giddings, director del centro de irradiación Isomedix, y Martin Welt, físico que trabaja en la compañía Tec-

nología de la Radiación ¿*Cómo*? Es una irradiación ionizante.

Paso 4. 1. El problema que solucionaría la irradiación de alimentos es el de su conservación. 2. La irradiación mata los microorganismos que causan enfermedades. 3. Proponen utilizar la irradiación en vez de las pesticidas que causan varios problemas ambientales. 4. En el texto se menciona un pollo conservado por ocho años. 5. En España se permite irradiar las patatas y cebollas. Pero, como no hay ninguna empresa de irradiación en España, tienen que ser productos importados.

D.   Ciudades desiertas

Paso 2. a. los tamalitos con chipilín b. el mole negro   c. las nueces enchiladas   *d. la salsita de chumiles   e. las iguanas de Taxco   f. el caldo de cucarachas   g. el consomé de ladillas   h. los armadillos de Juchitán   *i. los monos de Veracruz   *j. los tacos de viril k. los tacos de gusano oaxaqueño

Paso 3. a. la comida china   b. la comida francesa   c. las hamburguesas d. los hot dogs

Paso 5. 1. Están en un bar en los Estados Unidos. 2. Hablan de diferencias culturales, específicamente, entre la cultura mexicana y la de los Estados Unidos, comparan la vida en las ciudades de ambos países; la comida y el nacionalismo. 3. Eligio quiere ofender o irritar a los norteamericanos. En vez de describir los chumiles, los monos y los tacos de viril, pudiera haber descrito los tamales con chipilín. 4. Eligio consigue lo que deseaba. Altagracia dice que las comidas le dan asco. Cole sonríe *forzadamente* y revisa con cuidado el contenido de su vaso; es decir, Cole se siente incómodo.

Lección 5   *La salud*

A.   ¡Evite el infarto!

Paso 2. Cada lector va a definir el tema principal a su propia manera. Lo importante es sacar como conclusión que hay cinco factores relacionados con el infarto: la genética, la presión arterial, el nivel de colesterol, la adicción a la

nicotina y un estilo de vida sedentario. **Paso 3.** 1. *heart*   2. *propensity; likelihood*   3. *risk*   4. *previous history*   5. *blood pressure*   6. *one is suffering*

Paso 5. 1. El examen cardíaco completo no es sólo para los pacientes sino para todos. 2. Las características del individuo propenso al ataque cardíaco son: tiene una historia familiar de problemas cardiovasculares, presión arterial alta, alto nivel de colesterol, fuma, lleva una vida sedentaria. 3. Tus propias palabras son tus propias palabras. De todos modos, hay que mencionar varios conceptos como: la herencia y casos de infartos entre los familiares. 4. Cada alumno dará respuestas diferentes. Probablemente hayas mencionado ejercicios, bebidas alcohólicas, hábitos alimenticios. 5. El régimen que recomienda el Dr. Roller incluye: una alimentación baja en sal y grasas, hacer ejercicio físico, no fumar y no tomar mucha cafeína.

B.   La infelicidad atrae a los virus

Paso 1. La respuesta correcta es b.

Paso 2. Aquí tienes unas ideas de cómo expresar la información en palabras más sencillas.

la psiconeuroinmunología: La ciencia que dice que las emociones negativas pueden dar a los virus la oportunidad de atacar el organismo humano.

el trabajo de Temoshock: Encontró relación entre el estado del sistema inmunológico de las víctimas del SIDA y la personalidad de éstas.

el trabajo de Gottschalk: Entre los enfermos de cáncer encontró que los que estaban más contentos tenían mayor probabilidad de vivir más.

Paso 3. b

Paso 4. 1. Recetar drogas no es la única manera de curar al paciente. Algunos van a responder mejor a un tratamiento que tenga que ver con las emociones que con sustancias químicas. 2. La ley de Grimm dice: La probabilidad de estar enfermo depende de la virulencia o fuerza del agente infeccioso y de la resistencia de la persona. 3. Se sabe que, cuando sentimos algo placentero (agradable), se disparan las endorfinas. 4. Según Temoshock, es mejor

ser agresivo y extrovertido. 5. No hay ningún hospital que haga psicoentrevista para determinar el estado emotivo de los candidatos a paciente en este momento. En el artículo se habla del futuro. 6. Debes mencionar la relación entre el estado físico y el estado mental.

C.   Los tiburones: ¿Clave para curar el cáncer y el S.I.D.A.?

Paso 1. 1. a   2. a   3. c

Paso 2. 1. b y c   2. 1. c   2. e   3. d 4. b   5. a

Paso 3. Su enfoque es simplemente describir cómo viven los tiburones. 2. El Dr. Luer quiere producir tumores cancerígenos en los tiburones. 3. El propósito de las inyecciones es estimular la producción de anticuerpos contra el SIDA. 4. La respuesta no está en el texto; tienes que inferirla. Probablemente, los tiburones no van a desarrollar un cáncer ni van a contraer el SIDA gracias a su sistema inmunológico. Este sistema parece ser muy efectivo, en proteger el organismo contra estas enfermedades.

D.   La peste

Paso 1. Gracias a la ciencia (la astronomía), sabemos que los cometas son fenómenos naturales. Son astros que siguen órbitas como los planetas. Según la superstición los cometas indican que algo mal va a ocurrir. Por medio de la ciencia sabemos que las enfermedades son causadas por bacilos y virus. De acuerdo con la superstición, las enfermedades son un castigo por algo malo que la persona enferma o alguien de su familia ha hecho.

Paso 3. a. El cura dudaba entre dar o no dar el bautismo a cada cabeza del niño de dos cabezas. b. Los cuatro adjetivos son: reprobados, vergonzosos, ofensivos y escandalosos. Reprobados significa enérgicamente rechazados y en este contexto indica que Dios condena el uso de trajes así. Vergonzosos indica que llevar esos trajes es motivo de vergüenza. Ofensivos a la naturaleza significa que son perversos. Escandalosos significa que los trajes causan indignación en ciertas personas. c. Según el médico, Dios mandó la peste como castigo. El efecto que tiene la peste es convertir la sangre en orina y en cólera.

Paso 4. La función de señalar esta información en letra bastardilla es comparar las creencias de 1719 con las del presente. Por ejemplo, hoy ya no se cree que los cometas sean presagio de alguna calamidad. Y si un médico explicara la peste como castigo de Dios no sería digno de respeto ni de confianza.

Paso 5. 1. Las dos advertencias son la aparición del cometa y el niño de dos cabezas. 2. a. Dios envió el cometa como advertencia. b. También como advertencia, nació un niño de dos cabezas. c. A pesar de las advertencias, la gente persistió en seguir la moda francesa. d. La gente festejó los festivales como siempre. e. Seis hermosas muchachas desnudas se lanzaron a bailar. f. La peste fulminó a las seis. 3. La gente de Potosí merece la peste porque sigue la moda francesa. 4. b. 5. Porque Dios está irritado con ellos.

Lección 6   *El futuro*

A.   El árbol de la ciencia

Paso 1. ¿*Quiénes?* Andrés y su tío, Iturrioz; ¿*dónde?* en la azotea de la casa de Iturrioz; ¿*cuándo?* por la tarde; ¿*qué?* para pasar el tiempo conversando

Paso 2. Cada estudiante va a contestar a su manera. Éstas son las respuestas de los autores.

Andrés	Iturrioz	
1	2/3	intelectual
3	4	activo
1	1	serio
4	1/2	tiene sentido del humor
1	2	filosófico

Paso 3. Es médico. Quiere trabajar en un laboratorio pero no los hay. Probablemente va a trabajar de médico en un pueblo o en el campo.   b. Quiere vivir con independencia, de su trabajo. c. Busca una filosofía que explique la formación del mundo y el origen de la vida y del hombre.

Paso 4.

F/I	sentido práctico
A	un alcohol que emborracha
F/I	carros pesados
A	alejarle a uno de la vida

Andrés prefiere a los alemanes mientras que Iturrioz prefiere a los ingleses.

Paso 5. estúpida; estirilidad emocional; Su actitud es bastante negativa.

Paso 6. 1. sí   2. no   3. sí   4. no

B.   Historia de una escalera

Paso 2. 1. c   2. d   3. a   4. b

Paso 3. a

Paso 4. Hablan de Elvira y Urbano.

Fernando sale con Elvira y Carmina sale con Urbano.

Paso 5. Carmina hace lo siguiente: b, c, e, f, g.

Paso 7. a. Está frustrado por su situación económica. Habla de la sordidez, ordinariez y suciedad del ambiente. b. Habla de las peleas constantes entre los vecinos.   c. Parece que no tiene muy buenas relaciones con sus padres.

Paso 8. Fernando quiere casarse con Carmina. Lo más importante es que va a hacer todo *por ella*. En fin, además de quererla, él la necesita.

Paso 9. b

Paso 10. Fernando y Carmina son individuos típicos de su época.

Paso 13. Las afirmaciones verdaderas son b, c, d.

Paso 14. Fernando, hijo describe su ambiente como una casa miserable. Habla de la brutalidad e incomprensión. Habla de sus padres como vulgares, vencidos por la vida. Dice que no los quiere.

C.   Nostalgia

Paso 1. La palabra nostalgia tiene que ver con el pasado.

Paso 2. a

Paso 3. a, c, e, f, g

Paso 4. 1. b   2. c   3. a   4. d   5. d   6. b   7. d   8. a y b

Paso 5. Con los senderos asociamos: a, c, d, f, h, j, k, l.

Paso 6. Las oraciones verdaderas son a, b, d.

Vocabulario
Español–Inglés

This Spanish-English vocabulary contains all the words that appear in the text, with the following exceptions: (1) identical cognates; (2) verb forms, including regular past participles; (3) diminutives in **-ito/a**; (4) absolute superlatives in **-ísimo/a**; (5) adverbs in **-mente** when the corresponding adjective is listed; and (6) most numbers. Only meanings that are used in this text are given.

The gender of nouns is indicated, except for masculine nouns ending in **-o** and feminine nouns ending in **-a**. Stem changes and spelling changes are indicated for verbs: **dormir (ue, u); llegar (gu)**.

Words beginning with **ch** and **ll** are found under separate headings following the letters **c** and **l**, respectively. The letters **ch, ll,** and **ñ** within words follow **c, l,** and **n,** respectively. For example, **coche** follows **cocinero, callar** follows **calvo,** and **caña** follows **cantidad**.

The following abbreviations are used.

adj.	adjective	infin.	infinitive	pol.	polite
adv.	adverb	inv.	invariable	poss.	possessive
coll.	colloquial	i.o.	indirect object	p.p.	past participle
conj.	conjunction	irreg.	irregular	prep.	preposition
contr.	contraction	m.	masculine	pron.	pronoun
d.o.	direct object	Mex.	Mexico	refl. pron.	reflexive pronoun
f.	feminine	n.	noun	sing.	singular
fig.	figurative	obj. of prep.	object of preposition	Sp.	Spain
inf.	informal	pl.	plural	sub. pron.	subject pronoun

A

a to; at; **a donde** (to) where; **adonde vayan** wherever they go; **¿adónde?** where (to)?; **al** (*contr. of* **a** + **el**) to the

abajo below

abandonar to abandon

abatido/a dejected

abeja bee

abiertamente openly

abochornar to stifle

abogado/a lawyer

abrazar (c) to hug

abrazo hug

abrir (*p.p.* **abierto/a**) to open; **abrirse** to open up; **abrirse a** to confide in

abrumador(a) overwhelming

abrumar to wear out, overwhelm

abrupto/a rugged

absoluto/a absolute; **señor** (*m.*) **absoluto** absolute lord

absorber (*p.p.* **absorbido/a**) to absorb

absorción *f.* absorption

abuelo/a grandfather/grandmother; **abuelos** *pl.* grandparents

abundante abundant

abundar to abound, be plentiful

acabar to end; **acabar con** to stop; **acabar de** + *infin.* to have just (*done something*); **acabarse** to finish

académico/a academic

acaparar to hold (*attention*)

acariciar to pet, caress

accesible accessible

accidente *m.* accident

acción *f.* action; act, deed

aceite *m.* oil

aceituna olive

acento accent

acentuar to accentuate; **acentuarse** to become more noticeable

aceptable acceptable

aceptar to accept

acerca de *prep.* about, on, concerning

acercarse (qu) to approach

acierto coincidence

aclarar to clear up, explain

acogida welcome, reception

acomodar to accomodate

acompañar to accompany

aconsejar to advise

acontecimiento event, happening

acordarse (ue) (de) to remember

acostarse (ue) to go to bed

acostumbrarse to get accustomed to

acotación *f.* stage direction

acreditado/a reputable

acrimonia bitterness

acritud *f.* bitterness

actitud *f.* attitude; position

actividad *f.* activity

activo/a active; lively, energetic

acto act

actor actor

actriz *f.* (*pl.* **actrices**) actress

actual *adj.* current, present

actualidad *f.* present, nowadays

actualmente at present, nowadays

actuar to perform, act; to work, operate

acuario aquarium

acuático/a aquatic

acuerdo agreement; **de acuerdo con** according to; **de común acuerdo** unanimously; **estar** (*irreg.*) **de acuerdo** to agree, be in agreement

acupuntura acupuncture

acusador(a) *adj.* accusing

acusar to accuse

adaptación *f.* adaptation

adaptar to adapt

adecuado/a appropriate, suitable

adelante *adv.* forward, ahead; **más adelante** further on; **salir** (*irreg.*) **adelante** to get ahead, do well
adelgazar (c) to become thin
además *adv.* besides; furthermore; **además de** *prep.* in addition to
adentro *adv.* inside
adherir (ie, i) to adhere, stick to
adicción *f.* addiction
adiós good-bye
aditivo additive
adivinar to guess
adjetivo adjective
administración *f.* administration
admirador(a) admirer
admirarse to marvel at oneself
admitir to admit
adolescente adolescent
adonde (to) where; **adonde vayan** wherever they go
¿adónde? where (to)?
adoptar to adopt
adorado/a adored
adquirir (ie) to acquire
adulto/a *m., f.; adj.* adult
adverso/a adverse, bad (*luck*)
advertencia warning
afán *m.* zeal
afectar to affect, have an effect on
afición (*f.*) (**a**) fondness, liking (for)
aficionarse to become fond of
afirmación *f.* affirmation, assertion
afirmar to assert, state
afirmativo/a affirmative
aflorar to emerge
africano/a African
afrontar to confront
afrutado/a fruity
afuera *adv.* outside; **quedarse afuera** to stay outside
agente *m.* agent
ágil agile
agilidad *f.* agility
agradable pleasant, agreeable
agradar to please, be pleasing to
agraviar to offend, insult
agregar (gu) to add
agresivo/a aggressive
agriarse to turn sour
agrícola agricultural
agricultura agriculture; **agricultura biológica** organic farming
agrupar to gather, assemble
agua *f.* (*but* **el agua**) water
aguantar to tolerate, put up with
aguardiente *m.* liquor; **aguardiente de caña** rum
agudizar (c) to worsen
agudo/a sharp, acute
¡ah! ah!; ha!
ahí there

ahínco: con ahínco eagerly
ahora now; **ahora bien** well now; on the other hand; **ahora mismo** right now, this very minute; **hasta ahora** up till now; **por ahora** for the moment
aire *m.* air
aislar to isolate
al (*contr. of* **a** + **el**) to the
alabar to praise
alarido *n.* shriek, yell
alarmarse to get, be alarmed
álbum *m.* album; **álbum de cromos** photo album
alcanzar (c) to reach
alcohólico/a alcoholic; **bebida alcohólica** alcoholic beverage, liquor
alegre happy, cheerful
alejarse (de) to move away (from), separate
alemán (alemana) German
alga (marina) *f.* (*but* **el alga**) seaweed
algo something
alguien someone, somebody; **salir** (*irreg.*) **con alguien** to go out with someone
algún (alguno/a) some, any; **algunas veces** sometimes
alimentación *f.* nourishment; food
alimentar to nourish; **alimentarse de** to feed on
alimentario/a nutritional
alimenticio/a nourishing
alimento food; **alimento biológico** organic food
alma *f.* (*but* **el alma**) soul, spirit
almacenar to store
almuerzo lunch
alrededor de *prep.* around, about
alterar to alter, change
alternativa option, choice; **darle la alternativa a alguien** to formally recognize someone as a matador
alternativamente alternatively
alto/a high; tall; **en voz alta** aloud; **pasar por alto** to omit
altura height
allá (over) there; **más allá de** beyond
allí there; **de allí** from there; **hasta allí** up to that point
amable kind, nice
amanecer *m.* dawn, daybreak
amante *m., f.* lover
amar to love
amarillo/a yellow
ambición *f.* ambition
ambiental environmental
ambiente *m.* surroundings, environment; **medio ambiente** environment
ambos/as both

ambulante *adj.* walking; **nervio ambulante** nervous wreck
amenazar (c) to threaten
América America; **América latina** Latin America
americano/a American
amigo/a friend; **amiguito/a** close friend, best friend
amistad *f.* friendship
amistoso/a friendly
amor *m.* love; **hacer** (*irreg.*) (*p.p.* **hecho/a**) **el amor** to make love
amoroso/a loving
ampliar to extend
análisis *m.* analysis
analizar (c) to analyze
anciano/a old, aged
ancho/a wide
andadura walking; gait, pace
andar *m.* walk, gait
andar *irreg.* to walk
angustia anguish
angustiado/a distressed, worried
animado/a lively
animal *m.* animal; **animal de compañía** pet
animar to stimulate, encourage
anomalía anomaly
anónimo/a anonymous
ansiar to long, yearn for
ansiedad *f.* anxiety
ansioso/a anxious
antagónico/a antagonistic
Antártida Antarctica
ante *prep.* before, in the presence of; faced with
antecedentes *m. pl.* case history, record
anterior previous
antes de *prep.* before; **antes de** + *infin.* before (*doing something*); **antes morir que probar eso** *coll.* I'd rather die than try that
anticipación *f.* anticipation
anticipar to anticipate, foresee
anticuerpo antibody
antiguo/a old; **chapado/a a la antigua** old-fashioned
antisuero antidote
anunciar to announce
anuncio announcement; advertisement
añadir (a) to add (to)
año year; **¿cuántos años tienes?** how old are you?; **el año pasado** last year; **en los últimos años** in recent years; **los años (30)** (the decade of) the ('30s); **tener (20) años** to be (20) years old
aparecer (zc) to appear
aparejador(a) builder
aparentar to feign

aparición *f.* appearance

apariencia (outward) appearance

apartado section; post office box

apartamento apartment

apasionado/a passionate

apenarse to be ashamed

apéndice *m.* appendix

apertura *n.* opening

apetito appetite

aplicable (a) applicable (to)

aplicación *f.* application

aplicar (qu) (a) to apply (to); to assign (to)

aportar to contribute

aporte *m.* contribution

apoyar to support

apoyo support

apreciar to appreciate

apreciativo/a appreciative

aprender to learn

apretado/a tight (*fitting*)

aprobación *f.* approval

aprobar (ue) to approve

apropiado/a appropriate, suitable

aprovechar to make use of; aprovecharse de to take advantage of

aproximado/a approximate

apuntar (a) to note, take note of; to point (at); apuntarse to sign up

apunte *m.* note

aquel/aquella *adj.* that (*over there*)

aquél/aquélla *pron.* that one (*over there*)

aquello that, that thing; todo aquello all of that

aquellos/as *adj.* those (*over there*)

aquéllos/as *pron.* those (ones) (*over there*)

aquí here

araña spider

arbequino/a *from Arbeca, a village in the province of Lérida, Spain*

árbol *m.* tree; árbol de la ciencia tree of knowledge

arcaico/a archaic

ardilla squirrel

arduo/a arduous, difficult

área *f.* (*but* el área) area

arete *m.* earring

argumento argument

árido/a arid, dry

armadillo armadillo

armonía harmony; en armonía con in harmony with

armoniosamente harmoniously

aroma *m.* aroma, scent

arquetipo archetype

arquitecto/a architect

arrancar (qu) to extract, tear out

arrastrar to drag

arreciar to get stronger

arreglar to fix, repair

arreglo arrangement

arriba (de) *adv.* above

arribar to arrive

arribo arrival

arrobado/a entranced

arrojarse to throw, fling oneself

arroz *m.* (*pl.* arroces) rice; arroz integral brown rice

arruga *n.* wrinkle

arruinar to ruin

arteria artery

arterial: presión (*f.*) arterial blood pressure

artículo article; artículo definido definite article

artificialmente artificially

asalto *n.* attack, assault

asar to roast

ascender (ie) to go up, increase

ascenso promotion

ascensor *m.* elevator

asco disgust; dar (*irreg.*) asco to sicken, disgust; ¡qué asco! how revolting!

asegurar to make sure of; asegurarse to assure

asesinato *n.* murder

así so, in this way, thus; así como such as

asiático/a Asian, Asiatic

asiento *n.* seat

asignar to assign

asimilación *f.* assimilation

asimilar to assimilate

asimismo *adv.* likewise, in the same way

asistencia assistance; asistencia médica medical care

asistir (a) to attend; to be witness to

asociación *f.* association

asociar to associate

asomar to appear; asomarse to show up

asombrar to amaze

asombro surprise

aspecto aspect; look, appearance

aspirina aspirin

asqueroso/a *adj.* disgusting

asterisco asterisk

asunto matter, issue

atacar (qu) to attack

ataque *m.* attack; ataque cardíaco heart attack; sufrir un ataque cardíaco to have a heart attack

atención *f.* attention; care; llamar la atención to attract attention; prestar atención to pay attention, listen to

atender (ie) to attend to, take care of

atentamente attentively

atentatorio/a that which constitutes a threat

atleta *m., f.* athlete

atmósfera atmosphere

atraco holdup, robbery

atractivo *n.* appeal

atractivo/a attractive

atraer (*like* traer) to attract

atrás *adv.* behind

atravesar (ie) to cross

atributo attribute

audaz (*pl.* audaces) bold

auge *m.* expansion; peak, zenith

aullar to howl

aumentar to increase

aumento *n.* increase

aun *adv.* even

aún *adv.* still, yet

aunque though, although, even though

australiano/a Australian

auto car, automobile

auto- *prefix* auto-, self-

autoindicación *f.* self-prescribed dosage

autor(a) author, writer

autoridad *f.* authority

avaluar to value, appraise

avance *m.* advance

avanzado/a advanced

ave *f.* (*but* el ave) bird

aventura adventure

aventurero/a adventuresome

averiguar (gü) to verify

ávido/a eager; greedy

avisado/a informed, warned

ayuda assistance; ayuda económica economic aid

ayudar to help, aid, assist

azotar to whip, beat

azotea rooftop terrace

azúcar *m.* sugar

azul blue

B

bacilo germ

bacinica chamber pot

bacteria bacteria

badajo clapper (*of a bell*)

bailar to dance

bajar to go down; to lower, let down

bajo *prep.* underneath, under; bajo control under control

bajo/a low; con los ojos bajos with downcast eyes; clase (*f.*) baja lower class

balcón *m.* balcony

banana banana

bar *m.* bar, café

barandilla banister

barato/a cheap

barbacoa   barbecue
barda   garden wall; protective fence
barrio   neighborhood
basar   to base; **basarse en**   to be
based on
base *f.*   base; basis; **a base de**   on the
basis of
básico/a   basic
bastante   enough, rather, sufficient
bastardilla   italics
basura   garbage
basurero   trash can
batería: cargar (gu) la batería *fig.*   to
charge one's battery
bautismo   baptism
bautizado/a   baptized
bebé *m., f.*   baby
beber   to drink
bebida *n.*   drink; **bebida alcohólica**
alcoholic beverage, liquor
Bélgica   Belgium
belleza   beauty
bello/a   beautiful
beneficio   benefit
beneficioso/a   beneficial
besar   to kiss
beso   kiss
bichillo   little bug, insect
bien *adv.*   well; **llevarse bien**   to get
along with; **saber** (*irreg.*) **bien**   to
taste good; **salir** (*irreg.*) **bien**   to do
well
bienes *m. pl.*   goods, possessions
bioenergética   bioenergetics
biología   biology; **biología marina**   marine biology
biológico/a   biological; **agricultura biológica**   organic farming; **alimento
biológico**   organic food; **cultivo biológico**   organically-grown produce
biólogo/a   biologist
bioquímica   biochemistry
bioquímico/a *adj.*   biochemical
bistec *m.*   (beef)steak
blanco/a   white; blank; **espacio en
blanco**   blank space
blando/a   soft, tender
blandura   tenderness
boca   mouth
bodega   wine cellar
bofetada *n.*   slap in the face
boga   vogue, fashion; **estar** (*irreg.*) **en
boga**   to be in fashion
bolsa   handbag, purse
bombear   to pump
bombeo *n.*   pumping
boniato   sweet potato, yam
borrador *m.*   rough draft
bosquejo   sketch, outline
botulismo   botulism
branquia   gills

brasa   live, hot coal
brazo   arm
breve *adj.*   brief, short
brillante   bright, brilliant
brillo   brilliance, shine
británico/a   British
broma: **en broma**   as a joke, jokingly
bronca   argument, fight
brújula   compass
brusco/a   brusque, sharp
brutalidad *f.*   brutality
buceamiento   exploration
buen (bueno/a)   good; **pero bueno…**
but still . . . ; **¡qué bueno!**   great!;
un buen número de…   a great number of . . .
burla   ridicule, joke
burlarse de   to ridicule, make fun
of
burro   donkey
buscar (qu)   to look for, search for;
en busca de   in search of

C

caballero   gentleman
caballeroso/a   gentlemanly
caballo   horse
caber *irreg.*   to fit
cabeza   head; top, beginning; **dolor**
(*m.*) **de cabeza**   headache
cabo: **al cabo de**   after, at the end of;
llevar a cabo   to carry out, complete
cabra   goat
cacahuete *m.*   peanut
cacharra   earthenware jug
cada *inv.*   each; (*before number*)
every; **cada cual**   each one (*person*);
cada día   each day, every day; **cada
quien en lo suyo**   to each his/her
own; **cada uno**   every one; **cada vez
más**   more and more
cadena   chain; assembly line
caer *irreg.* (*p.p.* caído/a)   to fall; to
give in; **caerse**   to fall down; **caérsele el pelo a uno**   to lose one's hair
café *m.*   coffee; **café con leche**   coffee
with milk
cafeína   caffeine
calamidad *f.*   calamity, disaster
calcio   calcium
calcular   to calculate
caldo   soup, broth
calentar (ie)   to heat (up)
calibrar   to gauge, measure
calidad *f.*   quality
caliente   warm; hot
calificar (qu)   to assess, grade
californiano/a   Californian
calmado/a   calm
calor *m.*   heat; **tener** (*irreg.*) **calor**
to be, feel hot

caloría   calorie
calvo/a   bald; **quedarse calvo**   to go
bald
callar   to silence; **callarse** *fam.*   to
keep quiet, shut up
calle *f.*   street
cama   bed
camarón *m.*   shrimp, prawn
cambiar   to change; **cambiarse de
ropa**   to change clothes
cambio *n.*   change; **en cambio**   on the
other hand
camello/a *m., f.*   camel
caminante *m., f.*   traveler
caminar   to walk, travel
camino   path, road; way; **estar**
(*irreg.*) **en camino**   to be on the
way
camisa   shirt
camiseta   T-shirt
campana   bell
campanario   bell, church tower
campesino/a   peasant
campo   country(side); field (*of study*)
canario   canary
canas *pl.*   gray hair(s)
cáncer *m.*   cancer
canceroso/a   cancerous, cancer-
causing
canción *f.*   song
candidato/a (a)   candidate (for)
canino/a   canine
cansancio   tiredness, fatigue
cansar   to tire, wear out; **cansarse de**
to get tired of, bored with
cantidad *f.*   quantity, amount
caña   sugar cane; **aguardiente** (*m.*) **de
caña**   rum
capacidad *f.*   capacity; talent, ability
capaz (*pl.* capaces)   capable
capitalismo   capitalism
capítulo   chapter
captar   to attract; to pick up; to capture; **captar ideas**   to understand
capturar   to capture
cara   face; **de cara**   facing
característica   characteristic, feature
caracterizar (c)   to characterize; to distinguish
carajo: **(no) valer** (*irreg.*) **un carajo**
(*coll.*)   (not) to be worth a damn
carbohidrato   carbohydrate
cardíaco/a   cardiac; **ataque** *m.* **cardíaco**   heart attack; **latido cardíaco**
heartbeat; **sufrir un ataque cardíaco**   to have a heart attack
cardiólogo/a   cardiologist
cardiovascular   cardiovascular
carecer (zc)   to lack, be without
carga   cargo; weight; burden
cargado/a (de)   loaded (with)

cargar (gu) to carry; to charge; **cargar la batería** *coll.* to charge one's battery

cariño affection

cariñoso/a affectionate

carne *f.* meat; flesh; **entrado/a en carnes** overweight

carnestolendas *pl.* Shrovetide (*three days preceding Lent*)

caro/a expensive

carrera career

carretera highway

carro car, automobile

carta letter

cartera wallet

cartílago cartilage

casa house, home

casados *pl.* married couple

casarse (con) to get married (to)

casi almost, nearly

casinillo foyer

caso circumstance; case, instance; **hacer** (*irreg.*) (*p.p.* **hecho/a**) **caso (a)** to pay attention (to); **no venir** (*irreg.*) **al caso** to be beside the point

casualidad *f.* accident, coincidence

catástrofe *f.* catastrophe

categoría category

categorizar (c) to categorize

causa cause; reason, motive; **a causa de** because of

causar to cause

cautiverio captivity

cazador(a) hunter

cazar (c) to hunt; *coll.* to land, to get

cebolla onion

celebrar to celebrate

célula cell

cemento cement

cena dinner, supper

cenar to dine; to have for dinner; **invitar a cenar** to invite to dinner

centenario/a centenarian (*person over 100 years old*)

centro center, middle

cerca *n.* fence, hedge

cerca *adv.* near, nearby, close; **cerca de** *prep.* close to; nearly, about

cercano/a close

cerdo pig

cereal *m.* cereal; grain

cerebro brain

cerrado/a closed; quiet, uncommunicative

cerrar (ie) to close, shut

cerro hill

ciego/a blind

cielo sky; heaven

cien (ciento) one hundred, a hundred; **por ciento** percent

ciencia science; learning, knowledge; **árbol** (*m.*) **de la ciencia** tree of knowledge; **Facultad** (*f.*) **de Ciencias** School of Sciences

científico/a *n.* scientist; *adj.* scientific

cierto/a certain; **¡cierto!** certainly!; **por cierto** certainly

cifra number, figure

cinturón *m.* belt; **cinturón de seguridad** safety belt, seat belt

circulación *f.* circulation

círculo circle

circunstancia circumstance

ciruela plum

cita date; appointment; quotation

ciudad *f.* city

civilización *f.* civilization

civilizado/a civilized

civilizador(a) *adj.* civilizing

claro/a clear; distinct; **¡claro!** of course!; **¡claro que no!** of course not!

clase *f.* class; kind, type; **clases** (*pl.*) **media y baja** middle and lower classes; **compañero/a de clase** classmate; **de toda clase** of every kind; **salón** (*m.*) **de clase** classroom; **toda la clase** the whole class

clásico/a classical

clasificación *f.* classification

clavar to drive in, fix in; **clavar los dientes en una cosa** *fig.* to sink one's teeth into something

clave *f.* key

clima *m.* climate

clínica clinic

cobrar to charge; **cobrar un sueldo** to collect a salary

cocaína cocaine

cocina *n.* cooking; **cocina gourmet** gourmet cooking

cocinado/a cooked

cocinero/a *n.* cook

coche *m.* car

coger (j) to take hold of

cognado cognate (*a word that looks and means similar things across languages*)

coherente coherent

cohesión *f.* cohesion

coincidencia coincidence

coincidir (con) to coincide (with)

cola tail

colaboración *f.* collaboration

colección *f.* collection

coleccionar to collect

colega *m., f.* colleague; buddy

colegio high school

cólera bile, cholera

colesterol *m.* cholesterol

colocar (qu) to place, arrange

columna column

coma comma

combatir to combat, fight

combinación *f.* combination

combinar to combine

comentar to discuss

comentario commentary; comment, remark

comenzar (ie) (c) to begin, start, commence

comer to eat; **comerse** to eat up

comercial *adj.* commercial

comercialización *f.* commercialization

comerciante *m., f.* merchant, dealer

comercio commerce

comestible *adj.* edible

comestibles *m. pl.* food

cometa *m.* comet

comida food; **comida rápida** fast food

comienzo beginning, start

comilla quotation mark

como as; as a; like; since

¿cómo? how?; what?

comodidad *f.* comfort

compañero/a companion, partner; **compañero/a de clase** classmate

compañía company; **animal** (*m.*) **de compañía** pet

comparación *f.* comparison; **en comparación con** in comparison with

comparar to compare

compartir to share

compatible compatible

compensación *f.* compensation

competir (i, i) to compete

complejo/a complex, difficult

completar to complete

completo/a complete, full; **por completo** completely

complicar (qu) to complicate; **complicarse** to get complicated

componer (*like* **poner**) (*p.p.* **compuesto/a**) to constitute, make up

comportamiento behavior

comportarse to behave

composición *f.* composition

comprar to buy; **comprarse** to buy for oneself; **ir** (*irreg.*) **a la compra** to go shopping

comprender to understand; to include

comprensible understandable

comprensión *f.* comprehension

comprensivo/a understanding, sympathetic

comprimir to compress

comprobar (ue) to verify, prove

compromiso: por compromiso out of a sense of duty

computador *m.* computer

común common; **de común acuerdo** unanimously; **lugar** (*m.*) **común** cliché

comunicación *f.* communication; **falta de comunicación** lack of communication

comunicar (qu) to communicate; to connect

comunicativo/a communicative

comunidad *f.* community

con with

concentrarse (en) to concentrate (in, on)

concepto concept; view, judgment

conciencia conscience

concluir (y) to conclude, finish

conclusión *f.* conclusion; **en conclusión** in conclusion, finally

concordar (ue) (con) to agree (with)

concurso competition, contest

condescendiente condescending

condición *f.* condition, situation; character

condimento condiment

condón *m.* condom

conducir (*like* **producir**) **(a)** to lead (to)

conducta conduct

conectar to connect

conejo rabbit

conexión *f.* connection

confesar (ie) to confess

confiable reliable

confianza *n.* trust

confiar to trust

conflicto conflict

conforme a in accordance with

confortable comfortable

confrontar to confront

confundido/a confused

congelación *f.* freezing; **congelación en vivo** cryogenics

congeniar (con) to get along (with)

conjetura conjecture

conjugarse (gu) to blend, fit together

conjuntamente together

conjunto group, set

conllevar to convey

conmigo with me

conmovedor(a) *adj.* moving

cono cone

conocer (zc) to know; to meet

conocido/a *m., f.* acquaintance; *adj.* known

conocimiento knowledge

conquista conquest

consecuencia consequence

conseguir (i, i) (g) to get, obtain

consejo advice

consentir (ie, i) to allow

conserva: en conserva preserved

conservador(a) conservative

conservante *m.* preservative

conservar to preserve; to retain, keep

consideración *f.* consideration; **tomar en consideración** to take into consideration

considerar to consider

consigo with him/her/it/you (*pol.*)

consistir en to consist of

consolar (ue) to console

consomé *m.* consommé, clear soup

constante constant

constar de to consist of

constitución *f.* constitution

constituir (y) to constitute, form

constitutivo/a constitutive

constructor(a) *adj.* construction

construir (y) to construct

consultar to consult

consultorio (doctor's) office

consumidor(a) consumer

consumir to consume

consumo consumption

contacto contact

contagioso/a contagious

contaminación *f.* contamination

contaminar to contaminate

contar (ue) to tell; to count; **contar con** to have; to rely on

contemplar to look at, contemplate

contemporáneo/a contemporary

contener (*like* **tener**) to contain; **contenerse** to control oneself

contenido content(s)

contento/a content, happy

contestación *f.* answer

contestar to answer

contexto context

contigo with you (*inf.*)

continente *m.* continent

continuación: a continuación next, immediately after

continuar to continue

continuo/a continuous

contra against; **estar** (*irreg.*) **en contra de** to be opposed to

contraer(se) (*like* **traer**) to contract; **contraer nupcias con** to get married to

contraindicación *f.* contraindication

contrapartida compensation

contrario/a opposite; **al contrario** on the countrary; **por el contrario** on the contrary

contrastar to contrast

contraste: en contraste (con) in contrast (to)

contribuir (y) to contribute

controlar to control

convencer (z) to convince

conveniente convenient

conversación *f.* conversation

conversacional conversational

convertir (ie, i) (en) to convert (into); **convertirse (en)** to transform, be changed (into)

convivir to live together; to coexist

conyugal conjugal, married

cónyuge *m., f.* spouse, partner

copa cup, glass

copiar to copy

coquetear to flirt

coraza shell

corazón *m.* heart

corchetes *m. pl.* square brackets

cordón *m.* cord

coronario/a *adj.* coronary

corporal bodily

correa leash

correcto/a *adj.* correct

corregir (i, i) (j) to correct

correr to run; to flow

correspondencia correspondence

corresponder (a) to correspond (to)

correspondiente respective

corroborar to corroborate

cortapisa restriction

cortarse to break up

cortés courteous

cosa thing; **cosas por el estilo** things of that sort

cosecha harvest

cosmogonía cosmogony

cosmología cosmology

costa coast

costar (ue) to cost; **me cuesta trabajo creerlo** I find it hard to believe

costo cost

costumbre *f.* custom, habit

cotidiano/a daily, every day

coyote *m.* coyote

crear to create

crecer (zc) to grow

crecimiento growth

creencia belief

creer (y) to think, believe

crema cream; **crema humectante** moisturizing cream

criador(a) breeder

crianza *n.* rearing

criar to raise

criatura creature

criogenia cryogenics

criterio criterion

crítica criticism

criticar (qu) to criticize

crítico/a critical

cromo color print; **álbum** (*m.*) **de cromos** photo album

cronológico/a chronological; **por orden cronológico** in chronological order

crucigrama *m.* crossword puzzle

crudo/a raw

cruzar (c) to cross; **cruzarse** to intersect

cuadro picture; square

cuadruplicar (qu) to quadruple

cual what, which (one); **cada cual** each one (*person*); **el/la cual** which

¿cuál? what?, which?, which one?

cualidad *f.* quality, trait

cualquier(a) any, whatever, whichever, whoever

cuando when; **de vez en cuando** occasionally

cuantificar (qu) to quantify

cuanto: en cuanto *conj.* as soon as; **en cuanto a** *prep.* with regard to

cuanto/a how much; **¿cuántas veces?** how often?; **¿cuántos años tienes?** how old are you?; **cuantos/as** how many; **¿por cuánto tiempo?** for how long?

cuarto fourth; room

cucaracha cockroach

cucurucho paper cone

cucha dog bed

cuchillo knife

cuenta bill; **a fin de cuentas** after all; **darse** (*irreg.*) **cuenta (de)** to realize; **tener** (*irreg.*) **en cuenta** to take into account; **tomar en cuenta** to bear in mind

cuento story

cuerno horn

cuerpo body

cuesta slope

cuestión *f.* issue, matter, question

cuestionar to question, dispute

cuestionario questionnaire

cuidado care; **con cuidado** carefully; **tener** (*irreg.*) **cuidado** to be careful

cuidadoso/a careful

cuidar to pay attention to; to take care of

culminante *adj.* culminating

culminar (en) to culminate (in)

culo *vulgar* anus; butt, ass

culpa: tener (*irreg.*) **la culpa** to be to blame

cultivar to cultivate, grow

cultivo cultivation; **cultivo biológico** organically grown produce

cultura culture

cumbre *f.* summit, top

cumpleaños *m. sing.* birthday

cumplir to comply, carry out; to fulfill obligations; to reach, attain; **cumplir con** to comply with; **cumplirse** to be fulfilled

cuna cradle

cura *m.* priest; *f.* cure

curación *f.* healing

curar to cure

curiosidad *f.* curiosity

cursiva italics

curva curve

cutis *m.* skin

cuy *m.* (*pl.* **cuis**) type of guinea pig

cuyo/a whose

CH

chango small monkey

changón (changona) sharp, intelligent person

chapado/a: chapado/a a la antigua old-fashioned

charla talk, chat

chico/a boy/girl, girlfriend

chile *m.* chile pepper

chino/a Chinese

chipilín *m.* leguminous plant

chirriar to screech

chismes *m. pl.* gossip

chismorreo gossip, scandal

chistoso/a funny, amusing

chocolate *m.* chocolate

chumil *m.* type of insect

D

dama lady

dañar to harm

dar *irreg.* to give; **dar a entender** to insinuate; to make understood; **dar asco** to sicken, disgust; **dar fruto** to bear fruit; **dar las gracias** to thank; **dar por hecho** to take as fact; to take for granted; **dar por seguro** to regard as certain; **dar resultado** to produce results; **dar voces** to shout, yell; **dar vueltas** to turn; **darle la alternativa a alguien** to formally recognize someone as a matador; **darse cuenta** to realize

dato piece of information; **datos** facts, information

de *prep.* of; from; **del** (*contr. of* de + el) of the; from the

debajo de *prep.* under, underneath

debatir to debate, discuss

deber *m.* duty, obligation

deber to owe; **deber** + *infin.* should, ought to, must; **deberse a** to be due to, because of

debido a owing to, due to, because of

débil weak

debilidad *f.* weakness

debilitado/a weakened

década decade

decencia decency

decididamente decidedly

decidir to decide

decir *irreg.* (*p.p.* **dicho/a**) to say, tell; **decir la verdad** to tell the truth; **es decir** that is to say; **querer** (*irreg.*) **decir** to mean

decisivo/a decisive

declamar to recite

declaración *f.* declaration

declarar to declare, state

decorado/a decorated

decrecer (zc) to decrease

dedicar (qu) to dedicate; **dedicarse a** to dedicate oneself to (*something*)

dedicatoria dedication

deducir (*like* **conducir**) to deduce, infer

defecto defect, fault

defender (ie) to defend

defensa defense

defensor(a) defender

deficiente deficient

definición *f.* definition

definido/a definite; **artículo definido** definite article

definir to define

definitiva: en definitiva definitively

definitivo/a definitive

dejar to leave; to allow; **dejar de** + *infin.* to stop (*doing something*); **dejarse vencer** to give in; **dejarse ver** to allow oneself to be seen; **no deja de** + *infin.* it never fails to (*do something*)

del (*contr. of* de + el) of the; from the

delante de in front of

delegación *f.* delegation

delfín *m.* dolphin

delgado/a thin

delicado/a delicate

delicia delight

delicioso/a delicious

delineante *m., f.* draftsperson

demanda demand

demandante demanding

demandar to demand

demás: los/las demás the others; **y demás** et cetera

demasiado *adv.* too; too much

demoledor(a) overwhelming

demonio devil, demon

demostrar (ue) to demonstrate, show

denso/a dense

dentista *m., f.* dentist

dentro de *prep.* inside; **dentro de un rato** in a little while; **para dentro** inside

departamento department

depender (de) to depend (on)

deporte *m.* sport

deportista *m., f.* sportsperson

depresión *f.* depression

deprimido/a depressed

derecha *n.* right (*direction*); **a la derecha** to the right

derecho right (*legal*); **tener** (*irreg.*) **derechos** to have rights

derecho/a *adj.* right (*side*)

derivado derivative

derivado/a derived

derramar to spill

desaparecer (zc) to disappear

desaprobación *f.* disapproval

desarrollar to develop

desarrollo development, progress

desastre *m.* disaster

desastroso/a disastrous

descalabrado/a unsuccessful

descansar to rest

descomponer (*like* **poner**) (*p.p.* **descompuesto/a**) to decompose

descompuesto/a (*p.p. of* **descomponer**) distorted

desconectado/a disconnected

desconfiado/a distrustful

desconocido/a unknown

describir to describe

descripción *f.* description

descubierto/a (*p.p. of* **descubrir**) discovered

descubrir (*p.p.* **descubierto/a**) to discover

desde *prep.* from; **desde mañana** starting tomorrow; **desde niño** since childhood; **desde que** since

desear to want, wish (for)

desempeñar to carry out, perform

desengañarse to see things as they really are

deseo *n.* wish, desire

desesperación *f.* despair, desperation

desesperadamente desperately

desesperar to despair

desgraciadamente unfortunately

deshidratación *f.* dehydration

deshumanización *f.* dehumanization

desierto desert

desierto/a deserted

desinterés *m.* lack of interest

desmentir (ie, i) to deny

desnudo/a naked

desobedecer (zc) to disobey

desolado/a desolate

despeñarse to hurl oneself; to plunge

desplazado/a displaced

despolitización *f.* depoliticization

después *adv.* afterward; **después de** *prep.* after; **después (de) que** *conj.* after; **después de todo** after all

desquitarse to get even; to take it out (on)

destacado/a distinguished

destino destiny

destruir (y) to destroy

desubicado/a out of place

desventaja disadvantage

detallado/a detailed

detalle *m.* detail; **en detalle** in detail

detener (*like* **tener**) to delay, detain

deteriorar to deteriorate

determinación *f.* decision

determinar to determine

detestar to detest, loathe

deuda debt

devolver (ue) to return something

día *m.* day; **cada día** each, every day; **de un día para otro** from one day to another; **hoy (en) día** nowadays

diagnóstico/a (*adj.*) diagnosis

dialogar (gu) to have a conversation

diálogo dialogue

diario/a daily; **a diario** daily

diastólico/a diastolic; **presión** (*f.*) **diastólica** diastolic pressure

diccionario dictionary

dicho/a this; the aforementioned

diente *m.* tooth; **clavar los dientes en una cosa** *fig.* to sink one's teeth into something

dieta diet; **ponerse** (*irreg.*) (*p.p.* **puesto/a**) **a dieta** to go on a diet; **refresco de dieta** diet soda

diferencia difference; **a diferencia de** unlike, in contrast to

diferenciarse (de) to be different (from)

diferente different; **diferentes** several, various

difícil difficult; **difícil de** + *infin.* hard or difficult to (*do something*)

dificultad *f.* difficulty

digerir (ie, i) to digest

diluir (y) to dilute

dimensión *f.* dimension

Dinamarca Denmark

dinámico/a dynamic

dinero money

dinosaurio dinosaur

dios *m.* god; **Dios** God; **¡por Dios!** for heaven's sake!

dirección *f.* direction

directamente directly

director(a) director, head (*of a department*)

dirigir (j) to direct; to manage; **dirigirse a** to speak to, address

disciplina discipline

disco *n.* record

discriminador(a) *adj.* discriminating

discurso discourse

discusión *f.* discussion

discutir to discuss

diseñar to design

disfrutar (de) to enjoy; to make use of

disfrute *m.* enjoyment

disgustar to displease

disgusto displeasure

disimular to hide, conceal

disminuir (y) to diminish

disparar to fire, shoot

dispuesto/a (*p.p. of* **disponer**) willing, inclined to

distanciado/a distanced

distante distant

distinción *f.* distinction

distinguir (g) to distinguish

distinto/a clear, distinct

diverso/a diverse

divertir (ie, i) to entertain

dividir to divide

divino/a divine

divisar to make out, distinguish

división *f.* division

divorciarse to get divorced

doble *m.* double

docena dozen

doctor(a) doctor

documento document

dólar *m.* dollar

dolor *m.* pain; **dolor de cabeza** headache

doméstico/a domestic; **quehaceres** (*m.*) **domésticos** household chores

domingo Sunday

don *m.* title of respect used with a man's first name

doncella maiden

donde where

¿dónde? where? **¿a dónde?** where (to)?; **¿de dónde?** from where?; **¿dónde?** where?

dormir (ue, u) to sleep; **echarse a dormir** to go to sleep

dorso back

dotado/a gifted

dramaturgo/a playwright, dramatist

droga drug

duda doubt; **sin duda** without a doubt

dudar to doubt

dueño/a owner; master

Duero Douro River (*Sp.*)

duplicar (qu) to duplicate

duración *f.* duration

durante during

duro/a hard, harsh; **a duras penas** with great difficulty

E

ebrio/a intoxicated

ecocardiograma *m.* echocardiogram (*heart sonogram*)

ecología ecology

ecológico/a ecological

económico/a economic; **ayuda económica** economic aid; **situación** (*f.*) **económica** financial position

ecuatoriano/a Ecuadorian

echar to throw, cast, toss; **echar raíces** to settle down; **echarse** to lie down; **echarse a dormir** to go to sleep

edad *f.* age

edición *f.* issue; edition

edificio building

editor(a) editor

educación *f.* education

educar (qu) to educate

educativo/a educative

EE.UU. (*abbreviation of* **Estados Unidos**) United States

efectividad *f.* effectiveness

efectivo/a effective

efecto effect, impact; **en efecto** sure enough

efectuar to carry out

eficaz (*pl.* **eficaces**) effective

eficiencia efficiency

eficiente efficient

efímero/a ephemeral

Egipto Egypt

¿eh? right?

ejecutado/a performed

ejemplar *m.* specimen

ejemplificar (qu) to exemplify

ejemplo example; **por ejemplo** for example

ejercer (z) to practice

ejercicio exercise; **hacer** (*irreg.*) (*p.p.* **hecho/a**) **ejercicios** to exercise

el *m. sing. definite article* the

él *sub. pron.* he; *obj. of prep.* him

elaboración *f.* manufacture, making

elección *f.* choice, selection

electricidad *f.* electricity

elefante *m.* elephant

elegancia elegance

elegir (i, i) (j) to choose, select

elemento element

elevación *f.* elevation

elevado/a elevated

eliminar to eliminate

ella *sub. pron.* she; *obj. of prep.* her

ello it (*neuter*); **por ello** because of that

ellos/as *sub. pron.* they; *obj. of prep.* them

embargo: sin embargo still, however, nonetheless

embellecerse (zc) to beautify oneself

emborrachar to make, get drunk

embrión *m.* embryo

embrutecimiento stupefaction, dumbfoundedness

embustero/a cheat; liar

emoción *f.* emotion

emocional emotional

emotivo/a emotional; **estado emotivo** emotional state

empaquetado/a packaged; **empaquetado al vacío** vacuum-packed

emparejar to pair, match

empeñarse en to insist on

empezar (ie) (c) to begin, start

empleado/a *n.* employee; *adj.* used

emplear to employ, use

emprender to undertake

empresa enterprise, company

en in; on; at

enajenarse to get carried away

enamorarse (de) to be in, fall in love (with)

encaminado/a directed

encantador(a) *adj.* enchanting

encantar to enchant

encanto charm

encargar (gu) to entrust; **encargarse de** to take charge of (*something*)

encerrar (ie) to enclose

encima: por encima de *prep.* over

encontrar (ue) to encounter, find; to meet; **encontrarse** to find oneself

encuesta investigation

enchilada enchilada (*stuffed tortilla*)

enderezarse (c) to straighten up

endorfina endorphin

endurecer (zc) to harden

energético/a energetic

energía energy

enérgicamente vigorously

enfadarse to get angry

enfado *n.* anger

énfasis *m.* emphasis; **poner** (*irreg.*) (*p.p.* **puesto/a**) **énfasis en** to stress

enfático/a emphatic

enfatizar (c) to emphasize, stress

enfermarse to get sick

enfermedad *f.* illness, disease

enfermo/a *n.* sick person; *adj.* sick, ill

enfocar (qu) to focus

enfoque *m.* focus

enfrentar to face

enfurruñarse to sulk

engordar to get fat

enojarse to become angry

enojo anger

enorme enormous

enredado/a entangled

ensalada salad

ensañarse con to be ruthless with

ensartar to impale, pierce, run through

enseñar to teach

entender (ie) to understand; **dar** (*irreg.*) **a entender** to insinuate; to make understood; **entenderse** to be understood

entendimiento understanding

enterarse to find out

entercarse (qu) to become obstinate

entero/a complete, entire

entidad *f.* entity; organization

entonces then; **para/por entonces** by then

entrado/a: entrado/a en carnes overweight

entrar to enter

entre *prep.* between, among; **entre otros/as** among others; **entre sí** among(st) themselves, yourselves (*pol.*); **entre todos** among all

entreabierto/a half-open

entregar (gu) to hand in, hand over, surrender

entrenamiento training

entrenar to train, coach

entrevista interview

entrevistado/a *n.* interviewee; *adj.* interviewed

entusiasmar to fill with enthusiasm

entusiasmo enthusiasm

envejecer (zc) to age

envejecimiento *n.* aging

enviar to send

envuelto/a wrapped up

época age, epoch, period of time

equipado/a equipped

equipo team; **equipo de fútbol** soccer team

equivalencia equivalence

equivalente equivalent

equivaler (*like* **valer**) to be equal to

equivocación *f.* mistake

equivocado/a mistaken

erguido/a erect, straight

erradicar (qu) to eradicate

erróneo/a mistaken

escala scale

escalera stairway; **hueco de la escalera** stairwell

escalón *m.* step

escandalizar (c) to scandalize

escándalo scandal

escandaloso/a scandalous

escasear to be scarce

escaso/a scarce

escena scene

escenario stage, scenery

escenografía stage design

Escocia Scotland

escoger (j) to choose

esconder(se) to hide

escribir (*p.p.* **escrito/a**) to write; **escribir a máquina** to type

escrito written work; **por escrito** in writing

escrito/a (*p.p. of* **escribir**) written; **escrito/a por** written by

escritor(a) writer

escuchar to listen to

escuela school

escupidera spittoon

escurrido: por escurrido drop by drop

ese/esa *adj.* that

ése/ésa *pron.* that one

esencia essence

esfuerzo effort

eso that; that thing

Esopo Aesop

esos/esas *adj.* those

ésos/ésas *pron.* those (ones)

espacio en blanco blank space

espantable frightening

espanto fright

espantoso/a frightening

España Spain

español(a) *n.* Spaniard; *adj.* Spanish

especia spice

especial special

especialista *m., f.* specialist

especializarse (c) (en) to specialize (in)

especie *f.* species

especificación *f.* specification

específico/a specific

espectacular spectacular

esperanza hope

esperar to hope for; to wait (for)

espermatozoide *m.* spermatozoid

espeso/a thick, dense

espléndido/a splendid

esposo/a husband/wife

esquema *m.* diagram, plan

esquina corner

estabilidad *f.* stability

establecido/a established

estación *f.* station; season

estadística statistic

estado state; **estado de humor** mood; **estado emotivo** emotional state; **Estados Unidos** United States

estadounidense *n.; adj.* American, of the United States

estar *irreg.* to be; **estar a punto de** to be about to; **estar de acuerdo** to agree, be in agreement; **estar de malas** to be in a bad mood; **estar de moda** to be in style; **estar en boga** to be in fashion; **estar en camino** to be on the way; **estar en contra de** to be opposed to; **estar expuesto/a** (*p.p. of* **exponer**) **a** to be open to; **estar harto/a (de)** to be fed up (with); **estar pendiente de** to be relying on;

estar pobre de proyectos to lack things to do; **estar seguro/a** to be sure

estatura stature

este/esta *adj.* this

éste/ésta *pron.* this one

estereotipo stereotype

esterilidad *f.* sterility

estilo style; **cosas por el estilo** things of that sort; **estilo de vida** life-style

estimar to estimate

estimular to stimulate

esto this, this matter; **esto es...** that is (to say) . . . ; **todo esto** all of this

estofado stew

estómago stomach

estomatológico/a stomatologic (*of the mouth*)

estos/as *adj.* these

éstos/as *pron.* these (ones)

estragar (gu) to ruin

estrategia strategy

estrechez *f.* (*pl.* **estrecheces**) financial difficulty

estrecho/a narrow; **estrechas relaciones** close relations

estrenar to premiere, debut

estreno *n.* debut

estrepitosamente noisily

estrés *m.* stress

estructura structure

estructurar to structure

estudiante *m., f.* student; **estudiante de posgrado** graduate student

estudiar to study; **estudiar para aparejador** to study to be a builder

estudio study, investigation

estudioso/a studious

estupefacto/a stupefied

estúpido/a silly, stupid

Etiopía Ethiopia

étnico/a ethnic

etología ethology (*study of animal behavior*)

Europa Europe

europeo/a European

evaluación *f.* evaluation

evaluar to evaluate

evento event

evidencia evidence

evidente evident

evitar to avoid

exacto/a exact

exageración *f.* exaggeration

exagerar to exaggerate

examen *m.* examination, test

examinar to examine

excelente excellent

excepción *f.* exception

excepcional exceptional

excepto except (for), excepting

excesivo/a excessive

exceso excess; **en exceso** excessively

excitado/a excited

exclamar to exclaim

exclusivo/a exclusive

excursión *f.* excursion

exhibir to exhibit

existencia existence

existir to exist

éxito success; **tener** (*irreg.*) **éxito** to be successful

exitoso/a successful

exótico/a exotic

expedición *f.* expedition

experiencia experience

experimentar to try out; to experience; **experimentar con** to test with

experimento experiment

experto/a expert

explicación *f.* explanation

explicar (qu) to explain

explícito/a explicit

exploración *f.* exploration

explorar to explore

explosión *f.* outburst

explotación *f.* exploitation

exponer (*like* **poner**) (*p.p.* **expuesto/a**) to expound, explain

exposición *f.* exposition

expresar to express

expresión *f.* expression

expuesto/a (*p.p. of* **exponer**) exposed, displayed; **estar** (*irreg.*) **expuesto/a a** to be open to

extasiado/a enraptured

extender (ie) to extend, spread (out)

extensión *f.* extension

exterior *m.* exterior, outside

extraer (*like* **traer**) (*p.p.* **extraído/a**) to extract

extranjero/a foreign

extraño/a strange

extraordinario/a extraordinary

extravagante extravagant

extrovertido/a extroverted

F

fábula fable

fácil easy; **fácil de** + *infin.* easy to (*do something*)

facilidad *f.* ease

facilitar to facilitate, make easy

facultad *f.*: **Facultad de Ciencias** School of Sciences

faena physical or manual labor

falda skirt

falsedad *f.* falsehood

falso/a false

falta   lack; **falta de comunicación**
  lack of communication
faltar   to lack
falla   defect, fault
fallecer (zc)   to pass away, die
fama   fame
familia   family
familiar *adj.* (*pertaining to the*)
  family; informal
famoso/a   famous
fanático/a *n.* fanatic; *adj.* fanatical
fantasía   fantasy
farmaco   drug
farra   spree
farsante *adj.*   phony
fascinación *f.* fascination
fascinante   fascinating
fastidiado/a   ruined
favor *m.* favor; **estar** (*irreg.*) **a favor**
  de   to be in favor of; **por favor**
  please
favorito/a   favorite
felicidad *f.* happiness; **felicidades** con-
  gratulations
feliz (*pl.* **felices**)   happy
felpudo   mat
femenino/a   feminine
feminidad *f.* femininity
feminista *m., f.; adj.* feminist
fenomenal   phenomenal
fenómeno   phenomenon
feo/a   ugly
fertilidad *f.* fertility
fertilizante *m.* fertilizer
festejar   to celebrate
ficha   index card
fidelidad *f.* fidelity
fiel   faithful
fieramente   fiercely
fiesta   party, celebration
figura   figure
figurar   to figure
fijamente   fixedly; **mirar fijamente**   to
  stare
fijar   to fix, fasten on; **fijarse (en)**   to
  pay attention (to)
filamento   filament
filosofía   philosophy
filosófico/a   philosophic
filósofo/a   philosopher
fin *m.* end, ending, conclusion; **a fin**
  de cuentas   after all; **al fin**   finally;
  con el fin de   with the purpose of;
  fin de semana   weekend; **poner**
  (*irreg.*) (*p.p.* **puesto/a**) **fin**   to end
final *m.* end
finalidad *f.* finality
finalmente   finally
firmar   to sign
firme: de firme   firmly, strongly
físico/a *n.* physicist; *adj.* physical

fisiología   physiology
flecha   arrow
flor *f.* flower
fluido/a   fluid
folklórico/a   popular, traditional
forcejeo   struggle
forma   form; **mantenerse** (*like* **tener**)
  en forma   to keep in (good) shape
formación *f.* formation
formar   to form; **formarse**   to develop
formular   to formulate
fortuna   fortune, luck
foto *f.* photo
fotocopiar   to photocopy
fotografía   photograph
fragmento   fragment
francés (francesa) *n.*   French person;
  adj. French
frase *f.* phrase; sentence
frecuencia   frequency; **con frecuencia**
  frequently
frecuente   frequent
freír (i, i) (*p.p.* **frito/a**)   to fry
frente a *prep.*   as opposed to; facing
fresco/a   fresh
frescura   freshness
frío/a   cold
frito/a (*p.p. of* **freír**)   fried
frontera   (political) border
fronterizao/a (*adj.*)   border, frontier
frustración *f.* frustration
fruta   fruit
fruto   fruit; **dar** (*irreg.*) **fruto**   to
  bear fruit
fuego   fire
fuente *f.* fountain; source, origin;
  fuente de información   source of information
fuera *adv.*   outside
fuerte   strong
fuerza   strength; force, effect
fulminante   tremendous
fulminar   to explode
fumar   to smoke
función *f.* function
funcionar   to function
fundación *f.* foundation
fundamentalmente   fundamentally
fútbol *m.*   soccer; **equipo de fútbol**
  soccer team
futuro *n.* future
futuro/a *adj.*   future

G

gala: hacer (*irreg.*) (*p.p.* **hecho/a**) **gala**
  de   to boast of
galanazo   fashion show
galón *m.*   gallon
galleta   cookie
gallina   chicken

gallo: pelea de gallos   cockfight
gana   desire, wish; **ganas de**   desire
  for (*something*); **tener** (*irreg.*) **ganas**
  de + *infin.*   to feel like (*doing*
  something)
ganado   livestock, cattle
ganar   to earn
garantía   guarantee
Garriga   subdivision of Barcelona
gasolina   gasoline
gastar   to spend
gastronómico/a   gastronomic
gato   cat
gemir (i, i)   to moan, wail
generación *f.* generation
general   general; **en general**   generally; **por lo general**   generally
generalizado/a   generalized
generar   to generate
genética *sing.*   genetics
genético/a   genetic
gente *f. sing.*   people
germinación *f.* germination
gesto   gesture
giba   hump
gigantesco/a   gigantic
glutamato monosódico   monosodium
  glutamate (MSG)
gobierno   government
golpe *m.*   blow, punch; **golpe con el**
  pie   kick
golpear   to strike
gourmet   gourmet; **cocina gourmet**
  gourmet cooking
gracia   grace; **con gracia**   gracefully;
  hacerle (*irreg.*) (*p.p.* **hecho/a**) **gracia**
  a uno   to be amusing to someone
gracias *pl.*   thank you; **dar** (*irreg.*) **las**
  gracias   to thank; **gracias a**   thanks
  to
grado   degree; **al grado de**   to the
  degree that
graduarse   to graduate
gráfico *n.*   graphic
gráfico/a *adj.*   graphic
gramatical   grammatical
gran (grande)   big; great
granja   farm
granjero/a   farmer
grasa   fat, grease
grasoso/a   fatty, greasy
gringo/a   foreigner (*derogatory conno-*
  tation)
gringolandia   United States (*slang,*
  derogatory)
gringuez *f.*   foreignness (*derogatory*)
grito: el último grito   the latest word
grupo   group
guardar   to keep
guerra nuclear   nuclear war
guía *m., f.*   guide; guidance

guiar to guide
gusano maggot, worm
gustar to please; **gustar de** to like
gusto pleasure; taste; **a gusto** as you like it; **con gusto** with pleasure

H

haber *irreg.* to have; **haber de** + *in-fin.* to have to (*do something*)
habilidad *f.* ability
habitante *m., f.* inhabitant
habitar to inhabit, live
hábito habit
habitualmente habitually
hablar to speak
hacer *irreg.* (*p.p.* **hecho/a**) to do; to make; **hace buen tiempo** the weather is nice; **hace poco tiempo** a short time ago; **hacer caso** to pay attention (to); **hacer ejercicios** to exercise; **hacer el amor** to make love; **hacer el intento** to make the/an attempt; **hacer gala de** to boast of; **hacer huelga** to go on strike; **hacer presa** to seize; **hacer una pregunta** to ask a question; **hacerle gracia a uno** to be amusing to someone; **hacerse** to be done; to be made; **hacerse** (*profession*) to become (*profession*); **queda por hacer** it still is yet to be done
hacia toward
halagar (gu) to show affection to
hallar to find
hambre *f.* (*but* **el hambre**) hunger; **tener** (*irreg.*) **hambre** to be hungry
hambruna famine
Hamburgo Hamburg
hamburguesa hamburger
harina flour
harto/a: estar (*irreg.*) **harto/a (de)** to be fed up (with)
hasta *prep.* until, up to, as far as; **hasta ahora** up until now; **hasta allí** up to that point; **hasta el momento** up until now; **hasta el presente** up to the present
hay (*from* **haber**) there is, there are; **hay que** + *infin.* it is necessary to (*do something*); **no hay por qué** there is no reason to
hecho fact; **dar** (*irreg.*) **por hecho** to take as fact; to take for granted
hecho/a (*p.p. of* **hacer**) done; made
hembra female
hemorroides *f. pl.* hemorrhoids
heredar to inherit
herencia inheritance
hermano/a brother/sister; **hermanos** siblings
hermoso/a handsome, beautiful

hielo ice; **romper** (*p.p.* **roto/a**) **el hielo** to break the ice
hierba (*also* **yerba**) grass, herb
hierro iron
higiénico/a hygenic
hijo/a son/daughter; **hijos** children
hipertensión *f.* hypertension
hipocondriaco/a hypochondriac
hipócrita *m., f.* hypocrite
hipótesis *f.* hypothesis
hispánico/a Hispanic
hispano/a Hispanic
historia history; story
histórico/a historic, historical
hogar *m.* home
hogareño/a home, home-loving
hoja leaf; page
hombre *m.* man; **hombre de negocios** businessman
honestidad *f.* honesty
hora hour
horario schedule
hormiga ant
hormona hormone
horrorizar (c) to horrify; **horrorizarse** to be horrified
horroroso/a horrifying
hoy today; **hoy (en) día** nowadays; **hoy por hoy** at the present time, right now
hueco hollow; **hueco de la escalera** stairwell
huelga strike; **hacer** (*irreg.*) (*p.p.* **hecho/a**) **huelga** to go on strike
hueso bone
huevo egg
huir (y) to flee
humano human
humano/a human; **ser** (*m.*) **humano** human being
humectante: crema humectante moisturizing cream
humilde humble
humo smoke
humor *m.* humor; **estado de humor** mood; **sentido del humor** sense of humor
humorístico/a humorous

I

idealizado/a idealized
identificar(se) (qu) (con) to identify (oneself) (with)
idioma *m.* language
idiota *m., f.* idiot
idóneo/a suitable, fit
iglesia church
ignorar to be unaware of
igual similar; **igual que** equal to, the same as
igualdad *f.* equality

igualitario/a egalitarian
igualmente equally
iguana iguana
ilusionado/a excited
imagen *f.* image
imaginar(se) to imagine; **¡imagínate!** just imagine!
imbécil imbecile
imitación *f.* imitation; **a imitación de** in imitation of
imitar to imitate
impedir (i, i) to impede
implicación *f.* implication
implicar (qu) to imply
imponer (*like* **poner**) (*p.p.* **impuesto/a**) to impose
importado/a imported
importancia importance; **de suma importancia** of utmost importance
importante important
importar to be important; to import; **no importa** it doesn't matter
imposible impossible
imprescindible essential
impresión *f.* impression
imprimir to imprint
improbable unlikely
improcedente inappropriate
impulsar to impel
inapropiado/a inappropriate
incalculable incalculable
incalificable indescribable
incierto/a uncertain
inclinarse to lean (toward)
incluir (y) to include
incluso including
incomprensión *f.* incomprehension
incrédulo/a incredulous
increíble incredible
incrementar to increase
incremento *n.* increase
indefinidamente indefinitely
independencia independence
indicación *f.* indication
indicar (qu) to indicate; to show
índice *m.* index
indio/a Indian
individualmente individually
individuo individual
índole *f.* character, nature
inesperado/a unexpected
inexplorado/a unexplored
infarto heart attack, coronary
infeccioso/a infectious
infectado/a infected
infelicidad *f.* unhappiness
infeliz (*pl.* **infelices**) unhappy
inferior physically lower
infiel unfaithful
infinito/a infinite
influencia influence

influir (y) to influence
influjo *n.* influence
información *f.* information; **fuente** (*f.*) **de información** source of information
informar to inform
informe *m.* report
infortunio misfortune
ingeniería engineering
ingeniero/a engineer; **hacerse** (*irreg.*) (*p.p.* **hecho/a**) **ingeniero** to become an engineer
ingerir (ie, i) *to ingest*
ingestión *f.* ingestion
Inglaterra England
inglés (inglesa) *m., f.* English person; *adj.* English
ingreso income
inhibir to inhibit
iniciar to initiate
inmediato/a immediate
inmune: sistema (*m.*) **inmune** immune system
inmunitario: sistema (*m.*) **inmunitario** immune system
inmunodeficiencia immunodeficiency
inmunoglobulina immunoglobulin
inmunológico: sistema (*m.*) **inmunológico** immune system
innato/a innate, inborn
innecesario/a unnecessary
innegable undeniable
innumerable countless
inocencia innocence
inquieto/a anxious
inquietud *f.* anxiety
insalubre unhealthy, insanitary
inscribirse to enroll
insecto insect
inseguridad *f.* insecurity
insistir (en) to insist (on)
insoportablemente intolerably
inspeccionar to inspect
instinto instinct
instituir (y) to institute
instituto *n.* institute
instrumento instrument
insuficiente insufficient
intacto/a intact
integral: arroz (*m.*) **integral** brown rice
intelectual intellectual
intelectualismo intellectualism
intención *f.* intention
intensidad *f.* intensity
intenso/a intense
intentar to try, attempt
intento attempt, intent; **hacer** (*irreg.*) (*p.p.* **hecho/a**) **el intento** to make the/an attempt
interacción *f.* interaction

interceptar to intercept
interés *m.* interest
interesante interesting
interesar to interest, be of interest to
interino/a temporary
interior *m.* inside, interior
interminable endless
internacional international
interno/a internal
interpretación *f.* interpretation
interpretar to interpret
interrogante *m.* unanswered question
interrumpir to interrupt
intervención *f.* intervention
intervenir (*like* **venir**) to intervene
intimidar to intimidate
introducción *f.* introduction
introductorio/a introductory
introvertido/a introverted
invadir to invade
invariablemente invariably
invasor(a) invader
inventar to invent
inventario inventory
inventor(a) inventor
inverso/a inverse
invertir (ie, i) to invert
investigación *f.* investigation, research
investigador(a) researcher
investigar (gu) to investigate
invierno winter
invitación *f.* invitation
invitar to invite; **invitar a cenar** to invite to dinner
involucrado/a involved
involuntariamente involuntarily
inyección *f.* injection; **poner** (*irreg.*) (*p.p.* **puesto/a**) **inyecciones** to give injections
inyectar to inject
ionizante ionizing
ir *irreg.* to go; **ir** + *gerund implies the beginning of the action or its occurrence*; **ir a** + *infin.* to be going to (*do something*); **ir a la compra** to go shopping; **ir de vacaciones** to go on vacation; **irse** to go away, leave; **vamos a ver** let's see
irracional irrational
irradiación *f.* irradiation
irradiar to irradiate
irremisible unpardonable
irritar to irritate
isla island
israelí (israelita) Israeli
itálica: letra itálica italics
izquierda: a la izquierda to the left
izquierdo/a *adj.* left

J

jaleo binge
jamás never
Japón Japan
jardín *m.* garden; **jardín zoológico** zoo
joven *m., f.* young person; *adj.* young
jubilado/a retired
juego game
juez *m., f.* (*pl.* **jueces**) judge
jugar (ue) (gu) to play
juicio judgment
junto/a near, close; **juntos** together
jurar to swear; **te lo juro** I swear to you
justificar (qu) to justify
juvenil youthful
juventud *f.* youth

K

kilo(grama) *m.* kilogram
kilómetro kilometer

L

la *f. sing. definite article* the; *d.o.* her, it, you (*pol. f. sing.*)
laboral *adj.* labor
laboratorio laboratory
ladilla crab louse
lado side; **al lado de** beside; **por un lado** on the one hand
lagarto lizard
lamentablemente unfortunately
lámpara lamp
lanar *m.* wool sheep
lanzarse (c) a to throw oneself into
largamente for a long time
largo/a long; **a lo largo de** throughout; **por largo tiempo** for a long time
las *f. pl. definite article* the; *d.o.* them (*f.*), you (*pol. f. pl.*)
lástima pity
latido cardíaco heartbeat
latino/a Latin; **América latina** Latin America
Latinoamérica Latin America
lavar to wash
lazo bond; knot
le *i.o.* to/for him, her, it, you (*pol. sing.*)
leal loyal
lección *f.* lesson
lector(a) reader (*person*)
lectura reading
leche *f.* milk; **café** (*m.*) **con leche** coffee with milk
lechera milk can
lecho bed; **lecho del mar** ocean floor
leer (y) to read

legendario/a legendary

lejos *adv.* far away; **lejos de** *prep.* far from

lengua language

lenguaje *m.* language

lentitud *f.* slowness

leño timber; firewood

les *i.o.* to/for them, you (*pol. pl.*)

letra letter; print; **letra itálica** italics

levantar to raise, lift up; *coll.* to arouse; **levantar pesas** to lift weights

ley *f.* law

liberación *f.* liberation

liberar to free

libertad *f.* liberty, freedom

libra *n.* pound

libre free

libro book

licencia de manejo driver's license

ligar (gu) to bind, link

ligero/a *adj.* light

limitar to limit

limón *m.* lemon

limosina limousine

limpiar to clean

limpieza cleanliness

limpio/a clean

lindo/a pretty

línea line

linfocito lymphocyte

lira lyre

lista list

listo/a ready, prepared

literal literal

literario/a literary

litro liter

lo *d.o.* him, it, you (*pol. m. sing.*); **lo que** what, that which

lobo wolf

local *m.* place

loco/a crazy; **loco por** crazy about; **volverse (ue)** (*p.p.* **vuelto/a**) **loco** to go crazy

locura insanity, craziness

lógica logic

lógico/a logical

lograr to achieve, attain

logro achievement

longevidad *f.* longevity

longevo/a long-lived

longitudinalmente longitudinally

los *m. pl. definite article* the; *d.o.* them (*m.*), you (*pol. m. pl.*)

lucir (zc) to shine

luchar to fight, struggle

luego then, next; later, afterwards

lugar *m.* place; **en lugar de** instead of; **en primer lugar** in the first place; **lugar común** cliché; **tener** (*irreg.*) **lugar** to take place

luna moon

luz *f.* (*pl.* **luces**) light; electricity; **traje** (*m.*) **de luces** bullfighter's suit

LL

llamado/a *coll.* so-called

llamar to call; **llamar la atención** to attract attention; **llamar por teléfono** to call on the telephone; **llamarse** to be called, be named

llano/a *adj.* flat

llanura plains, prairie

llegada arrival

llegar (gu) to arrive; to reach; **llegar a** + *infin.* to reach the point of (*doing something*); **llegar a ser** to become; **llegar a tiempo** to arrive on time; **llegar tarde** to be, arrive late; **llegarse** to approach

llenar (de) to fill (with)

lleno/a (de) filled (with), full (of)

llevar to carry, take; to wear; to spend (*time*); to conduct, direct; to lead (*life*); **llevar a cabo** to carry out, complete; **llevar ventaja** to have an advantage over; **llevarse bien** to get along with

llorar to cry

llover (ue) to rain

M

macrófago macrophage (*large phagocyte*)

macho male

madre *f.* mother

madrugada early morning

maduración *f.* maturation

madurar to mature

madurez *f.* maturity

maestro/a teacher

magnesio magnesium

maíz *m.* corn

majestuoso/a majestic

mal *adv.* badly, poorly; **mal visto/a** poorly viewed, frowned upon

mal (malo/a) *adj.* bad; **estar** (*irreg.*) **de malas** to be in a bad mood

malaria malaria

maleza thicket

mamá mother

mancha spot, stain

mandar to order

manejar to manage; to drive; **permiso para manejar** driver's license

manejo: licencia de manejo driver's license

manera way; **de manera que** so that; **manera de vivir** way of life

manifestar (ie) to show

maniobra operation

manipulación *f.* manipulation

mano *f.* hand

mantener (*like* **tener**) to maintain; **mantenerse en forma** to keep in (good) shape

mantequilla butter

mañana *n.* morning; *adv.* tomorrow

mapa *m.* map

maquillaje *m.* make-up

maquillarse to put on make-up

máquina machine; **escribir** (*pp.* **escrito/a**) **a máquina** to type

maquinaria machinery

mar *m., f.* sea; **lecho del mar** ocean floor

maravilla marvel, wonder

maravilloso/a marvelous

marca mark

marcar (qu) to mark, indicate

marco temporal time frame

marchar to go; **poner** (*irreg.*) (*p.p.* **puesto/a**) **en marcha** to start

margen *f.* margin

marino/a marine; **biología marina** marine biology

marioneta marionette

marisco shellfish, seafood

martes *m. sing.* Tuesday

martirizar (c) to torment

más more; **más de** + *number* more than; **más que** more than

mascarilla (cosmetic) mask

mascota mascot, pet

masculinidad *f.* masculinity

masculino/a masculine

matador *m.* bullfighter

matar to kill

materia material, matter; **materias primas** raw materials

materialista *n.* materialist; *adj.* materialistic

matorral *m.* thicket

matrimonio marriage

máximo maximum

mayor main, greater; older; **el/la mayor** the greatest; the oldest; **la mayor parte** most

mayoría majority

me *d.o.* me; *i.o.* to/for me; *refl. pron.* myself

mecánico/a mechanic

mecanizado/a mechanized

media median; **clase** (*f.*) **media** middle class

mediante by means of

medicamento medicine

medicina medicine

médico/a *n.* doctor; *adj.* medical; **asistencia médica** medical care

medida measurement; measure, step

medio means; **por medio de** by means of

medio/a half; **en medio de** in the middle of; **medio ambiente** environment; **medioeste** midwest

medir (i, i) to measure

meditativo/a meditative

mejor better; **el/la mejor** the best; **mejor que** better than

mejorar to improve

melancolía sadness

melancólico/a sad

memoria memory; **de memoria** by heart

memorizar (c) to memorize

mencionar to mention

menor minor, less; younger; **menor que** less than

menos *adv.* fewer; *prep.* except; **al menos** at least; **en menos de** in less than; **menos de** less than; **por lo menos** at least

mensaje *m.* message

mentalidad *f.* mentality

mente *f.* mind

mentir (ie, i) to lie

mentira lie

mentiroso/a liar

menudo: a menudo often

mercader *m.* merchant

mercado market

merecer (zc) to deserve

merienda snack

meritorio/a deserving

mero: el mero hecho de the simple fact of

mes *m.* month

mesa table; **mesa redonda** round table (*discussion*)

metabólico/a metabolic

metabolismo metabolism

metafísico/a *n.* metaphysician; *adj.* metaphysic, metaphysical

meterse to enter, put oneself in; to get involved in

metódico/a methodical

método method

metro meter

mexicano/a Mexican

México Mexico

mezquino/a avaricious; lacking nobility and magnanimity

mi *poss. adj.* my; **en mi tiempo** when I was young

microorganismo microorganism

miedo fear; **tener (irreg.) miedo** to be afraid

miembro member

mientras while; **mientras que** whereas; **mientras tanto** meanwhile

mierda shit

mil *m.* one thousand

milagro miracle

millón *m.* million; **diez mil millones** ten billion

mini- *prefix* mini-

miniatura: en miniatura in miniature

minuto minute

mío/a *poss. adj.* my, of mine

mirada look, glance

mirar to look (at); **mirar fijamente** to stare

mismo/a same; **ahora mismo** right now, this very minute; **lo mismo** the same (thing); **sí mismo/a** oneself

mitad *f.* middle, half

mito myth

mitológico/a mythological

moda fashion, style; **estar (irreg.) de moda** to be in style

modelo model

moderación *f.* moderation

moderno/a modern

modificar (qu) to modify

modo: de este modo in this way

mole *m.* thick chile sauce

molestar to bother

molestia nuisance

molido/a ground, crushed

momento moment; **hasta el momento** up until now; **por el momento** for the time being

monetario/a monetary

monigote *m. coll.* rag doll, puppet

mono monkey

monosódico: glutamato monosódico monosodium glutamate (MSG)

monstruo monster

montaña mountain

montar to put together

moraleja *n.* moral (*of a story*)

morder (ue) to bite

mordida *coll.* bribe

morfológico/a morphologic, morphological

morir(se) (ue, u) to die

mortífero/a deadly

mostrar (ue) to show, demonstrate

motivado/a motivated

motivo motive

moverse (ue) to move

movilizar (c) to mobilize

movimiento movement

muchacho/a boy/girl; **muchachos** kids

mucho/a much, a lot of; **por mucho tiempo** for a long time

muchos/as many, a lot of; **muchas veces** often

mudarse to move (*house*)

muerte *f.* death

muerto/a (*p.p. of* **morir**) died; *adj.* dead

muestra display

mujer *f.* woman

multar to fine

mundo world

murmurar to murmur

muro wall

músico/a musician

mustio/a gloomy

mutuo/a mutual

muy very

N

nacer (zc) to be born

nación *f.* nation; **Naciones Unidas** United Nations

nacional national

naco coward

nada nothing; **no tiene nada que ver con...** it has nothing to do with . . .

nadie nobody, no one

narración *f.* narration

narrador(a) narrator

narrar to narrate

narrativo/a narrative

natal *adj.* native

nativo/a native

naturaleza nature

naturalmente naturally

naturista *m., f.* related to naturism (*religious doctrine that worships natural beings and phenomena*)

necesario/a necessary

necesitar to need

negar (ie) (gu) to deny

negativo/a negative

negocio business; **hombre (*m.*) de negocios** businessman

negro/a black

nervio ambulante nervous wreck

nervioso/a nervous

neurohormona neurohormone

nevera refrigerator

ni neither, nor

nicotina nicotine

nido nest

nieto/a grandson/granddaughter

ningún (ninguno/a) no, none, not any

niño/a boy/girl; child; **desde niño** since childhood; **niños** children

nivel *m.* level

no no; not; **¿no?** right?

noche *f.* night; **por la noche** during the night, at night

nómada nomadic

nomás only

nombre *m.* name

normalmente normally

norte *m.* north; **queda al norte** it's in the north

norteamericano/a North American, of the United States

nos *d.o.* us; *i.o.* to/for us; *refl. pron.* ourselves
nosotros/as *subj. pron.* we; *obj. of prep.* us
nostálgico/a nostalgic
nota note; grade
notar to note, notice
noticia news; piece of news
novela novel
noviazgo engagement
novio/a boyfriend/girlfriend; fiancé(e); **novios** engaged couple
nube *f.* cloud
nuclear: guerra nuclear nuclear war
nudo knot
nuestro/a *poss. adj.* our
Nueva Zelandia New Zealand
nuevo/a new; **de nuevo** again
nuez *f.(pl.* **nueces)** nut
número number; **números romanos** Roman numerals; **un buen número de...** a great number of . . .
numeroso/a numerous
nunca never; **más que nunca** more than ever
nupcias *pl.* nuptials; **contraer** *(like* **traer) nupcias con** to get married to
nutrición *f.* nutrition
nutrimento nutriment
nutritivo/a nourishing

O

o or
oasis *m., inv.* oasis, oases
oaxaqueño/a Oaxacan
objetivo objective
objetivo/a objective
objeto object
obligación *f.* obligation
obligado/a obligated
obligar (gu) to compel, oblige
obligatorio/a obligatory
obra book; work; **obra teatral** play
observación *f.* observation
observar to observe
obsesionarse con to be obsessed with
obstante: no obstante nevertheless
obstruir (y) to obstruct
obtener *(like* **tener)** to obtain
obvio/a obvious
ocasión *f.* occasion
ocasionar to cause
occidental *adj.* western
ocultar to hide
ocurrir to happen, occur
odio hatred
ofendido/a offended
ofensivo/a offensive
oficina office

ofrecer (zc) to offer
oír *irreg.* to hear
ojear to eye, look over
ojo eye; **con los ojos bajos** with downcast, lowered eyes; **¡ojo!** careful!
ola wave
oliva olive
olvidar to forget
ombligo navel
ondulado: periquito ondulado type of parakeet
opción *f.* option
opinar to think, give one's opinion
opinión *f.* opinion
oponerse *(like* **poner) (a)** to be opposed to
oportunidad *f.* chance
optativo/a optional
optimista *m., f.* optimist; *adj.* optimistic
óptimo/a optimal
opuesto/a opposite
oración *f.* sentence
orden *m.* order; **en orden** in order; **por orden cronológico** in chronological order
ordenación *f.* arrangement
ordenador *m.* computer
ordenar to arrange, organize
ordinariez *f.* vulgarity
orgánico/a organic
organismo organism
organización *f.* organization
organizar (c) to organize
órgano organ
orgulloso/a proud
orientación *f.* orientation
orientar to direct, guide
oriente *m.* Orient
origen *m.* origin
originar to cause
orilla edge
orina urine
oscuro/a dark
ostra oyster
otorgar (gu) to grant
otro/a other, another; **de un día para otro** from one day to another; **el uno en el otro** one another; **otra vez** again; **por otra parte** on the other hand
otros/as other (ones); others; **entre otros** among others; **unos a otros** to each other

P

paciente patient
padecer (zc) to suffer
padecimiento ailment
padre *m.* father; **padres** parents

pagar (gu) to pay for
página page *(of a book, magazine, etc.)*
país *m.* country
paisaje *m.* landscape
pájaro bird
Pakistán Pakistan
palabra word
palpitación *f.* heartbeat; beating
panorámico/a panoramic
pantalón, pantalones *m.* trousers, pants
papá *m.* dad; **papás** parents *(inf.)*
papel *m.* paper; role
par *m.* pair, couple; **al par** equally
para for; in order to; toward; to; **estudiar para aparejador** to study to be a builder; **para dentro** inside; **para entonces** by then; **para que** in order that; **¿para qué?** why?; **¿para quién?** for whom?; **para siempre** forever
parafrasear to paraphrase
paraíso paradise
parásito parasite
parcial partial
parecer (zc) to seem, look like; **al parecer** apparently; **parecerse a** to look alike, resemble; **¿qué te parece?** what do you think (of it)?
pared *f.* wall
pareja pair, couple
parentesco relationship
paréntesis *m., inv.* parenthesis; parentheses
pariente *m.* relative
parque *m.* park
párrafo paragraph
parte *f.* part; **en gran parte** to a large extent; **en parte** partly; **en todas partes** everywhere; **la mayor parte** most; **por otra parte** on the other hand; **por parte de** on the part of; **por partes** step by step; **tomar parte en** to take part in
participante *m., f.* participant
participar to participate
particular particular; unique; **en particular** in particular
partida: punto de partida starting point
partidario/a supporter
partido: sacar (qu) partido a to profit from
partir: a partir de starting from
pasado *n.* past
pasado/a *adj.* past; last; **el año pasado** last year
pasajero/a transient
pasar to pass, go by; to spend *(time)*; to happen; **pasar por alto** to omit;

pasarse a to go over to; **pase lo que pase** come what may
pasear to take (for) a walk
paseo excursion
paso step; measure
pastel *m.* cake
pastor(a) shepherd/shepherdess
pastorear to shepherd
pata leg (*of an animal*), paw
patata potato
patrón *m.* pattern
pausa pause
paz *f.* (*pl.* **paces**) peace
pecado sin
pecho chest
pedazo piece
pedir (i, i) to ask for
peinarse to comb one's hair
peineta ornamental comb
peldaño step (*on a staircase*)
pelea fight; **pelea de gallos** cockfight
película film, movie
peligro danger
peligroso/a dangerous
pelo hair; **caérsele** (*irreg.*) **el pelo a uno** to lose one's hair; **tomar el pelo** to pull someone's leg
pena sorrow; **a duras penas** with great difficulty
pendiente *f.* slope, incline; **estar** (*irreg.*) **pendiente de** to be relying on
penetrar to penetrate
pensamiento mind; thought
pensar (ie) to think; **pensar en** to think of, about; **pensar que** to think that
pensativo/a thoughtful, pensive
pensión *f.* allowance; lodging
pequeñez *f.* (*pl.* **pequeñeces**) smallness
pequeño/a small
pera pear
percibir to perceive
perder (ie) to lose; to waste; **perderse** to be ruined
perfecto/a perfect
perfil *m.* profile
periódicamente periodically
periódico newspaper
periodismo journalism
periodista *m., f.* journalist
período period
periquito parakeet; **periquito ondulado** type of parakeet
perjudicado/a damaged
permanecer (zc) to remain
permanencia permanence
permanente permanent
permiso para manejar driver's license

permitir to permit, allow
permutar to switch
pero but; **pero bueno...** but still . . .
perro dog
perseguir (i, i) (gu) to pursue, chase
persistente persistent
persistir to persist
persona person
personaje *m.* character; personage
personalidad *f.* personality
personalmente personally
personificación *f.* personification
perspectiva perspective
perteneciente a belonging to; pertaining to
pertinente (a) pertinent (to)
peruano/a Peruvian
pervertir (ie, i) to corrupt
pesa weight (*for lifting*); **levantar pesas** to lift weights
pesadilla nightmare
pesado/a heavy
pesar to weigh; **a pesar de** in spite of
pescado fish
pescar (qu) *coll.* to get a hold of
pesimista *m., f.* pessimist; *adj.* pessimistic
pésimo/a awful
peso weight (*of something*)
pestaña eyelash
peste *f.* plague
pesticida *m.* pesticide
pez *m.* (*pl.* **peces**) fish; **pez raya (manta) ray**
pie *m.* foot; **al pie de** at the bottom of; **golpe** (*m.*) **con el pie** kick
piedra stone, rock
piel *f.* skin
pieza piece
pintarse to dye
piojo louse
piso flat, apartment; story, floor
pista clue
pitar to whistle
pivote *m.* pivot
pizarra chalkboard
placa plaque
placentero/a pleasant
placer (zc) pleasure, delight
plaga plague
plan *m.* plan; scheme, intention
plano/a *adj.* flat
planta plant
plantear to create, pose (*questions*)
platicar (qu) to chat
plato dish, plate; course (*of a meal*)
playa beach
plural *m., adj.* plural
población *f.* population

pobre poor; **estar** (*irreg.*) **pobre de proyectos** to lack things to do
pobreza poverty
poco/a little; not much; **hace poco tiempo** a short time ago; **pocos/as** few; **por si fuera poco** as if it weren't enough; **un poco** a little bit
poder *m.* power
poder (*irreg.*) to be able (to); **¡no puedo!** I can't!
poderoso/a powerful
poema *m.* poem
poesía poetry; poem
poeta *m., f.* poet
polaco/a Pole, from Poland
polémico/a controversial
policía *m., f.* policeperson; *f.* police force
política politics
político/a politician
polvo dust
pollo chicken; **saber** (*irreg.*) **a pollo** to taste like chicken
poner *irreg.* (*p.p.* **puesto/a**) to place, put (on); to wear; **poner énfasis en** to stress; **poner en marcha** to start; **poner fin** to end; **poner inyecciones** to give injections; **ponerse** to become; **ponerse a dieta** to go on a diet
por because of; by; during; for; in order to; in place of; through(out); toward; **dar** (*irreg.*) **por hecho** to take as fact; **dar por seguro** to regard as certain; **no hay por qué** there is no reason to; **por ahora** for the moment; **por ciento** percent; **por cierto** certainly; **por completo** completely; **¿por cuánto tiempo?** for how long?; **¡por Dios!** for heaven's sake!; **por ejemplo** for example; **por el contrario** on the contrary; **por el estilo** of the sort; **por el momento** for the time being; **por ello** because of that; **por encima de** over; **por entonces** by then; **por escrito** in writing; **por eso** for that reason; **por favor** please; **por la noche** during the night, at night; **por lo general** generally; **por lo menos** at least; **por medio de** by means of; **por otra parte** on the other hand; **por parte de** on the part of; **por partes** step by step; **¿por qué?** why?; **por si fuera poco** as if it weren't enough; **por suerte** luckily; **por supuesto** of course; **por tanto** therefore; **por último** finally; **por un lado** on the one hand; **por valor de** valued at

porcentaje *m.* percentage

porción *f.* portion

porque because

portal *m.* gate

portar to carry

porvenir *m.* future

poseer (y) to possess

posesión *f.* possession

posgrado: estudiante (*m., f.*) de posgrado graduate student

posiblemente possibly

posibilidad *f.* possibility, chance

posición *f.* position

positivo/a positive

poste *m.* post, pole

posterior subsequent

postre *m.* dessert

potasio potassium

potencia power; capacity

potencial *m.* potential

potente potent

práctica practice

practicar (qu) to practice

práctico/a practical

preceder to go before

precioso/a precious

precisamente precisely

precisar to determine

preciso/a necessary

preconcebido/a preconceived

prefabricado/a prefabricated

preferencia preference

preferiblemente preferably

preferir (ie, i) to prefer

pregunta *n.* question; hacer (*irreg.*) (*p.p.* hecho/a) una pregunta to ask a question

preguntar to ask a question

prejuicio prejudice

preocupación *f.* concern

preocupante *adj.* disturbing

preocupar to worry; preocuparse de to worry about

preparación *f.* preparation

preparar to prepare

preparativo preparation

presa prey; hacer (*irreg.*) (*p.p.* hecho/a) presa to seize

presagio omen

prescrito/a (*p.p. of* prescribir) prescribed

presencia presence

presentación *f.* presentation

presentar to present; to show; to introduce

presente *m., adj.* present (*period of time*); hasta el presente up to the present

presión *f.* pressure; presión arterial blood pressure; presión diastólica diastolic pressure; presión sanguínea blood pressure; presión sistólica systolic pressure

prestar to lend; prestar atención to pay attention, listen to

pretender to try

pretensión *f.* claim

pretérito preterite

preventivo/a preventive

previo/a previous

primer (primero/a) first; en primer lugar in the first place; por primera vez for the first time

primeramente primarily

primitivo/a primitive

primo/a raw; materias primas raw materials

principiante/a *n.; adj.* novice, beginner

principio beginning; al principio at, in the beginning; a principios de at the beginning of

prisa: de prisa quickly

privado/a private; en privado privately

privarse (de) to deprive oneself (of)

privilegiado/a privileged

probabilidad *f.* likelihood; probabilidades chances

probable likely

probar (ue) to try; to taste; to prove

problema *m.* problem

problemático/a problematic

procedimiento procedure

procesamiento processing

procesar to process

proceso *n.* process

procurar to try

producción *f.* production

producir (*irreg.*) to produce

producto product

productor(a) *n.* producer; *adj.* productive

profesar to declare

profesión *f.* profession

profesional professional

profesor(a) professor; teacher

profundidad *f.* depth

profundizar (c) to go deeply into

profundo/a deep

programa *m.* program

progresista *m., f.; adj.* progressive

prohibición *f.* ban, prohibition

prohibir to prohibit

prolongar (gu) to prolong, extend

promedio average

promocionar to promote

pronombre *m.* pronoun

pronóstico prediction

pronto/a early

pronunciar to pronounce

propenso/a (a) prone to

propiedad *f.* ownership

propietario/a owner

propio/a own; characteristic of; self-same, very (*emphatic*); la propia vida the very life

proponer (*like* poner) (*p.p.* propuesto/a) to propose

proporción *f.* proportion

proporcional proportional

proporcionar to provide

propósito purpose, objective; a propósito by the way

propuesto/a (*p.p. of* proponer) proposed

prosa prose

protagonista *m., f.* protagonist

protección *f.* protection

proteger (j) to protect

proteína protein

prototipo prototype

proveer (y) to provide

providencia Providence, God

provincia province

provocar (qu) to provoke

próximo/a next; close to

proyectar to project

proyecto project; estar (*irreg.*) pobre de proyectos to lack things to do

prueba proof; examination, test

psicoentrevista psychological interview

psicología psychology

psicólogo/a psychologist

psiconeuroinmunología psychoneuroimmunology

psicoterapia psychotherapy

psiquiatra *m., f.* psychiatrist

publicar (qu) to publish

público *n.* public

público/a *adj.* public

pueblo town, village; people

puerco pig

puerta door; tocar (qu) la puerta to knock

puertorriqueño/a Puerto Rican

pues well

puesto position, job

puesto/a (*p. p. of* poner) *adj.* placed

punto point; estar (*irreg.*) a punto de to be about to; punto de partida starting point; punto de vista point of view

puntuación *f.* punctuation

puntualidad *f.* punctuality

puré *m.* purée (*thick soup*)

purificar (qu) to purify

purista *m., f.* purist

puro/a pure, simple

Q

que that, which; **lo que** that which
¿qué? what?
quedar to remain, stay; to be left; to be (*place*); **quedar por hacer** yet to be done; **quedarle bien a uno** to suit, be agreeable to someone; **quedarse afuera** to stay outside; **quedarse calvo** to go bald
quehacer *m.* job, task; **quehaceres domésticos** household chores
queja complaint
quejarse (de) to complain (about, of)
querer *irreg.* to want; to love; **como quieras** as you wish; **¡no quiero!** I won't! I refuse!; **querer decir** to mean
querido/a: seres (*m.*) **queridos** loved ones
queso cheese
quien(es) *subj. pron.* who; *obj. of prep.* whom; **cada quien en lo suyo** to each his/her own; **¿hay quienes lo aguanten?** is there anyone who can stand it?
¿quién? who?; **¿a quién?** to whom?; **¿con quién?** with whom?; **¿para quién?** for whom?; **¿quién sabe?** who knows?
quieto/a still
química chemistry; chemical
químico/a chemical
quitar to remove
quizá(s) maybe, perhaps; **quizás no** maybe not

R

rabo tail
ración *f.* portion
racional reasonable
radiación *f.* radiation
radiar to radiate
radicalmente radically
radicar (qu) (en) to be situated (in)
radiología radiology
raíz *f.* (*pl.* **raíces**) root; **echar raíces** to settle down
rama branch
ramo bouquet, bunch
rápido/a fast; **comida rápida** fast food; **lo más rápido posible** as fast as possible
raro/a rare; strange; **¡qué raro!** how strange!; **raras veces** rarely
rasgo characteristic
raspado/a scraped
rastro: ni rastro ninguno without any trace
rato short period, while; **dentro de un rato** in a little while

raya: pez raya (manta) ray
raza race; breed (*animal*)
razón *f.* reason; **tener** (*irreg.*) **razón** to be right
reacción *f.* reaction
reaccionar (a, ante) to react (to)
realidad *f.* reality; **en realidad** actually, in fact
realización *f.* fulfillment (*of a task*)
realizar (c) to achieve
realmente actually, really
rebelarse to rebel
rebelde *m., f.* rebel; *adj.* rebellious
rebeldía defiance
recargado/a overloaded
receloso/a suspicious
receptor *m.* receiver
recetar to prescribe
recibir to receive
reciente recent
recluso/a *m., f.* recluse; *adj.* imprisoned
recoger (j) to collect
recomendable recommendable
recomendación *f.* recommendation
recomendar (ie) to recommend
reconocer (zc) to recognize
reconstruir (y) to reconstruct
recopilar to compile
recordar (ue) to remember
recorrer to go over; to travel
recortar to cut out
recostarse (ue) to recline
recuerdo memory; **recuerdos** regards
recurrente recurrent
recurso resource
rechazar (c) to reject
redacción *f.* composition
redactar to draft
redondo/a round; **mesa redonda** round table (*discussion*)
reducir (*like* **producir**) to reduce
referencia reference; **con referencia a** with reference to
referir (ie, i) to refer, relate; **referirse a** to refer to
refinado/a refined
reflejar to reflect, show; **reflejarse** to be reflected
reflexionar to think over
reflexivo/a reflexive
refrán *m.* proverb
refresco refreshment, soft drink; **refresco de dieta** diet soda
refrigeración *f.* refrigeration
refrigerador *m.* refrigerator
refrigerar to refrigerate
regalar to give as a gift
regalo gift
regañar to scold

régimen *m.* (*pl.* **regímenes**) diet; **régimen de vida** way of life
región *f.* region
regla rule
regresar to return
regulado/a regulated
reír (i, i) to laugh; **soltar (ue) a reír** to burst out laughing
reiterar to reiterate
relación *f.* relation, relationship; **con relación a** with relationship to; **estrechas relaciones** close relations
relacionar (con) to relate (to)
relativo: en lo relativo a concerning
releer (y) to reread
relegar (gu) to relegate
relevante relevant
religión *f.* religion
rellano landing (*of a staircase*)
rellenar to stuff
rencor *m.* resentment
renunciar to give up
reparar to repair
repasar to go over again
repentinamente unexpectedly
repetir (i, i) to repeat
repleto/a (de) filled (with)
replicar (qu) to answer
reponer (*like* **poner**) (*p.p.* **repuesto/a**) to reply
reportar to provide
reprensivo/a reprehensible
representación *f.* performance, representation
representar to represent
reprimir to repress
reprobado/a condemned
reprochar to condemn
reproducir (*like* **producir**) to reproduce
reproductor(a) reproductive (*specimen*)
reptil *m.* reptile; *adj.* reptilian
requerer (*like* **querer**) to require
reseco/a extremely dry
resentimiento resentment
resistencia resistance
resolver (ue) to resolve
respaldo support
respectar to concern, relate to
respectivo/a respective
respecto *n.* regard; **con respecto a** with regard to; **respecto a** regarding
respetar to respect
respeto respect
responder to respond
responsabilidad *f.* responsibility
responsable responsible
respuesta *n.* answer, reply; **en respuesta a** in response to
restante *adj.* remaining

restaurante *m.* restaurant
resto remainder, rest
restricción *f.* restriction
resultado result; **como resultado de** as a result of; **dar** (*irreg.*) **resultado** to produce results
resultar to prove or turn out to be
resumen *m.* (*pl.* **resúmenes**) summary
resumir to summarize
retener (*like* **tener**) to retain
retocar (**qu**) to touch up
retrato portrait
reunir to combine; to get together
revelar to reveal
revisar to review
revista magazine
revolución *f.* revolution
rico/a rich
ridículo/a ridiculous
riesgo risk
rincón *m.* corner
río river
risa laugh, laughter
ritmo rhythm
robar to rob
robo robbery
robotización *f.* robotization
rodear to surround
romano/a Roman; **números romanos** Roman numerals
romántico/a romantic
rompecabezas *m. sing.* puzzle
romper (*p.p.* **roto/a**) to break; **romper el hielo** to break the ice
ronda round (*of drinks*)
ropa clothes, clothing; **cambiarse de ropa** to change clothes
rosa rose
rosquilla: venderse como rosquillas *coll.* to sell like hotcakes
rozar (**c**) to rub against
rubro heading; **en el rubro** under the heading
ruedo bullring
ruido noise
ruidoso/a noisy
rutina routine
rutinario/a ordinary, routine

S

saber *irreg.* to know (*facts, information*); **a saber** namely; **¿quién sabe?** who knows?; **saber + infin.** to know how to (*do something*); **saber a pollo** to taste like chicken; **saber bien** to taste good; **saber de** to know about, be aware of; **saberlo todo** to know it all; **¿sabes?** you know?
sabiduría wisdom
sabor *m.* flavor
sabrosamente tastily

sabrosura delicious, tasty thing
sacar (**qu**) to take out; **sacar partido a** to profit from
sacudir to shake
sagrado/a sacred
sal *f.* salt
salida exit
salir *irreg.* to leave, go out; **salir a** to exit, go out of; **salir adelante** to get ahead, do well; **salir bien** to do well; **salir con alguien** to go out with someone; **salir de** to exit, go out of
salivar to salivate
salmonela salmonella
salón (*m.*) **de clase** classroom
salsa sauce
saltar to jump (over)
salud *f.* health
saludable healthy; good, beneficial
saludar to greet
salvaje *adj.* savage
salvar to save
salvo *prep.* except (for)
sangre *f.* blood
sanguíneo/a *adj.* blood; **presión** (*f.*) **sanguínea** blood pressure; **vaso sanguíneo** blood vessel
sano/a healthy
sarcasmo sarcasm
sarcástico/a sarcastic
satisfacer (*like* **hacer**) (*p.p.* **satisfecho/a**) to satisfy
satisfecho/a (*p.p. of* **satisfacer**) satisfied
Saturno Saturn
se *impersonal* one; *refl. pron.* herself, himself, itself, themselves, yourself (*pol.*), yourselves (*pol.*)
secar (**qu**) to dry
sección *f.* section
secretario/a secretary
secreto/a secret; **en secreto** secretly
secundario/a secondary
sede *f.* headquarters
sedentario/a sedentary
segregar (**gu**) to secrete
seguida: en seguida at once, right away
seguir (**i, i**) (**g**) to continue; to follow
según according to; depending on
segundo *n.* second
segundo/a *adj.* second
seguridad *f.* security; **cinturón** (*m.*) **de seguridad** safety belt, seat belt
seguro/a certain, sure; **dar** (*irreg.*) **por seguro** to regard as certain; **estar** (*irreg.*) **seguro/a** to be sure
selección *f.* selection
seleccionar to select
selva jungle
selvático/a of the jungle

semana week; **fin** (*m.*) **de semana** weekend
semejante similar
semejanza similarity
semejar to resemble
semiautobiográfico/a semiautobiographical
semilla seed
sencillamente simply
sencillo/a plain, simple
sendero path
senectud *f.* old age
sensación *f.* sensation
sensacional sensational
sensible sensitive
sentar (**ie**) to seat; **sentarse** to sit down
sentido sense; meaning; **sentido del humor** sense of humor
sentimiento emotion, feeling
sentir (**ie, i**) to feel
señal *f.* sign, symbol
señalar to indicate
señalizar (**c**) to signal, indicate
señor (**Sr.**) *m.* Mr.; sir; gentleman; lord, noble; **señor absoluto** absolute lord
separar to separate
septiembre *m.* September
sequía drought
ser *m.* being; **seres queridos** loved ones; **ser humano** human being
ser *irreg.* to be; **a no ser que** unless; **llegar a ser** to become; **o sea** or rather, that is to say; **ser de** to be from; to be (made) of; **ya sea** whether it be
sereno/a calm
serie *f.* series
serio/a serious; **tomar en serio** to take seriously
serpiente *f.* snake, serpent
servil slavish, abject
servir (**i, i**) to serve; **servir para** to be good for, used for
seso brain
sexista *m., f.; adj.* sexist
sexo sex
sexomaníaco/a sex maniac
si if
sí yes
SIDA, sida *m.* (*abbreviation of* **Síndrome** (*m.*) **de Inmuno Deficiencia Adquirida**) AIDS
siempre always; **para siempre** forever
siesta nap
sigilo secrecy
siglo century
significado meaning
significar (**qu**) to mean, signify

signo sign, symbol

siguiente following, next; **lo siguiente** the following

silencio silence

silla chair

simbolizar (c) to symbolize

simio ape

simpático/a nice

sin without; **sin duda** without a doubt; **sin embargo** still, however, nevertheless; **sin que** without

sinceridad *f.* sincerity

síndrome *m.* syndrome

singular singular; exceptional

sino but (rather)

sinónimo synonym

síntesis *f.* synthesis

sintetizar (c) to synthesize

siquiera *adv.* at least

sistema *m.* method; system; **sistema inmune** immune system; **sistema inmunitario** immune system; **sistema inmunológico** immune system

sistemáticamente systematically

sistólico/a systolic; **presión** (*f.*) **sistólica** systolic pressure

sitio place

situación *f.* situation; **situación económica** financial position, status

situar to place

sobacal *adj.* of the armpit

soborno bribe

sobre about; on (top of), over; **sobre todo** above all

sobrepeso overweight

sobrevivir to survive

sobrino/a nephew/niece

sociabilidad *f.* sociability

sociedad *f.* society

sofisticado/a sophisticated

soga rope

sol *m.* sun

solamente only

soldado soldier

solemne solemn

soler (ue) to be accustomed to

solicitar to ask for, seek

sólido/a solid

solitario/a solitary

sólo only

solo/a alone, by oneself; single, sole

soltar (ue) to let go; **soltar a reír** to burst out laughing; **¡suélteme!** let go of me!

soltero/a *n.* bachelor / unmarried woman; *adj.* single, unmarried

solución *f.* solution

solucionar to resolve

sombra shade

sombrero hat

someter a to subject to

sonar (ue) to ring; to sound, seem

soneto sonnet

sonreír (i, i) to smile

sonrisa *n.* smile

soñar (ue) (con) to dream (of, about)

sopa soup

soportable tolerable

soportar to tolerate

sordidez *f.* squalor

sórdido/a dirty, squalid

sorprendente amazing, surprising

sorprender to surprise

sorpresa surprise

sospechar to suspect

sostener (*like* **tener**) to support

sostenimiento sustenance

soviético/a: Unión (*f.*) **Soviética** Soviet Union

su *poss. adj.* his, her, its, their, your (*pol. sing., pl.*)

suavemente smoothly

subir to raise; to go up

submarino/a underwater

subrayar to underline

subsistencia sustenance

subtítulo subtitle

suceder to happen

sucesivamente in succession

suceso event, happening

sucio/a dirty

suculento/a tasty

sudado/a sweaty

Sudáfrica South Africa

Sudán Sudan

sueldo salary

suelo floor

suelto/a free, loose

sueño dream

suerte *f.* luck; **por suerte** luckily; **tener** (*irreg.*) **suerte** to be lucky

suéter *m.* sweater

suficiente adequate, sufficient

sufrir to suffer; **sufrir un ataque cardíaco** to have a heart attack

sugerencia suggestion

sugerir (ie, i) to suggest

suicidarse to commit suicide

sujeto subject

sulfitado/a containing sulfite

suma: de suma importancia of utmost importance

sumamente extremely

sumergido/a sunken

sumisión *f.* submission

sumiso/a submissive

super- *prefix* over-, super-

superar to overcome

superficialmente superficially

superficie *f.* surface

superior better, superior; upper

supermercado supermarket

superstición *f.* superstition

supersticioso/a superstitious

suplicar (qu) to beg

suponer (*like* **poner**) (*p.p.* **supuesto/a**) to suppose

supuesto: por supuesto of course

sur *m.* south

surgir (j) to emerge

surtir to provide

suspiro sigh

sustancia substance

sustantivo noun

sustituir (y) to substitute

sustituto *n.* substitute

susto fright

sutil subtle

suyo/a *poss. adj.* his, of his; hers, of hers; your, of yours, (*pol.*); **cada quien en lo suyo** to each his/her own

T

tabaco tobacco; cigarette

tabla table

taco taco (*rolled or folded tortilla with filling*)

tacuche very large taco

tal *adj.* such; *adv.* so; **¿qué tal si… ?** how about (*doing something*); **tal como** such as; **tal vez** perhaps

talle *m.* waist

tallo stalk, stem

tamal *m.* tamale (*corn breading around a filling and steamed in a corn husk*)

también also

tampoco neither, nor

tan so, as; **tan es así que** so much so that; **tan rico como** as rich as

tanque *m.* tank

tanto *adv.* so, so much; **mientras tanto** meanwhile; **por tanto** therefore; **un tanto** somewhat

tanto/a so much; **tanto como** as much (as); **tantos/as** so many

taquicardia abnormally rapid heartbeat

tarántula tarantula

tardanza delay

tarde *f.* afternoon

tarde *adv.* late; **llegar (gu) tarde** to be, arrive late; **más tarde** later

taxidermia taxidermy

te *d.o.* you (*inf. sing.*); *i.o.* to/for you (*inf. sing.*); *refl. pron.* yourself (*inf. sing.*)

teatral dramatic; **obra teatral** *n.* play

teatro theater

técnica technique

tecnología technology

tecnológico/a technological

techo roof

teléfono telephone; **llamar por teléfono** to call on the telephone

telegrama *m.* telegram

televisión *f.* television

telón *m.* curtain

tema *m.* subject, theme; **tema principal** main theme

tembloroso/a trembling

temeroso/a fearful

temor *m.* fear

temperatura temperature

temporal *adj.:* **marco temporal** time frame

tendencia tendency

tener *irreg.* to have; **¿cuántos años tienes?** how old are you?; **no tiene nada que ver con...** it has nothing to do with . . . ; **tener (20) años** to be (20) years old; **tener calor** to be hot, feel hot; **tener cuidado** to be careful; **tener la culpa** to be to blame; **tener derechos** to have rights; **tener en cuenta** to take into account; **tener éxito** to be successful; **tener ganas de** to feel like (*doing something*); **tener hambre** to be hungry; **tener lugar** to take place; **tener miedo** to be afraid; **tener que** + *infin.* to have to (*do something*); **tener razón** to be right; **tener suerte** to be lucky; **tener vergüenza** to be ashamed

tensión *f.* tension

teñir (i, i) to dye

teoría theory

tercer (tercero/a) *adj.* third

tercio *n.* third; **dos tercios** two thirds

terminar to conclude, end

término term

terreno terrain

territorio territory

terruño native soil

tesoro treasure

texto text

ti *obj. of prep.* you (*inf. sing.*); **ti mismo/a** yourself

tiburón *m.* shark

tiempo time; weather; **a tiempo** on time; **¿cuánto tiempo?** how long?; **en mi tiempo** when I was young; **hace buen tiempo** the weather is nice; **hace poco tiempo** a short time ago; **llegar a tiempo** to arrive on time; **¿por cuánto tiempo?** for how long?; **por largo tiempo** for a long time; **por mucho tiempo** for a long time

tienda shop, store

tierno/a soft

tierra earth

tímidamente timidly

tímido/a shy, timid

tío/a uncle/aunt

típico/a typical

tipo kind, type; guy; **de todo tipo** of all sorts

titular to entitle, call; **titularse** to be titled, be called

título title

tocar (qu) to touch; **tocar la puerta** to knock

todavía still; yet

todo/a all, every; **de toda clase** of every kind; **de todo tipo** of all sorts; **después de todo** after all; **en todas partes** everywhere; **entre todos** among all; **saberlo** (*irreg.*) **todo** to know it all; **sobre todo** above all; **toda la clase** the whole class; **todo esto** all of this

tomar to take; to drink; **tomar el pelo** to pull someone's leg; **tomar en consideración** to take into consideration; **tomar en cuenta** to bear in mind; **tomar en serio** to take seriously; **tomar parte en** to take part in

tonelada ton

tono tone

tontear to flirt

tontería foolishness

tonto/a foolish, silly

torear to bullfight

toreo bullfighting

torero/a bullfighter

tormento torture

torno: en torno a about, dealing with

toro bull

torpe clumsy

torpeza clumsiness

torta cake

tortuga turtle

total *m., adj.* total; **en total** in all

toxina toxin

trabajar to work

trabajo job, task, work; **me cuesta trabajo creerlo** I find it hard to believe

tradicional traditional

traer *irreg.* to bring

tragaluz *m.* (*pl.* **tragaluces**) skylight

tragar (gu) to swallow

tragedia tragedy

trágico/a tragic

traje *m.* suit; costume, dress; **traje de luces** bullfighter's suit

trama plot

trampa trap; **sin trampa** without trappings

tranquilo/a calm

transcripción *f.* transcription

transformación *f.* transformation

transformar (en) to transform (into)

transmitir to transmit

transportar to transport

transporte *m.* transport

trapear to mop

tras after

trasladar (a) to transfer (to)

traslado transfer

trasplantar to transplant

trasplante *m.* transplant

trastorno upset

tratamiento treatment

tratar to handle, treat; to discuss; **tratar de** + *infin.* to try to (*do something*); **tratarse de** to deal with, be about

trauma *m.* trauma

través: a través de through

trazar (c) to draw

tremendista *adj.* exaggerated importance

tren *m.* train

trepar to climb

tribu *f.* tribe

trigo wheat

trilogía trilogy

triste sad, dismal

triunfar to triumph

triunfo *n.* triumph

tronador(a) crunchy

tronar (ue) to crunch

trono throne

trozo piece

truculento/a horrified

tu *poss. adj.* your (*inf. sing.*)

tú *sub. pron.* you (*inf. sing.*)

tutear to address someone as **tú**

tuyo/a *poss. adj.* your, of yours

U

ubre *f.* udder

ulterior subsequent

último/a last, latest; **el último grito** the latest word; **en los últimos años** in recent years; **por último** finally

un (uno/a) one

único/a only; **lo único** the only thing

unido/a (por) joined (by); **Estados Unidos** United States; **Naciones** (*f.*) **Unidas** United Nations

unificar (qu) to unify

Unión (*f.*) **Soviética** Soviet Union

unir to join, unite

universidad *f.* university

universitario/a *adj.* university

universo universe

unos/as some, a few

urbano/a urban

usar to use, make use of; to wear
uso use, usage
usted (Ud.) *subj. pron.* you (*pol. sing.*); *obj. of prep.* you (*pol. sing.*); **ustedes (Uds.)** you (*pol. pl.*)
útil useful
utilizar (c) to use, make use of, utilize
uva grape

V

vaca cow
vacaciones *f. pl.* vacation (*sing.*); **ir de vacaciones** to go on vacation
vacío: empaquetado/a al vacío vacuum-packed
vacuna vaccine
vacuno bovine, cow
vago/a vague
valer *irreg.* to be worth; **(no) valer un carajo** (*coll.*) (not) to be worth a damn
valioso/a valuable
valor *m.* value, worth; **por valor de** worth
valorar to value
valle *m.* valley
vanidad *f.* vanity
vano/a vain; useless
variación *f.* variation
variar to change, vary
variedad *f.* variety
varios/as several, a number of
varón *m.* man; male
varonil *adj.* manly
vasija dish, pot
vaso glass; **vaso sanguíneo** blood vessel
vecino/a neighbor
vegetación *f.* vegetation
vegetal *m.* plant, vegetable
vegetariano/a vegetarian
vela candle
velocidad *f.* velocity
vena vein
vencer (z) to conquer, defeat; **dejarse vencer** to give in
vender to sell; **venderse como rosquillas** *coll.* to sell like hotcakes
venganza revenge
vengarse (gu) to take revenge
venir *irreg.* to come; **no venir al caso** to be beside the point; **venir de** to come from

ventaja advantage; **llevar ventaja** to have an advantage over
ver *irreg.* (*p.p.* **visto/a**) to see; **dejarse ver** to show; **no tiene nada que ver con...** it has nothing to do with . . . ; **vamos a ver** let's see; **verse** to be seen
veracidad *f.* truthfulness
verano summer
veras: de veras really, truly
verbo verb
verdad *f.* truth; **decir** (*irreg.*) (*p.p.* **dicho/a**) **la verdad** to tell the truth; **¿verdad?** right?
verdadero/a true
verde green; **ensalada verde** green salad
verdejo/a green (*used with certain fruits*)
verduras *pl.* vegetables
veredicto verdict
vergonzoso/a shameful
vergüenza: tener (*irreg.*) **vergüenza** to be ashamed
verificar (qu) to verify, inspect
versión *f.* version
verso verse
vertebrado vertebrate
vestido dress
vestigio trace; **vestigios** remains
vestir (i, i) to dress
vetusto/a ancient
vez *f.* (*pl.* **veces**) time; **a la vez** at the same time; **a veces** at times; **algunas veces** sometimes; **dos veces** twice; **cada vez más** more and more; **¿cuántas veces?** how often?; **de vez en cuando** occasionally; **en vez de** instead of; **muchas veces** often; **otra vez** again; **por primera vez** for the first time; **raras veces** rarely; **tal vez** perhaps; **una vez** once
viajar to travel
viaje *m.* trip
vicioso/a vicious
víctima *m., f.* victim
vida life; **estilo de vida** life-style; **la propia vida** the very life; **régimen** (*m.*) **de vida** way of life
vídeo video
viejo/a old
vincular to link
vino wine

violencia violence
violento/a violent
virgen *m., f.; adj.* virgin
virilidad *f.* manhood
virulencia virulence
visión *f.* vision
visita visit
visitante *m., f.* visitor
visitar to visit
vista view; **punto de vista** point of view
visto/a (*p.p. of* **ver**) seen; **mal visto/a** poorly viewed, frowned upon
visualizer (c) to visualize
vitamina vitamin
viudo/a widower/widow
viviente *adj.* living
vivir to live; **manera de vivir** way of life
vivo/a alive; **congelación** (*f.*) **en vivo** cryogenics
voleibol *m.* volleyball
voluntad *f.* will
voluntario/a *m., f.* volunteer; *adj.* voluntary
volver (ue) to return; **volver a** to return to; **volverse loco** to go crazy
votar (por) to vote (for)
voz *f.* (*pl.* **voces**) voice; **dar** (*irreg.*) **voces** to shout, yell; **en voz alta** aloud
vuelta: dar (*irreg.*) **vueltas** to turn
vuestro/a *poss. adj.* your, of yours (*inf. pl. Sp.*)
vulnerabilidad *f.* vulnerability

Y

y and; plus
ya already, now; **ya no** no longer; **ya que** since, as; **ya sea** whether it be
yerba (*also* **hierba**) grass, herb
yo *sub. pron.* I
yodo iodine

Z

zanahoria carrot
zapato shoe
zona area, zone
zoológico/a zoological; **jardín** (*m.*) **zoológico** zoo
zoólogo/a zoologist
zozobra anxiety
zumo juice

About the Authors

James F. Lee is Associate Professor of Spanish at the University of Illinois at Urbana-Champaign, where he also served as Director of Basic Language Instruction in the Department of Spanish, Italian, and Portuguese from 1986 to 1992. He currently serves as Director of Lesbian, Gay, Bisexual Concerns and Associate Ombuds Officer. He received his Ph.D. in Hispanic Linguistics from the University of Texas at Austin. He is author of many scholarly publications in the area of second-language reading comprehension phenomena and serves on numerous editorial boards. He has also coedited several research volumes and designed and developed the *Spanish Placement Examination* for American College Testing. Professor Lee is a coauthor of *¿Sabías que... ? Beginning Spanish*, an innovative task-based and content-oriented textbook, and lead author of the forthcoming second-year textbook *¿Qué te parece?* (1996). He serves, along with Bill VanPatten, as General Editor for the McGraw-Hill Foreign Language Professional Series: Directions for Language Learning and Teaching. The first volume of the series is currently in preparation.

Bill VanPatten received his Ph.D. in Hispanic Linguistics from the University of Texas at Austin in 1983. From 1983 to 1985 he taught in the Spanish Department at Michigan State University. In the fall of 1985, he joined the Department of Spanish, Italian, and Portuguese at the University of Illinois at Urbana-Champaign, where he is currently Associate Professor and Director of Graduate Studies. Professor VanPatten has published widely in second-language acquisition and second-language teaching, focusing on the role of input in second-language acquisition and how learners process input. In addition to his numerous research and scholarly publications, Professor VanPatten was designer and lead author of the highly acclaimed telecourse *Destinos*, which began airing on PBS television stations in the fall of 1992. He is also originator and lead author of *¿Sabías que... ? Beginning Spanish*, an innovative task-based and content-oriented textbook that pushes the boundaries of communicative language teaching at the college level. His current projects include a book cowritten with James F. Lee on language teaching, and a book on processing instruction, an approach to grammar teaching that Professor VanPatten has been researching and writing about for several years.

Alex Binkowski is a doctoral candidate in Foreign Language Education at Kansas State University, where he supervises student teachers and teaches the foreign-language methods course. He received his master's degree in Spanish Literature from the University of Illinois at Urbana-Champaign, where he was a Course Supervisor for first-, second-, and third-year courses. While at the University of Illinois, he also served as Assistant Director of the Spanish Language Program. With James F. Lee and Donna Binkowski, he is coauthor of the article *Three Perspectives on When TAs Supervise TAs*. He is also Head Coach of the Kansas State Rowing Association.